BUSINESS
PRODUCT
METHODOLOGY

Introduction, Practice
and Advanced

B端产品方法论

入门、实战与进阶

罗平 ◎著

机械工业出版社
China Machine Press

图书在版编目（CIP）数据

B 端产品方法论：入门、实战与进阶 / 罗平著 . —北京：机械工业出版社，2022.10
（产品管理与运营系列丛书）
ISBN 978-7-111-71796-6

Ⅰ. ① B… Ⅱ. ①罗… Ⅲ. ①企业管理 - 产品管理 Ⅳ. ① F273.2

中国版本图书馆 CIP 数据核字（2022）第 190230 号

B 端产品方法论：入门、实战与进阶

出版发行：机械工业出版社（北京市西城区百万庄大街 22 号　邮政编码：100037）
责任编辑：陈　洁
责任校对：韩佳欣　　张　征
印　　刷：保定市中画美凯印刷有限公司
版　　次：2023 年 2 月第 1 版第 1 次印刷
开　　本：147mm×210mm　1/32
印　　张：18.125
书　　号：ISBN 978-7-111-71796-6
定　　价：129.00 元

客服电话：(010) 88361066　68326294

版权所有 • 侵权必究
封底无防伪标均为盗版

本书赞誉

B 端产品经理是企业不可或缺的重要资源。作者基于业务、产品、技术、项目、运营和数据分析 6 大核心能力展开讲解,帮助读者入门 B 端产品经理。

——刘兴亮　顺丰科技采购与综合解决方案与
研发中心负责人,供应链资深专家

本书全面阐述了如何设计 B 端产品,适合产品经理、产品规划师、需求分析师,以及对 B 端产品感兴趣的读者深度学习和应用。

——韩强　顺丰科技综合服务中心负责人,
供应链资深专家

本书融合原创理论与实际案例,围绕 B 端产品设计的"4+X"模型,全面阐述了如何从 0 到 1 设计一款 B 端产品,以及产品上线后的运营、迭代思路,对读者掌握 B 端产品设计大有帮助。

——华仲全　顺丰科技采购产品研发部负责人,
供应链资深专家

前言

如今，消费互联网流量红利消失，产业互联网兴起，企业数字化转型进一步发展，互联网行业越来越需要既懂业务又懂产品的B端产品经理。他们主要服务于企业客户，通过大数据、云计算和人工智能等技术助力企业数字化转型。本书将跟大家分享B端产品经理的知识体系和方法论。

为什么要写这本书

在国家政策的支持和资本的推动下，B端产品市场逐渐变得火热，越来越多的人想要成为一名B端产品经理。但是学校里并无相关专业，市面上的书籍也大多缺乏实用性，而想进入B端产品领域的毕业生和转行人员都希望能够系统地了解和掌握B端产品设计知识，并且希望获得职业路径方面的指导。

我多年来一直从事B端产品设计工作，有丰富的实践经验，平常也喜欢看书和思考，会将有代表性的案例和方法记录下来。看到很多初学者缺少学习资料，我萌发了将B端产品经理所需要掌握的知识体系和方法论总结成书的想法。

一开始担心自己写不好书，也担心自己不能坚持写书，于是我先尝试在公众号和"人人都是产品经理"社区上发表文章，并且强制性地给自己定了每周写 2 篇文章的目标。在写文章的几个月里，我不仅逐渐提高了自己的写作能力，还积累了一批粉丝。有不少粉丝觉得我的文章总结得比较到位、干货满满。于是我在写完一个系列的文章后，正式开启了写书之旅。

虽然目前市面上已经有 B 端产品相关的书籍，但是其中大多数书无法有效地指导 B 端产品经理实实在在地设计出一款产品，比如：有些书理论性太强，案例不足或案例讲解不到位；有些书过于强调案例，对知识体系和方法论的整理并不系统。

针对现状，本书围绕 B 端产品经理的"4+X"模型，全面、有序地讲解 B 端产品设计的理论和案例，让每个 B 端产品经理或准 B 端产品经理，不但能够从 0 到 1 设计 B 端产品，还能够迭代运营 B 端产品。

"4+X"模型中，4 代表 B 端产品从 0 到 1 的 4 个阶段，包括规划阶段、设计阶段、实现阶段和迭代阶段。X 代表 B 端产品上线后的可变事项，包括项目管理、产品运营和数据运营。"4+X"模型的整体框架如图 1 所示。

规划阶段是 B 端产品设计的开始阶段，它决定了产品设计方向、产品定位和产品规划，主要包括市场分析、客户分析、竞品分析、产品定位、规划产品路线和规划产品架构等关键事项。设计阶段是 B 端产品方案设计的核心阶段，主要包括业务调研、流程梳理、需求分析、整体方案设计、详细方案设计和 UI 设计等事项。实现阶段是 B 端产品设计的落地阶段，主要包括软件架构设计、软件开发、软件测试、上线准备和产品上线等事项。迭代阶段是 B 端产品设计的优化升级阶段，也是产品茁壮成长的时期，主要包括需求管理和迭代管理。另外，项目管理是 B 端产品设计落地的重要保障，产品运营能更好地连接产品和用户，数据运营是对数据的挖掘、分析和应用。

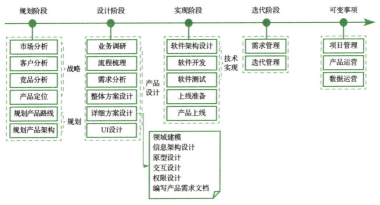

图 1 "4+X" 模型整体框架

此外，本书介绍了 B 端产品经理的岗位特点、能力要求、职业前景和发展路径等，能为读者提供职业选择和规划上的参考。

读者对象

- 想转行成为产品经理的从业人员，如传统 IT 企业中的业务分析师、需求分析师、实施顾问，以及互联网企业中的 C 端产品经理、开发人员、测试人员等。
- 有志成为 B 端产品经理的高校学生。
- 对基础知识掌握不牢固的 B 端产品经理。

本书特色

本书采用"理论＋案例"的方式阐述B端产品的知识体系，具有系统性、实践性和通用性等特点。

（1）系统性

"4+X"模型是一套成体系的B端产品方法论，它紧紧围绕B端产品的诞生和迭代运营展开。本书通过案例全面阐述了如何从0到1设计一款B端产品，以及如何进行产品运营和数据运营，为读者提供的是一个完整的知识体系，而非零散的知识点，以帮助读者建立自身的B端产品知识系统。

（2）实践性

针对B端产品设计的每个环节，本书不仅提供了方法论，还穿插介绍了大大小小的实战案例。其中，A集团的SRM系统建设案例贯穿全书，使书中的思路和步骤都能落在具体场景上。读者可以结合案例背景，真正理解和应用B端产品设计知识，解决实际的痛点问题。

（3）通用性

本书所阐述的知识体系和方法论适用于大多数B端产品设计，具有通用性。不同企业业务领域的差异在于业务本身，而产品经理的技能和思维是可以迁移的。作为一名B端产品经理，其职业能力的核心恰恰在于灵活迁移思维与技能。读者通过阅读本书不但能够掌握成熟的知识体系，还能够透过现象看本质，不管将来面对哪个业务领域，都能快速上手，灵活套用方法论，成为跨领域的复合型人才。

如何阅读本书

本书主要围绕"4+X"模型阐述 B 端产品设计方法,具体内容分为 3 篇,共 14 章。

- 入门篇,包括第 1 章～第 3 章。本篇首先介绍了 B 端产品是什么,其次详细阐述了 B 端产品经理的核心能力、重要思维及职业规划。通过本篇,读者可以初步认识 B 端产品及 B 端产品经理。

- 实战篇,包括第 4 章～第 8 章。本篇主要阐述了"4+X"模型中的 4 个阶段:规划阶段、设计阶段、实现阶段和迭代阶段。在具体讲解 4 个阶段各事项的方法论时,还深入剖析了对应的实战案例,让读者真正掌握从 0 到 1 构建 B 端产品的方法和实战技巧。其中,第 4 章是对"4+X"模型的概述,建议读者在阅读完本篇后回顾第 4 章,学习效果更佳。

- 进阶篇,包括第 9 章～第 14 章。本篇首先阐述了"4+X"模型中的 3 个可变事项——项目管理、产品运营和数据运营,从项目、运营和数据 3 个维度,丰富读者对 B 端产品设计的理解,以实现能力的扩展和提升。其次阐述了 B 端产品设计的法宝、常见陷阱,以及如何平衡 B 端产品的标准化和商业化,帮助读者提高效率,规避风险,拓宽视野。通过本篇,读者能够理解成为一名 B 端产品经理不仅需要掌握产品设计的思维与技能,还需要了解项目管理、数据、运营等方面的重要知识,并且掌握产品商业化的思路。

勘误和支持

本书根据个人工作经验总结而成,由于水平有限,书中难免存在不成熟、不完善的地方。如果读者在阅读过程中发现错误、疏漏之处,或者有任何优化建议,欢迎随时和我交流探讨,我的微信公众号是"PM杂货铺"。另外,书中的各种文件模板都可以从该公众号获取。

致谢

本书能够顺利完成,需要感谢的人有很多。

首先,感谢家人的理解和帮助,他们在我写作的过程中不断鼓励我,让我能够坚持完成写作。其次,感谢在写作过程中给予我支持的朋友和同事,他们陪伴我走过写书的孤独过程。再次,感谢机械工业出版社的杨福川老师、陈洁老师以及李梦娜老师,他们为本书的出版付出了辛苦和努力。最后,感谢阅读本书的你,感谢你对本书的包容和支持。

罗平
2022年7月

目录

本书赞誉
前言

第一篇 入门

第 1 章 解析 B 端产品　2

1.1 认识 B 端产品　3
1.1.1 基本概念　3
1.1.2 类别和特征　5
1.1.3 部署方式　10
1.1.4 6 项价值　12
1.1.5 与 C 端产品的 6 个差异　15

1.2 B 端产品的发展　19
1.2.1 4 个发展阶段　20
1.2.2 产品类型演化　22

1.3 B 端产品的客户和用户　27
1.3.1 客户的内涵　27
1.3.2 用户的内涵　31

1.4	本章小结	35

第2章　B端产品经理的能力与思维　37

2.1　认识B端产品经理　37
- 2.1.1　职业起源与发展　38
- 2.1.2　日常工作　40

2.2　B端产品经理的能力模型和6项核心技能　42
- 2.2.1　能力模型　43
- 2.2.2　6项核心技能　47

2.3　B端产品经理的8个思维方式　50

2.4　本章小结　62

第3章　B端产品经理的职业规划　63

3.1　B端产品经理的职业发展　63
- 3.1.1　纵向发展路径　64
- 3.1.2　横向发展前景　65

3.2　B端产品经理入行　68
- 3.2.1　从业背景　68
- 3.2.2　入行前的5点思考　70
- 3.2.3　成功入行的4点建议　73

3.3　本章小结　76

第二篇　实战

第4章　B端产品设计的"4+X"模型　78

4.1　认识"4+X"模型　78

- 4.1.1 拆解"4+X"模型 ... 79
- 4.1.2 "4+X"模型的指导意义 ... 88
- 4.2 "4+X"模型速查表 ... 90
- 4.3 模板清单 ... 93
- 4.4 案例背景：A集团SRM系统设计 ... 94
  - 4.4.1 背景、诉求和目标 ... 95
  - 4.4.2 团队组成 ... 96
- 4.5 本章小结 ... 97

第5章 规划阶段：从业务需求到产品规划 ... 98

- 5.1 市场分析 ... 99
  - 5.1.1 认识市场 ... 99
  - 5.1.2 洞察市场 ... 104
  - 5.1.3 数据收集 ... 111
  - 5.1.4 案例：A集团SRM系统的市场分析 ... 112
- 5.2 客户分析 ... 117
  - 5.2.1 客户分类 ... 117
  - 5.2.2 价值链分析 ... 120
  - 5.2.3 业务领域分析 ... 122
  - 5.2.4 业务痛点分析 ... 125
  - 5.2.5 客户画像和用户画像 ... 128
  - 5.2.6 案例：A集团SRM系统的客户、用户和痛点分析 ... 131
- 5.3 竞品分析 ... 135
  - 5.3.1 目的和意义 ... 136

5.3.2	竞品分析 5 字诀	137
5.3.3	竞品分析报告	151
5.3.4	案例：A 集团 SRM 系统的竞品分析	153

5.4 产品定位　　156

5.4.1	产品定位的方法	157
5.4.2	产品定位的 4 点原则	162
5.4.3	案例：A 集团 SRM 系统的产品定位	163

5.5 规划产品路线　　164

5.5.1	定义产品路线图	164
5.5.2	5 步构建产品路线图	165
5.5.3	案例：A 集团数字化采购的产品路线图	169

5.6 规划产品架构　　171

5.6.1	认识架构	172
5.6.2	5 步构建产品架构	174
5.6.3	案例：A 集团 SRM 系统的产品架构图	179

5.7 本章小结　　186

第 6 章　设计阶段：从产品概念到产品方案　　187

6.1 业务调研　　188

6.1.1	目的和思路	188
6.1.2	对象和策略	191
6.1.3	业务调研的方法	193
6.1.4	业务调研框架：3 个阶段	197
6.1.5	案例：A 集团 SRM 系统的业务调研	207

6.2 流程梳理　　220

- 6.2.1 目的和方法 ... 221
- 6.2.2 如何梳理业务流程 ... 224
- 6.2.3 案例：A 集团 SRM 系统的业务流程梳理 ... 242

6.3 需求分析 ... 249
- 6.3.1 认识需求 ... 249
- 6.3.2 需求分析理论 ... 252
- 6.3.3 需求分析方法 ... 255
- 6.3.4 需求分析 4 步法 ... 261
- 6.3.5 案例：A 集团 SRM 系统的需求分析 ... 282

6.4 整体方案设计 ... 290
- 6.4.1 产品方案设计 ... 290
- 6.4.2 功能模块方案设计 ... 292
- 6.4.3 案例：A 集团 SRM 系统的整体方案设计 ... 293

6.5 领域建模 ... 300
- 6.5.1 类图 ... 300
- 6.5.2 建立领域模型 ... 304
- 6.5.3 案例：A 集团 SRM 系统的领域建模 ... 305

6.6 信息架构设计 ... 309
- 6.6.1 认识信息架构 ... 309
- 6.6.2 信息架构设计：123 法则 ... 311

6.7 原型设计 ... 317
- 6.7.1 认识原型设计 ... 318
- 6.7.2 原型设计 5 步法 ... 321
- 6.7.3 原型设计误区和原则 ... 328

6.8 交互设计 ... 329

- 6.8.1 认识交互设计 ... 330
- 6.8.2 交互设计原则 ... 331

6.9 权限设计 ... 335
- 6.9.1 认识 RBAC 模型 ... 336
- 6.9.2 如何设计权限 ... 341
- 6.9.3 案例：基于 RBAC 模型的权限设计 ... 344

6.10 编写产品需求文档 ... 348
- 6.10.1 产品需求文档模板 ... 349
- 6.10.2 如何写产品需求文档 ... 349

6.11 UI 设计 ... 356
- 6.11.1 认识 UI 设计 ... 356
- 6.11.2 UI 设计的内容 ... 357

6.12 本章小结 ... 360

第 7 章 实现阶段：产品落地 ... 362

7.1 思维和知识 ... 363
- 7.1.1 技术思维和产品思维 ... 363
- 7.1.2 7 类技术知识 ... 363

7.2 软件架构设计 ... 373
- 7.2.1 软件架构的定义 ... 374
- 7.2.2 软件架构设计的 3 个思路 ... 375
- 7.2.3 案例：A 集团 SRM 系统的软件架构 ... 380

7.3 软件开发 ... 381
- 7.3.1 了解技术团队 ... 381
- 7.3.2 客户端和服务端交互 ... 383

7.3.3	编程开发跟进事项	384

7.4 软件测试   387

7.4.1	认识软件测试	387
7.4.2	方法和原则	389
7.4.3	软件测试的流程	392

7.5 上线准备   398

7.5.1	准备产品材料	398
7.5.2	用户培训	399
7.5.3	准备配置参数	401

7.6 产品上线   402

7.6.1	上线策略制定	403
7.6.2	产品部署	404
7.6.3	产品上线发布	406

7.7 本章小结   408

第 8 章 迭代阶段：新历程   410

8.1 需求管理   410

8.1.1	构建需求池	411
8.1.2	管理需求池	415
8.1.3	分析需求池	420

8.2 迭代管理   422

8.2.1	迭代模式	423
8.2.2	如何选择迭代模式	426
8.2.3	案例：A 集团 SRM 团队的迭代模式	427

8.3 本章小结   433

第三篇 进阶

第 9 章 项目管理：助攻者 　　436
9.1 认识项目管理 　　437
9.1.1 定义 　　437
9.1.2 项目管理知识体系 　　439
9.2 认识项目经理 　　440
9.2.1 角色和职责 　　440
9.2.2 与产品经理的 3 点区别 　　441
9.3 管理 B 端产品项目 　　442
9.3.1 5 个阶段 　　443
9.3.2 5 项核心内容 　　444
9.3.3 变更机制 　　460
9.4 项目管理阶段与"4+X"模型的关系 　　461
9.5 本章小结 　　463

第 10 章 产品运营：养"孩子" 　　464
10.1 B 端产品运营的定义 　　465
10.1.1 认识运营 　　465
10.1.2 认识 B 端产品运营 　　466
10.1.3 B 端产品运营的难点 　　466
10.2 B 端产品运营的内容 　　468
10.2.1 构建 B 端产品运营的体系 　　468
10.2.2 4 项运营内容 　　472
10.3 面向内部客户的 B 端产品运营 　　483

		10.3.1	内部客户的特征	483
		10.3.2	运营团队组成	485
		10.3.3	运营重点	486
	10.4	本章小结		488

第 11 章 数据运营：灯塔 490

- **11.1 数据运营的定义和目的** 491
  - 11.1.1 定义 491
  - 11.1.2 目的 492
- **11.2 数据分析的理论模型和方法** 493
  - 11.2.1 数据分析理论模型 493
  - 11.2.2 数据分析方法 498
- **11.3 数据可视化** 500
  - 11.3.1 数据图表类型 500
  - 11.3.2 数据结果展示 502
- **11.4 数据运营的框架** 504
  - 11.4.1 数据运营架构 504
  - 11.4.2 数据分析 5 步法 507
- **11.5 案例：对 A 集团 SRM 系统的订单金额进行数据分析** 512
- **11.6 本章小结** 515

第 12 章 B 端产品设计的 3 个法宝 516

- **12.1 法宝一：快速上手企业业务** 516
  - 12.1.1 企业业务的定义 517

		12.1.2 如何快速了解企业业务	518

12.2 法宝二：4 步破解一句话需求　　522

　　12.2.1　一句话需求产生的 3 个缘由　　523

　　12.2.2　破解一句话需求的步骤　　524

12.3 法宝三：UML 可视化需求　　526

　　12.3.1　认识 UML　　526

　　12.3.2　UML 中的图　　527

　　12.3.3　案例：合同拟制功能 UML 可视化　　531

12.4 本章小结　　534

第 13 章　B 端产品设计的陷阱　　535

13.1 产品设计上的陷阱　　535

13.2 产品经理思维上的陷阱　　540

13.3 本章小结　　543

第 14 章　B 端产品标准化和商业化　　545

14.1 B 端产品标准化思路　　545

　　14.1.1　业务标准化　　546

　　14.1.2　产品标准化　　547

14.2 B 端产品商业化分析　　554

　　14.2.1　团队分析　　554

　　14.2.2　ROI 分析　　555

14.3 本章小结　　557

第一篇 入门

在PC（个人计算机）互联网和移动互联网时代，产品经理这个岗位炙手可热。然而随着互联网线上红利消失，用户流量越来越贵，更多的互联网公司尝试开展线下业务，业务模式变得越来越"重"；加之"互联网+"和产业互联网的浪潮，催生了整个行业对B端产品的大量需求，行业进入B端产品发展的黄金10年。在这一重大机遇下，B端产品经理的人才需求呈现爆炸性增长。

本篇包括3章，分别介绍了B端产品的概念和价值；B端产品经理的能力模型、思维模式及职业发展规划等。这些基础内容可以让读者对B端产品和B端产品经理有全面细致的了解，为其职业规划提供更多选择，同时为后文做铺垫。

第 1 章 | CHAPTER

解析 B 端产品

移动互联网经过几年高速发展之后,已经覆盖了众多生活场景,比如支付、购物、游戏、打车、视频、社交等。随着移动互联网进入发展阶段的后半场,产业互联网开始兴起,服务企业或组织的 B 端产品开始火爆。B 端产品的概念不是近几年诞生的,而是在软件诞生的时代就已经存在了,只是当时缺少一个"时髦"的名字。如今,"互联网+"、企业数字化转型、SaaS 等热点词汇都指向了同一个对象:B 端产品。

本章主要阐述 B 端产品的概念、性质和发展,有利于读者对 B 端产品的本质和前景有深入的理解,并在未来设计一款优秀的 B 端产品。

1.1 认识 B 端产品

全面认识 B 端产品是设计产品的前提。对事物的认识是多维度且不断发展变化的，所以对 B 端产品的认识要从含义、分类、特征、部署方式和价值等多个维度展开。接下来我们分别说明。

1.1.1 基本概念

B 端产品是什么？对这个问题众说纷纭，答案没有对错之分。有的人认为 B 端产品是企业降本提效的工具。有的人通过对比 C 端产品来说明 B 端产品，比如 B 端产品的用户理性，C 端产品的用户感性；B 端产品业务逻辑复杂，C 端产品的逻辑简单；B 端产品重流程，C 端产品重交互体验等。这些说法都有道理，下面我们全面认识一下 B 端产品。

B 端产品中的 B 代表 Business，即商业的意思。所以说 B 端产品从字面上看是商业产品，主要服务于企业或组织。而对于 B 端产品的深层含义，我比较认可《不枯燥的 B 端产品实战课》这本书里的说法，即 B 端产品本质上是体现组织管理意志的数字化工具。在此基础上我进一步延伸其概念，定义 B 端产品为"契合组织战略目标，融合管理思想和意志的数智化工具"。

该定义包括以下三层内涵：

- 数智化工具；
- 融合管理思想和意志；
- 契合组织战略目标。

我们对此分别详细解释。

1）B 端产品本质上就是一个工具,是为了辅助人们解决企业经营的某类问题而设计的。B 端产品在解决问题的过程中采用了大数据、云计算、AI、区块链和物联网等一系列技术,以实现工作效率的最大化、成本最低化,所以具有数智化内涵。比如,ERP（Enterprise Resource Planning,企业资源计划）系统、CRM（Customer Relationship Management,客户关系管理）系统、HRM（Human Resource Management,人力资源管理）系统等。

2）简单来说,B 端产品的设计理念来自当前企业的管理思想和管理意志。举个例子,传统的 SAP ERP 系统主要包括采购管理、销售与分销、生产管理、质量管理、财务和成本管理等功能模块。这些模块的设计理念就来自企业里不同业务领域的管理思想。像采购管理功能模块就遵循了采购申请、采购订单、采购入库等相关业务管理理念,财务和成本管理功能模块就基于财务会计准则和成本核算规则而设计,库存管理功能里的自有库存、寄售库存、零库存的设计思路来自供应链里库存的所有权和使用权的分离及 JIT（实时生产）理念。当然,SAP ERP 系统在实施落地时,根据不同企业客户的管理意志,还会对产品进行一定程度的二次设计和开发来满足企业诉求。

3）任何 B 端产品最终都要匹配企业战略目标。只有符合企业战略规划,产品的价值才会真正体现。比如,企业要加强内部协同达到沟通效率最大化,内部 IM 协同工具就满足目标;企业要统一管控供应商达到采购阳光、透明和线上化,SRM（Supplier Relationship Management,供应商关系管理）工具就契合组织战略目标;企业为提高基础工作任务的效率,减少员工劳动合同签订之类的重复性工作,采用电子合同等工具便满足企业目标。为一家没有外部沟通需求的企业设计一款专门用于与其他企业进行交流的工具，则没有太大价值。

理解 B 端产品的内涵能够帮助 B 端产品经理设计出符合企业需求的产品，而不是为了实现一款产品而设计。只有保持产品设计的初衷，才能真正体现出产品本身的价值。

1.1.2 类别和特征

B 端产品种类繁多，拥有一个非常庞大的体系，覆盖了各行各业的不同应用场景。B 端产品相对 C 端产品来说，具有鲜明的特征，概括起来有 3 个类别和 6 个特征。

1.3 个类别

B 端产品的分类方式很多，按照企业业务方向通常划分为 3 个类别：业务运营类、协同办公类和通用服务类。我们对每一个类型列举其中部分常见 B 端产品，如图 1-1 所示。

（1）业务运营类

支持企业业务运营的 B 端产品，专业性强、支持个性化，不同行业涉及的 B 端产品有差异，比如物流行业一般会涉及 ERP、SRM、WMS、OMS、TMS、CRM、财务系统等；电商行业一般会涉及 OMS、WMS、TMS、商品中心、商家管理、SRM、采购系统等；传统房地产行业一般会涉及 ERP、SRM、OMS、WMS、验房管理、电子开盘、BIM、物业系统、酒店管理系统等。同时，这类产品同企业各领域的业务关联性比较强，一般情况下，企业规模越大，产品的定制化程度越高。其中常见系统如下。

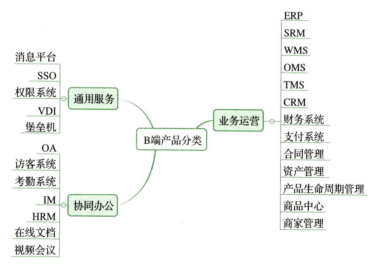

图1-1 B端产品的3个类别

- ERP系统:覆盖对企业人、财、物的管理,涵盖原材料采购、生产制造、库存管理、质量管理、销售管理和财务管理等功能。这类产品相对成熟,如SAP ERP、Oracle ERP、金蝶ERP、用友的NC系统等。

- WMS(Warehouse Management System,仓储管理系统):主要解决仓库的入库、出库、调拨、盘点等业务场景,如富勒WMS。

- TMS(Transportation Management System,运输管理系统):主要负责物流配送管理的业务。

- OMS(Order Management System,订单管理系统):主要用于管理用户订单。

- CRM:主要实现对客户开发、管理、营销、服务的客户生命周期管理,如Salesforce CRM、销售易等。

（2）协同办公类

不管行业和规模大小，企业都想要实现内部办公管理流程上的高效运转。这类B端产品相对标准化，主要用于提高企业办公效率。列举其中常见工具或系统如下。

- OA：办公自动化软件，主要提供资料查询、流程审批、消息公告发布等常用功能。
- IM：企业内部各部门员工的沟通工具，有些公司会自研IM工具，比如顺丰研发的丰声；有些公司选择购买第三方成熟产品，如钉钉、云之家、KK和企业微信等产品。
- 视频会议：企业内外部进行会议沟通的工具，主要提供视频会议、屏幕共享、录频等常用功能，如Zoom、全时云会议等。

（3）通用服务类

这类产品主要解决企业内不同系统或平台存在的共性需求，通常作为公共平台支持其他业务系统，比如消息通知工具等。从整个企业的架构来说，消息通知属于公共的部分，每个业务系统最好不要重复"造轮子"，以免造成资源浪费。常见的通用服务类产品如下。

- 权限系统：公司内部人员需要访问不同业务系统，如果每个系统各自分别设置权限，那么企业的管理成本很高，并且浪费资源。一个统一的平台集中管控权限系统就能很好地解决问题。
- 消息平台：对于短信、通知、邮件等消息服务，企业一般采用内部通用的公共平台，各个业务系统对接消息平台来发送消息即可，避免重复开发。

❑ SSO：即单点登录服务，让用户只登录一次，就能跳转多个系统。企业用户往往需要在不同的业务系统内操作，此时在不同系统中进行多次登录不仅浪费时间，也极不方便，SSO 有效地解决了这一问题。

以上按业务方向列举了一些 B 端产品，这种分类方式能帮助我们从宏观上了解 B 端产品的范畴，我们不必为每个产品贴上严格的类别标签，因为有些产品的分类边界很模糊，比如 HRM 既是办公协同类产品，也是业务运营类产品。

2.6 个特征

B 端产品为企业或组织提供服务，解决企业某类场景问题。基于服务场景，B 端产品主要有以下 6 个特征。

（1）产品形态以 Web 端为主

常见的 B 端产品的产品形态一般为 Web 端或 GUI 端，只有少数为移动端。企业业务的复杂性、业务数据的丰富性以及移动端操作界面和方式的天然局限，决定了 Web 端产品的广泛应用。近些年，随着移动技术的快速发展和外部环境的变化，移动办公的趋势加速发展，越来越多的 Web 端产品逐步转向移动端。虽然如此，在 B 端产品领域，移动端现在仍然只是 Web 端的补充形态。

（2）产品稳定性高

B 端产品承载着企业业务运营的职责，特别是在电商公司、平台类公司中，对系统稳定性的要求一般很高，产品一旦出现问题就可能影响业务运营，引发大面积的负面影响。比如，一家快递物流公司的物流系统崩溃，将会导致大量用户无法查询到快递进度，继而引发用户恐慌或投诉，甚至导致公司品牌减值和股价波动。

（3）产品复杂度高

B端产品承载的是企业业务管理诉求。业务本身错综复杂，不同企业的组织架构、岗位、职责、流程和制度不太一样，就算是同一个企业的也可能发生调整。产品经理在设计B端产品时需要足够的抽象能力和逻辑能力，将共性的需求抽象为标准化功能，将个性化需求单独开发，这使得整个产品的复杂度很高。

（4）产品页面和交互设计易懂

以Web端为主的B端产品，在产品页面上，主要以表单或报表的形式来呈现列表页、详情页和表格页等；在产品交互上，尽量简化，减少浮夸的交互设计，尽量符合用户完成工作任务的操作习惯。对于移动端，界面设计上尽量减少用户的数据录入和页面切换次数，交互设计要简单易懂。

（5）设计风格简洁

B端产品主要用于客户完成工作任务，考虑到工作的严肃性和逻辑性，在设计上不宜展现过多冲击性的视觉元素，尽量简洁，以帮助客户快速完成任务。

（6）产品品牌心智化

品牌价值这一考量因素在客户对B端产品的购买决策之中占有相当高的权重。企业购买B端产品，一定是为了解决某一类问题,品牌无形之中代表该产品是这个领域解决方案的最佳实践。比如,购买 ERP,多数企业第一时间想到的是 SAP ERP、Oracle ERP,或者金蝶 ERP、用友 ERP。反观 C 端产品,用户在选择某一个产品时除了品牌因素外,还有更多的考虑因素,比如产品趣味性等。

1.1.3 部署方式

常见的部署方式主要分为公有云、私有云、混合云和本地部署 4 种,每种部署方式都有其应用场景和优劣势,企业可根据自身的情况进行选择。下面分别介绍这 4 种部署方式。

1.4 种部署方式

(1)公有云部署

公有云通常由第三方服务提供商提供,B 端产品和数据部署在公有云的服务器中,用户通过互联网使用这些产品,企业本身不需要购买和维护相关硬件设备。常见的公有云如阿里云、腾讯云、华为云和亚马逊云。

(2)私有云部署

私有云是为客户单独使用而构建的云,B 端产品和数据部署在私有云服务器中,企业需要自己购买设备搭建私有云或租用第三方提供的私有云服务。一般对数据信息安全要求较高、强依赖技术运营的大型企业或政府部门才会搭建私有云。

(3)混合云部署

混合云融合了公有云和私有云的特点。出于安全考虑,企业更愿意将数据存放在私有云中,但是又希望可以获得公有云的计算资源,因此将公有云和私有云进行混合和匹配,以获得最佳的效果。这种个性化的解决方案达到了既省钱又安全的目的。比如,企业将B端产品部署在公有云、数据存放在私有云。

(4)本地部署

本地部署指企业自建机房,购买服务器、网络设备进行本地化部署。B端产品和数据都部署在企业自身的机房服务器上,需要企业自行维护和管理,成本较高。现阶段很多公司都采用这种本地部署方式。随着云端技术进步以及企业削减成本需求的增加,云端部署会成为未来的大趋势。

2. 部署方式对比

4种部署方式各有优劣,这里简单地从成本、安全性和管理难度3个维度对其进行说明。

(1)成本

从部署成本上看,显然是公有云的成本较低,其他3种部署方式成本较高。公有云只需购买服务即可,相应的硬件、设备不需要购买和维护;混合云和私有云需自行搭建机房或租用第三方私有云,存在硬件购买、设备维护费用;本地部署是其中成本最高的,需要自建机房、购买设备、储备人才和运行维护费用。

(2)安全性

从安全性角度看,企业认为公有云安全性低,其他3种部署方式安全性较高,特别是大企业并不愿意进行公有云部署,不过这一现象近年有些改善。应用部署在公有云上和数据存放在第三方服务器中，数据的安全性取决于第三方的信息安全和职业道德；混合云采取折中的方式，将数据部署在保密性高的私有云中在一定程度上保证了数据安全性；私有云和本地部署的数据安全性相对最高。

（3）管理难度

从管理难度上看，公有云管理难度最低，其他 3 种管理难度相对较高。公有云部署只需企业租用服务，几乎不用管理；混合云和私有云部署根据私有云的搭建方式，需要进行机房、设备和人才的管理和维护；本地部署因其机房、设备和人才都是企业自有的，相应的管理和维护难度也较高。

1.1.4　6 项价值

B 端产品的价值由企业来评判。假设有一款软件产品，功能非常强大，UI 设计得非常精致，代码的质量非常高，但是无法让买单的人感受到其优点，没有落地的实际场景，那么它的价值就很小，甚至对买单的人来说不存在价值。B 端产品的价值主要有 6 项，如图 1-2 所示。

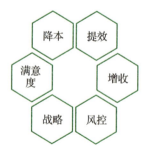

图 1-2　B 端产品 6 项价值

（1）降本

B端产品作为企业数智化工具，采用了大数据、云计算、AI（人工智能）和区块链等技术，应用在企业业务场景的各个环节，帮助企业提升管理能力，释放人力资源，从而实现降本的目标。比如，智能客服工具采用机器人独立解答常见的客服问题，让原本数千人的客服团队减少到几百人，极大地降低了企业的人力成本；电子合同系统采用互联网技术，将原本线下邮寄合同盖章，转变为线上签订电子合同并电子盖章，节约了中间运费和材料成本等。

（2）提效

在增长速度放缓的形势下，内外效率是企业之间主要的竞争方面。B端产品的一大价值就是帮助企业提升运营效率，并卓有成效。常见的效率提升方法包括但不限于以下几种。

- 各环节线下作业转移到线上。比如，将线下仓储作业和管理"搬"到WMS上，搭建SRM系统用于采购方与供应商之间协同，建设OMS来管理用户订单等。
- 各环节打通信息流，减少信息孤岛。比如，通过数据总线（EBS）、API接口、消息队列、文件等方式将不同B端产品之间的数据流打通，向SRM系统同步HRM系统的组织架构和人员信息，保持集团内部应用同一套数据。
- 计算机计算代替人工计算，以适应一些复杂的计算场景。比如，在会计核算、员工薪酬、应付金额、成本模型、库存可用性等一系列问题中，需要大量计算，采用计算机设定好公式和参数，计算的效率和准确性远远超过人工计算。

- 自动化、智能化技术应用在企业业务场景中。比如，在物流行业快递中转时，传输分拣机能够根据设定的程序自动分拣，分拣效率大大提升；人脸识别闸机自动识别员工信息，完成门锁开关、权限识别和考勤等。

（3）增收

B端产品能够为企业带来营收的增长。但是企业内常用的很多产品不会直接增加营收，而是通过间接的方式创造营收。直接创造收益的B端产品基本都来自软件厂商或服务商，这些企业通过售卖软件、解决方案和实施费用获取利润。另外，某些企业在内部的数智化建设相对成熟时，可能会孵化一些项目，并将解决方案和产品打包销售，从而实现盈利。比如，美的集团孵化的美云智数，汉得咨询孵化的甄云科技等。间接创造营收的B端产品在不同公司发挥作用的方式不同。比如，很多互联网公司和数字化转型的传统公司都会在营销侧发力，上线CRM系统、智能呼叫、智能营销等；物流行业的顺丰科技会为快递小哥提供拓客的营销工具等。

（4）风控

企业风险包括业务风险、信息风险、管理风险、法律风险等。这类B端产品主要聚焦于帮助企业防范或降低风险。比如，物流公司通过相应产品对C端用户和B端客户的联系信息加密，每个公司都需要网络防火墙、信息安全类产品，互联网金融公司或银行搭建风控系统等。

（5）战略

企业的产品建设应当与企业的战略保持一致。先拓展新业务，还是先聚焦优势业务？每个公司的战略目标不一样，资源的投入和倾斜就会不同。对于企业客户来讲，B端产品的建设同企业战略应当保持一致，否则，就会出现刚上线新系统又要对其重新建设的情况。这种例子发生在很多国内的企业客户中，1年到2年就重新建设一次系统，不仅无法沉淀企业的业务，还会影响企业发展。

（6）满意度

这里的满意度主要是指企业中负责执行的用户使用B端产品真正解决了问题，提高了效率，那么，用户自身也会认同企业的业务发展，其归属感和满意度也会提高。比如，某集团公司搭建的SRM系统可以很好地帮助用户在线上与供应商协同，降低了双方的沟通成本，有利于工作留痕，这帮助用户提高了工作效率，使其进一步提升了对组织的满意度。某跨境电商公司的仓储开放平台为其他小型跨境电商公司提供国内外物流配送和海外仓储等服务。而小型B端跨境电商公司只需要租用这些服务，对应的国内物流揽件、国内外物流运输、海外仓储、国外订单配送等业务直接由平台负责。该小型跨境电商公司的客户和用户都非常满意。

1.1.5　与C端产品的6个差异

C端产品是面向消费者使用的，如微信、支付宝、酷狗、京东等App。而B端产品是面向企业用户使用的，比如，用户在电商平台的购物App上下单，就需要OMS、WMS和TMS共同完成用户订单的配货、送货等流程。

购物 App 是 C 端产品，而 WMS 是 B 端产品，两者之间相互协同，缺一不可，共同为用户和客户提供服务。但两类产品在整个链条上又有不同，主要体现在以下 6 个方面。

（1）用户群体

C 端产品针对个人用户，而个人用户更感性化、情绪化，产品经理需要顺应用户的潜意识来激发用户的情绪，满足用户的愉悦感或恐惧感，进一步取悦和转化用户。比如，抖音 App 的用户量超 6 亿人，每个用户在 App 上刷到的短视频都是自己喜欢的，这样无形中满足了用户潜意识的愉悦感，让用户一直停留在 App 上，进而实现转化。

B 端产品针对企业用户，企业用户是一个集体角色，呈现的是一种集体人格，其中个体角色的目标、边界、激励都是提前训练好的、不断重复的路径。比如，采购员的角色就是要为企业购买产品或服务，不会因为采购员是张三或李四而发生职责变化。

（2）产品思维

C 端产品以"感性＋流量"思维，满足不同用户的痛点、爽点和痒点，减少用户焦虑，让用户得到即时满足和自我虚拟化，通过产品运营的方式获客、留存、活跃、转化和自传播。比如，京东、拼多多会通过各种运营手段引入流量，满足用户的不同需求，最终促进用户成交。

B 端产品以"理性＋效率"思维，助力和引领企业运营的降本、提效和控风险，结合管理理念和智能化产品来落地企业业务流程、岗位职责，打通企业内外部信息流、资金流和产品流，实现企业高效运作。比如,原先仓库补货通过 Excel 表每天按公式计算出需备货的 SKU[⊖]和备货数量,后来将 Excel 的补货逻辑抽象成补货模型,再进行模型的线上化,释放了人力,提高了补货效率和准确性。典型的补货模型如再订货点模型、经济订货批量模型等。

(3)产品价值

C 端产品通过满足个人用户的痛点、爽点和痒点来提供多样化的价值,可以使用户效率提高、生活品质提升、精神愉悦等。比如,微信是一种生活方式,拉通了我们与熟人之间的社交关系,同时提供了很多提高生活便利性的工具,像支付、话费缴纳、打车、购买电影票等。

B 端产品通过满足组织高效运作来降低成本并管控风险,体现的是企业管理理念和管理者的意志,让企业获得竞争力优势。比如,WMS 将入库、出库、盘点、调拨等业务流程按照管理理念进行标准化和线上化,同时应用自动化设备、物联网、大数据、AI 等技术,实现仓库作业流程全面自动化和智能化,提高了整个仓储过程的作业效率和库存准确性。

(4)产品复杂度

C 端产品基于用户核心诉求设计,目标是满足用户核心需求,产品功能相对单一,业务逻辑不会太复杂,更符合人性化体验。比如,在知乎上,用户只需要点击"提问→录入问题→选择话题→

⊖ Stock Keeping Unit(库存量单位)引申为产品统一编号(如物流管理流程)或一种商品的单品(如电商行业)。

发布问题"即可完成提问的流程。这些操作的学习成本低，也符合人们提问的习惯。

B端产品基于企业业务场景设计，既要满足用户的体验，也要满足企业管控的要求，产品功能相对复杂，信息流往往跨越几个产品，业务逻辑和规则繁多，提高企业效率和管控风险并存。比如，B端产品经理在设计合同管理系统时，前期了解到合同拟制流程包括用户新建合同、编辑合同、磋商合同、供应商确认合同、法务确认合同、合同审批、合同盖章、合同归档等环节。根据合同管理系统的定位和企业管控诉求，将新建合同、编辑合同、磋商合同、法务确认合同等环节放在合同管理系统，将供应商确认合同等环节在供应商关系管理系统，将合同审批放在OA系统，将合同盖章放在电子签章系统，将合同归档放在档案系统。此时，你设计的合同管理系统不但功能复杂，还涉及与多个外围系统的对接，这就要求B端产品经理具有较好的逻辑思维和系统化思维。

（5）产品收入方式

C端产品的用户群体大，产品类型多样，不同类型产品的收入模式可能不同。常见的收入模式包括广告、增值服务、交易佣金、自营差价、利息收益等。比如，电商公司通过商品自营赚取其中的差价实现盈利，B2B平台通过撮合采购方和供应方成交来从中抽取交易佣金等。

B端产品面向企业用户，常见的收入模式包括售卖产品、咨询服务、软件实施、软件升级和维护等。近些年，由于云端技术的发展，出现了SaaS化B端产品，衍生了软件订阅服务费、按交易金额提成收费等模式。比如，国内 ERP 行业中，软件厂商将 ERP 软件使用权售卖给客户，同时通过交付实施团队，帮助客户进行软件实施和后续的软件升级、维护赚取利润；这些 SaaS 化 B 端产品主要采用一次开发、多次应用的方式，将开发的成本分摊到后续多个租用产品或服务的客户上，一般通过客户订阅付费，逐步实现产品边际成本递减、盈利最大化。

（6）产品营销方式

C 端产品基于大数据分析构建用户画像，从而针对用户采取精准化营销和推广方式，将信息发送至用户手机、App、网站、邮件等渠道，采用优惠券、推广活动的形式激发用户购买欲望，促使用户成交。比如，用户刚刚在某电商平台上搜索了一本书，再次登录该电商平台时，首页会推送同上次搜索类似的书，并提示活动折扣或满减等信息。

B 端产品针对客户往往采取个性化营销，有独立的销售团队拓客和维护客户关系，对意向客户，会由销售、售前顾问甚至产品人员组成团队进行演示、培训和提供试用产品，让客户可以从不同角度权衡产品给公司带来的价值。最重要的是，销售团队会通过各种渠道触达客户企业中对购买 B 端产品起关键决策作用的人物。

1.2 B 端产品的发展

B 端产品是为企业需求服务的，企业需求在不断发展变化，B 端产品也需要不断发展。随着时代的变迁、科技的进步，越来越多的企业将数字化技术应用到企业的实际业务场景中。本节阐述企业 B 端产品的发展历程和演化路径。

1.2.1　4 个发展阶段

B 端产品从诞生之初到如今经历了 4 个重要的阶段，包括手工、信息化、数字化和智能化阶段，如图 1-3 所示。

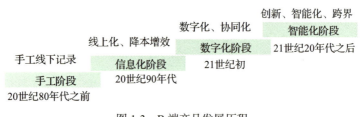

图 1-3　B 端产品发展历程

1. 手工阶段

我国使用专业的计算机软件记录业务和会计账的时间较晚，从 20 世纪 80 年代开始，直到 90 年代才普及。在这之前，基本使用传统的会计账簿、线下记录的方式记录业务和核算会计账。这一阶段的账务核对往往需要花费大量的人力和时间，并且容易产生错误，需要重复返工。之后，随着计算机普及，商用软件才开始应用，这些软件一开始只是用于解决财务部门的会计账核算问题，并没有同业务进行关联，也很少考虑其他工作环节的配合。

2. 信息化阶段

随着时代的变迁、科技的进步、互联网的普及，在 20 世纪 90 年代后期，企业不再局限于某一块业务场景的电子化，而是期望各部门、组织的业务场景都能够线上化，并且数据互通互联，提高各环节的工作效率。这时期涌现出了一批企业管理软件，从 MRP1、MRP2 到财务系统，再到 HRM 系统、CRM 系统、ERP 系统等。典型的 B 端产品厂商有国外的 SAP、Oracle、Salesforce，以及国内的金蝶、用友、浪潮等。

这段时期的产品大多是桌面 GUI 端，需要设置单独的登录窗口，如 SAP GUI 端登录窗口，如图 1-4 所示。这时期的产品普遍具有用户学习成本高、体验差的特点，当客户上线该产品时，产品厂商需要配备专门的顾问并组织用户培训，并且国内普遍认为国外的产品"水土不服"。此时，国内外厂商开始逐步重视软件的用户体验，推出了 Web 端的产品，用户直接通过浏览器登录即可。比如，SAP 推出 Portal 门户入口等。

图 1-4　SAP GUI 端登录窗口

3. 数字化阶段

在 21 世纪初，随着互联网技术的成熟，企业不再满足于内部效率的提升、信息化系统建设成本的降低，而是期望利用新一代信息技术全面实现企业内外部各业务的数字化和供应链上下游全流程的协同化。

这个时期的企业信息化系统建设，逐步从 ERP 系统，转移到 SCM、SRM 和 CRM 等系统上，企业更关注内外之间的信息协同和效率提升。各大国内外软件厂商纷纷布局，如 SAP 收购 Ariba，汉得推出甄云 SRM 系统等。

4. 智能化阶段

进入 21 世纪 20 年代后，随着云计算、大数据、AI、区块链、物联网等新技术的成熟和普及，外部商业环境的变化，竞争加剧，以及产业互联网的兴起，企业期望将更多新技术应用到内外各个环节，依托数字技术实现业务智能化、自动化，从而达到商业模式创新和跨界，最终构建自身的产业生态系统。

在这个时期企业需要一系列 B 端产品来满足各个方面的业务诉求，各大传统软件厂商、互联网巨头以及创业公司纷纷布局企业数字化领域和产业互联网，涌现了一批 SaaS 软件产品和 B 端产品。比如，2019 年腾讯将原有的七大事业群调整为六大事业群，新成立云与智慧产业事业群，积极布局产业互联网，服务 B 端客户；2020 年阿里巴巴公布"云钉一体"战略，将阿里云与钉钉全面融合，拓展生态能力，为客户提供更多价值。

1.2.2 产品类型演化

B 端产品于 20 世纪 80 年代诞生。在诞生之初，B 端产品并不能支持多功能、复杂的业务场景，而是从会计核算的单一功能开始，逐步覆盖企业业务场景，到今天几乎涵盖了企业的方方面面。B端产品经历了从定制化、标准化到平台化发展的路径。

1. 定制化

B端产品的起步几乎都是从定制化开始。在这个阶段，产品的建设一般是以项目的形式进行，团队成员根据业务方提出的明确需求，定制化设计一个产品应用于某个组织特定业务场景，如图1-5所示。这种定制化产品的方式很好地满足了企业客户的需求，完成了客户将手工作业转移到系统上的过程，这类客户更多是传统企业。但是用这种模式开发的软件产品是无法复用的，研发成本很高。因此就提出了将不同行业相同或相似业务场景的共性需求进行抽象、归纳并形成产品的需求，以提高产品复用性，于是B端产品的发展就进入了下一个阶段。

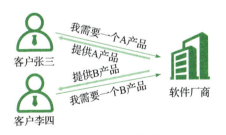

图1-5 定制化软件设计

2. 标准化

这一阶段，国内的软件厂商在为多个行业提供产品，积累足够案例后，逐渐将不同行业的共性需求进行抽象和归纳，形成自身的标准化产品或行业解决方案提供给客户，标准化过程如图 1-6 所示。

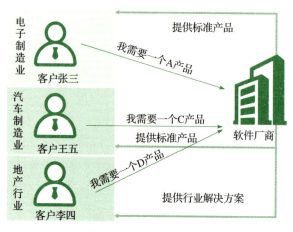

图 1-6　标准化产品设计

标准化的产品不仅能满足特定且明确的场景需求，还具有一定的灵活性、可扩展性，能适应更多组织的场景，满足不同客户的需求。当然，产品标准化的过程是逐步迭代进行的，随着客户越来越多，客户所在行业越来越多，业务领域越来越多，标准化产品的功能也越来越丰富。但并不是所有行业的需求都能够抽象成一个标准化产品，某些行业因国家政策、标的差异性导致需求差异性较大。比如，在房地产行业中，企业工程项目招投标需按照相关法律法规要求公开招标，而在物流行业中，物资或商品招投标可以采用邀请招标的方式，并且两个行业在招标流程、要求、监控上的差异性都很大。在这种情况下，B 端产品发展出了行业解决方案。下面，分别介绍通用标准化产品和行业解决方案这两种类型的 B 端产品。

（1）通用标准化产品

在软件领域，B 端产品和企业管理思想及理念相辅相成。B 端产品基于管理思想和理念进行设计，同时促进企业管理思想和理念的成熟；管理思想和理念借助 B 端产品进一步落地到实际业务中。

而企业管理思想和理念在国内外存在相当大的差距。国内企业在各业务领域的管理思想和理念并不统一，业务流程也未标准化，有着浓重的本土化管理色彩；国外企业管理思想和理念及其实践发展得相对成熟。比如，美国的供应链管理三大协会——供应管理协会（ISM）、运营管理协会（APICS）、供应链管理专业人士协会（CSCMP）很好地促进了供应链管理思想和理念的落地；日本丰田的精益生产理念和 JIT 零库存模式也在生产管理和库存管理领域得到了充分的实践；美国摩托罗拉公司的六西格玛质量管理模式也被通用电气、戴尔、惠普、西门子、索尼、东芝等众多跨国公司通过实践证明是卓有成效的。

各大软件厂商期望通过一套标准化产品覆盖多个行业需求，从而使软件产品研发的边际成本最低。设计一个完全通用的标准化产品是有相当大难度的，当前国内外知名的厂商也只能尽可能多地支持多个行业。其中，国外厂商 SAP、Oracle、Salesforce 等发布了 ERP、HRM、SCM、PLM、CRM 等一系列通用标准化产品；国内厂商金蝶、用友、浪潮等也相继发布了各自的 ERP、财务、HRM 等产品。近些年，由于互联网的快速发展，国内协同办公领域涌现了一批优秀的 B 端产品，如钉钉、销售易等。

注意 产品能够标准化的前提：解决了客户痛点，满足了客户需求，产品的稳定性较高，有独特竞争优势；产品本身具备商业价值和前景,具备一定的市场容量和规模。

(2)行业解决方案

有些行业的业务差异性特别大,通用标准化产品的功能无法有效满足企业管控诉求,为了服务这些行业的客户,开拓更多的市场,综合软件厂商会进行布局,例如,金蝶和用友为房地产、政府行业提供解决方案;钉钉拓展了制造、建筑、教育和医疗医药等行业的解决方案。垂直领域厂商会聚焦于自身擅长的领域,如筑龙为工程建设企业和政府提供电子招投标服务,明源为房地产行业提供云 ERP、智慧营销、智慧工程和云采购等一系列解决方案。

3. 平台化

软件厂商为了开拓市场,势必会逐渐发展多条产品线覆盖不同业务领域,这就需要一个强大的团队来支持所有产品线的发展。此时,厂商会面临如下两个问题。

第一,团队资源不可能无限多,多到能每条产品线都做好;

第二,某些垂直行业存在占据优势地位的头部公司,与它们竞争未必是明智的。

此时,B 端产品可以往平台型产品发展。软件厂商不仅可以提供一套产品功能满足客户的需求,还可以开放平台的能力,制定标准和规则,让更多的独立软件开发商参与平台建设,组成一个更完整、更专业、更闭环的解决方案生态。这种合作方式能够让生态中每个合作厂商获得客户和利润,让客户获得更专业的服务。目前国内像金蝶、用友、浪潮都有生态合作伙伴,读者可以搜索这些厂商的官网来了解。

1.3 B端产品的客户和用户

B端产品主要服务于企业或组织。而企业或组织的特点是"不是单个个体,是由一群个体共同组成的"。对企业或组织,我们一般称为客户,而对企业或组织内部的个体,也就是具体的人,我们一般称为用户。想要设计一款好的B端产品,就要理解B端产品的客户和用户。

本节主要阐述B端产品的客户和用户分别是什么,让读者真正理解B端产品是为谁设计和服务的。

1.3.1 客户的内涵

B端产品的客户一般是企业或组织,它们处在不同行业、拥有不同规模,在日常的经营活动中会遇到各种各样的问题。我们先来简单了解一下企业是什么,以及企业的发展历程、特征和诉求。

1. 企业定义

现代经济学理论认为企业是"一种资源配置的机制",能够实现整个社会经济资源的优化和配置,降低整个社会的交易成本。大多数企业作为营利性组织,追求利润是其主要的目标。它是市场经济活动的主要参与者,是社会发展的产物,因社会分工的发展而成长壮大。

2. 企业发展历程

（1）手工作坊时期

这时主要以封建社会的家庭手工业为主，人们通过这种典型的作坊式生产模式自给自足，并且向外输出商品。在16世纪至17世纪，一些西方国家的封建社会制度向资本主义制度转变，资本原始积累加快，农民的土地被大规模地剥夺，这使家庭手工业急剧瓦解，生产模式开始向资本主义工厂转变。

（2）工厂时期

18世纪，西方各国相继发生工业革命，机器的普遍使用极大地提高了生产效率，传统的手工作坊式作业变成工厂化、机械化的生产模式。在这一时期，社会分工变革，工厂采用雇佣制，大量工人被雇佣进行集中化生产。

（3）现代企业时期

19世纪末20世纪初，自由资本主义向垄断资本主义过渡，工厂发生了复杂而又深刻的变化：不断采用新技术，使生产迅速发展；生产规模不断扩大，竞争加剧，产生了大规模的垄断工厂；经营权与所有权分离，形成了职业化的管理阶层；普遍建立了科学的管理制度，形成了一系列科学管理理论。这使工厂走向成熟，成为现代企业。

3. 现代企业的特征和诉求

（1）企业现状

现代企业在人类社会发展中发挥了重要的作用，是现代经济发展的重要动力。我国改革开放40年，GDP（国内生产总值）翻了几番，在 2020 年突破 100 万亿元大关，稳居世界第二，这和众多伟大的企业密不可分，在能源、互联网、建筑、汽车、银行、保险、房地产等行业中，都涌现了一批优秀的世界 500 强企业。

现代企业想要生存或发展得更好，只有不断降本增收，通过各种方式降低运营成本，提高生产效率，保持竞争力，开拓市场，提供产品或服务满足客户的需求。国内各个企业一直处于残酷的竞争中，时刻要保持居安思危。据有关数据统计，99% 的创业公司活不过 3 年；即使是经营模式相对成熟的企业，也在承受着保持现有市场和开辟新市场的压力；大公司基本都会探索多元化方向或已经在经营多元化业务。

（2）企业诉求

在国际国内的经济形势和竞争态势下，企业想要发展和盈利，降本、提效、控风险、增收入就成为其天然的诉求，企业只有不断创新，优化配置资源，加强自身竞争力，方可取得一席之地。企业诉求主要体现在以下 3 个方面。

1）落地战略规划。在数字化时代，企业或组织不得不改变一些基本的经营理念和管理思想，去适应新的商业格局。企业或组织要以新商业视角，结合数字化的力量，开展业务战略规划，在商业模式发生重大变化的过程中，提高绩效，遵循客户至上的原则，让自身变得更加敏捷和智能。

B 端产品的布局是企业或组织数字化战略的一部分，企业或组织通过 B 端产品的建设重塑其产品、服务、流程和业务，并在数字化时代为客户创造价值。B 端产品的建设不仅包括搭建一系列项目，比如构建某个管理系统或者开发一个移动 App，还包括实现部门之间的协同和系统之间的统一。

2）优化资源配置。企业是重要的经济组织，它创造财富，提供就业岗位，拉动经济增长，是经济发展的动力。著名经济学家、诺贝尔经济学奖获得者罗纳德·科斯指出，企业是一种资源配置的机制。企业的资源一般包括员工、资金、商品、客户、供应商、技术等，优化资源配置就是对这些资源进行合理配置和使用，构建基本能力，高效提供产品或服务，以满足客户需求。比如，对一个跨境电商而言，它在研发、设计、采购、仓储、运营、配送、服务等各个环节都需要提高资源配置效率。企业每天都要思考如何缩短研发周期、如何设计流行款式、如何提高仓储效率，如何精准营销，如何降低配送成本等，这些思考都是优化资源配置的体现。

企业在优化资源配置时，往往会采用信息化的手段，对各种资源进行管理。不同的企业资源，其管理难度、方式也是不同的，因此需要有针对性地了解各种资源的核心特点。比如，对员工的管理其实是很复杂的，既要管控好员工的日常行为，也要激发员工的积极性，使其保持高效的工作状态；在对商品的管理上，以电商平台为例，既要确保库存合理，少占资金，又不能断货；对于供应商，既要让它提供价格低廉的商品，又要保证商品质量，还要进行供应商绩效考核；对于客户，既要开拓更多客户购买自己的产品或服务，又要维护客户关系，并且要确保销售人员的变动不会导致客户流失。

B端产品经理可能会聚焦某一业务领域，比如人资管理、财务管理、采购管理、仓储管理等，需要对这一领域的客户需求有更深的理解和认识，通过不断创新提供优质的解决方案，才能帮助企业在各个业务领域优化资源的配置,提升企业的整体竞争力。

3)提高运营效率。企业的运营过程涉及各类资源的协同,因此除了优化资源配置,企业还需要提高运转效率,降低运营成本。在小企业成长为大企业的过程中,岗位分工越来越细,精细化运营的需求越来越迫切,协同效率和实时性的要求越来越高。此时,标准化和规范化的业务流程对企业运营管理至关重要,能够让员工的岗位职责更加明确、工作内容协同性更好,同时能够提高整体的运营效率,减少差错的发生,降低不必要的成本,还能够降低对个别员工的依赖,提高业务模式的可复用性。

比如,某房地产集团内部的采购工作原本由A、B、C 3个子公司分别进行管理,每个子公司都有相应的采购团队和管理制度,而这些流程、制度互不相同。对同一供应商,A公司因该供应商的交付绩效不合格而拒绝合作,但B、C公司却因为信息不同步仍然给这个供应商提供订单。面对这些采购管理上的问题,集团总部发起了大采购项目,统一标准、制度、流程、平台,集中管控所有的供应商资源,做到采购管理流程、制度的规范化。项目上线后,供应商信息基本可以在全集团内同步,如果供应商在资格评估过程中出现问题,则集团下各个子公司都不会与之合作。此外,这种采购模式灵活结合集中采购和分散采购的优势,对统购物资提高了谈判筹码,降低了采购成本,对个性化物资进行分散采购,降低了运营成本,从而提高了整体的运营效率。

1.3.2 用户的内涵

与C端产品面向的用户相似,B端产品的用户也指个体,区别则是 B 端产品的用户是企业或组织内实际使用该产品来完成工作任务的人。随着时间累积，长期负责同一个工作岗位的用户会逐渐表现出认知模式固化和标签化、抵制新变化、适应新事物慢等特点。接下来分别对其进行简要说明。

1. 认知模式固化和标签化

现代企业分工越来越细，带来岗位精细化。企业将经营活动中复杂业务流程的工作拆解到若干岗位上，每个岗位配备对应的员工，完成某一固定的职责，员工各司其职，共同完成经营活动目标。不同规模的企业，其岗位细化的粒度不同，越是大企业，岗位分工越精细。

在此背景下，会计师、人力资源管理师、采购员、仓储员、销售员等不同岗位员工分别就职于电商、物流、制造、房地产等行业中。他们在各自的岗位上兢兢业业、付出自己的努力和热忱，长此以往养成了固化和标签化的认知模式。比如：

- 会计人员常年跟数字和会计准则打交道，相对严谨和细致，凡事讲究数据支撑和逻辑，与他们沟通需要注重逻辑严谨性和行事规范性；
- 采购人员常年与供应商打交道，熟悉供应市场，凡事讲究计划和策略，风险意识高，与他们沟通需要说清楚对这件事的计划是什么，采取什么执行策略，执行过程中可能有哪些风险，风险的应对措施是什么；
- 仓储管理员常年负责仓库的商品管理，注重效率和成本，凡事追求合理、高效，与他们沟通需要站在他们的角度去思考如何提升仓储空间利用率和出入库效率，实现库存高周转、低误差。

B端产品经理需要搞清楚用户的基本信息、教育背景、职业经历、性格特征、企业文化等。这样才能针对性地设计出符合用户认知、体验良好的B端产品。

当然，某一个B端产品只能满足企业一部分业务场景的需求，涉及的用户岗位也是有限的。B端产品经理不能局限于某一部分业务场景，而应当从全局了解业务是如何实现闭环的，深入分析产品所服务的用户及其需求，帮助用户更高效地完成工作。

2. 抵制新变化

每个企业在各个业务领域的工作流程、制度和岗位职责都是经过长时间的积累和沉淀形成的，部门与部门之间、岗位与岗位之间存在某种隐形的规则。随着新业务的发展，企业进行数字化转型，业务结合数字化技术和产品进行变革，这势必会在一定程度上打破现有的组织权利关系、岗位职责界限、业务流程等，最终影响员工在组织内的岗位和职责。

比如，阿里巴巴自2015年以来进行了5次大的组织架构调整，其中负责钉钉的产品部门进入云智能事业群，因此人员分工和岗位职责在一定程度上进行了调整，该部门的员工需要快速适应新的岗位职责。

对这种企业内部的调整，很多企业员工在一定程度上会产生抵制的心态。因为他们要从原有的工作舒适圈跳出来，不但要适应新的组织架构关系、岗位职责变化，而且需要学习新事物、新知识等。比如，某集团上市公司发展多年，一直采用粗放式的管理方式，虽然营收一直增长，但是员工效能却很低。集团高层在学习现代化企业管理知识后，决定对集团进行一次组织架构和业务变革，同时上线 ERP 系统固化业务流程。在 2013 年底完成一系列变革措施后，集团的组织架构进行了精简化调整，各个岗位的职责更清晰了，但同时各个岗位的工作内容都增加了，其中包括操作 ERP 系统。企业员工对新的工作内容有不少抱怨，在 ERP 系统上线后的半年内，不少员工离开了公司。虽然如此，集团高层还是坚定不移地实行当初的战略。在 2～3 年后，变革效果逐渐明朗，集团的营收翻番，净利润翻番，公司股价在 ERP 系统上线 7 年后翻了 10 倍。从长远来看，这项决策是正确的，企业需要员工跟上企业和时代的发展，不断学习和适应新的变化。

B 端产品经理在设计产品时，需要考虑不同角色的企业用户对于新事物的态度，进行有针对性的设计，尽量使界面简单、操作直接、符合岗位工作习惯，让用户更容易上手，节约他们的时间。

3. 适应新事物慢

在企业用户中，既有专业能力强、设备操作水平高的群体，也有专业能力一般、设备操作水平较低的群体。不同能力和水平的企业用户学习和接受新事物的难易程度也不一样。但即使在能力强、水平高的用户群体中，仍有大部分用户在经过长时间的学习和培训后，形成了针对特定岗位的工作习惯和认知，他们适应新事物的速度也普遍较慢。

比如，某集团上市公司属于劳动密集型企业，各工厂一线生产、仓储人员基本都不擅长电脑操作，上线 ERP 系统后，这些员工需要线上进行生产订单、原料出入库、产品出入库等一系列系统操作。另外，某从业多年、经验丰富、熟悉电脑操作的采购员，在公司上线新的 ERP 系统后，需要使用 ERP 系统创建采购订单。经验表明，上述两个例子的企业用户在上手新的系统时，所花费的时间并不会有较大差异。这是因为前期的工作习惯和认知会影响员工对新事物的接受和掌握的时间。

因此，B 端产品经理需要明白自己设计的产品面向哪一类企业用户。在设计 B 端产品时，需要考虑用户群体的工作习惯，尽量降低用户的学习成本，让他们在较短时间内就可以上手使用。

1.4 本章小结

深刻地认识 B 端产品是设计的前提。B 端产品经理需要了解 B 端产品的发展历程和演化路径，最重要的是理解产品是为谁而设计的。

在认识 B 端产品的过程中，我们需要注意如下关键内容。

- B 端产品是企业用户在使用，而不是个人用户在使用。
- B 端产品的分类维度不同，分类结果也会不同，只要能够通过分类来加深对 B 端产品的理解即可。
- B 端产品的购买决策的链条长，品牌价值是影响决策的因素之一。
- 并不是所有需求都能标准化为产品功能。
- B 端产品的客户和用户的关注点不一样，前者关注产品价值，后者关注使用价值。
- B 端产品的用户不仅来自业务部门，还可能来自科技公司或软件厂商内部的 IT 团队。

- ❑ 想要理解企业客户的诉求，B端产品经理需要熟悉甚至精通企业业务。
- ❑ 理解企业用户可以从基本信息、教育背景、职业经历、性格特征、企业文化等多个角度切入。

关于B端产品的演化路径，可了解SAP、Salesforce、金蝶、用友等公司的产品演变历程。想要更多了解企业业务运营、理解企业客户需求，可参考企业财务管理、供应链管理、采购管理、仓储管理和物流管理等主题的图书和案例。想要了解企业用户，需要经常与客户企业的业务团队进行沟通和交流，积极参与其中。

第 2 章 | CHAPTER

B 端产品经理的能力与思维

产业互联网的到来,带动了 B 端产品市场的火爆,引发了行业对 B 端产品经理的旺盛需求,各"参赛者"都在积极拉拢 B 端产品人才。作为一名专业的 B 端产品经理,我们需要具备相应的能力和思维方式,在职业道路上持续不断地修炼并保持足够的耐心。

本章主要从职业背景、能力模型和思维模式等方面来深入剖析 B 端产品经理这一角色。

2.1 认识 B 端产品经理

产品的目标是满足用户或客户的需求,产品经理是管理产品全生命周期的角色，其中 B 端产品经理面向企业或组织来管理产品全生命周期。本节从 B 端产品经理的起源开始，带领读者认识 B 端产品经理这一职业。

2.1.1 职业起源与发展

产品经理的概念起源于 20 世纪 30 年代的宝洁公司。起初该岗位负责产品的全流程管理。

进入 21 世纪，随着互联网技术的飞速发展，涌现了一批互联网产品经理，这批产品经理要全面负责商业分析、市场分析、需求分析、竞品分析、产品设计、项目管理和运营等一系列工作。

后来，互联网红利逐渐消失，流量越来越贵，原本专注线上业务的互联网公司也在积极探索线下的运营模式，企业运作模式越来越"重"，企业运营效率的提升越来越关键，B 端产品的重要性日益提高，B 端产品经理变得炙手可热。

B 端产品经理需要根据企业愿景和战略，负责企业或组织的产品定位、规划、市场分析、竞品分析、需求分析和产品设计等工作，并且紧密配合相应团队在产品研发、营销和运营环节的工作。按照 B 端产品的分类标准，常见的 B 端产品经理主要包括以下 3 个类型。

（1）协同办公类产品经理

协同办公类的 B 端产品有很多，相对通用，也最容易标准化和实现复用，并且这类产品更多采用 SaaS 模式。这个领域的 B

端产品经理根据其具体负责的产品不同,细分方向也不同,比如OA产品经理、视频产品经理、项目管理产品经理。

(2)业务运营类产品经理

支撑企业业务运营的产品很多,不同行业下不同企业的产品也会不一样,需要不同方向的B端产品经理。比如,在教育行业中,有教务管理、教学管理、订单管理、营销管理、数据报表等教育类产品的B端产品经理。在物流行业、电商或O2O平台中,有订单管理、仓储管理、物流配送、采购管理、商家管理、客户关系管理等运营类产品,对应的B端产品经理包括OMS产品经理、WMS产品经理、TMS产品经理、SRM产品经理、商家管理产品经理、CRM产品经理等,这些产品都有可能采用SaaS模式,如SaaS CRM、SaaS SRM等SaaS化B端产品。在智能制造业中,针对计划管理、生产管理、设备维护、质量管理、产品生命周期管理等企业数字化转型相关业务,对应的B端产品经理包括APS(Advanced Planning and Scheduling,高级计划与排程)产品经理、MES(Manufacturing Execution System,制造执行系统)产品经理、QM(Quality Management,质量管理)产品经理和PLM(Product Lifecycle Management,产品生命周期管理)产品经理等。

(3)通用服务类产品经理

通用服务类产品通常不直接面向企业的实际业务,而是为企业中各个系统提供通用性、基础性的功能或服务,常见的通用服务类产品包括消息平台、单点登录、堡垒机等。负责这类产品的产品经理需要熟悉企业管控诉求,并在技术上有一定造诣。

2.1.2 日常工作

B端产品经理是一个对系统性、逻辑性要求较高的职位。在日常的工作中,B端产品经理负责的事情多而杂,总结起来主要有以下几个方面。

1. 关注市场和竞品

不管该产品是在企业内部使用,还是提供给外部客户使用,B端产品经理都需要定期关注产品对应的业务领域的市场发展状况和趋势,跟进新技术在该领域的应用情况,了解相关竞品的发展方向和对业务功能的覆盖度等。

(1) 关注市场发展状况和趋势

这有助于B端产品经理全面了解该领域内的产品建设方向和市场规模。比如,在采购领域,目前市场处于智能化阶段,市场规模达千亿元。B端产品经理可以了解该领域的产品是如何实现智能化的,哪些业务场景实现了智能化,反过来对自身产品进行规划和设计。如果现阶段在设计企业内部使用的产品,面对如此大的市场规模,产品经理就可以思考是否有商业化的机会,从而完成以成本为中心向以利润为中心的转型。

(2) 跟进新技术在业务领域的应用

新技术往往能带来业务模式的变革和运营效率的提升,关注市面上的技术发展趋势和业务落地场景,也有助于B端产品经理将新技术应用到自身产品中,进一步实现数智化。比如,采用大数据技术对采购价格进行数据建模和预测,通过AI技术实现机器人客服,采用条形码优化对SKU的出入库管理等。

（3）了解竞品的发展方向和对业务功能的覆盖度

B端产品经理了解市面上相关公司的产品布局，可以给自己的B端产品规划带来相应的启示。比如，某SaaS采购平台首次发布了新的PaaS平台产品，这是不是SaaS产品未来的发展方向呢？另外，竞品的功能、交互逻辑都可以为B端产品经理在日常的产品方案设计和原型设计上提供参考。

2. 了解产品的目标用户及其需求

企业用户和个人用户其实是有本质区别的。企业用户的主要目标是通过B端产品完成任务，而且具备一定的专业性标签，比如财务人员的标签是严谨，销售人员的标签是能说会道。

企业对B端产品的需求基本都与企业实际业务相关。但是，用户提出的需求不一定是真正的产品需求。经典的例子是：用户说自己需要一匹更快的马，但其真正的需求是"我要更快"。所以，产品经理就要学会分析这些用户需求，使之转化为产品需求。在上面的例子中，产品经理给用户提供了一辆车，不仅速度快，还舒适和平稳，用户体验更好。

3. 设计产品方案

产品方案是大部分B端产品经理展现价值的"重头戏"，产品方案设计是最基本的工作。企业业务场景的复杂性决定了产品的功能之间是相互影响的。在设计方案时，B端产品经理要具备全局性和系统性思维，考虑业务需求的价值、重要性、投入产出比、优先级、影响关系等因素。在评审方案时，业务、研发、测试、UI等部门或团队需到场，B端产品经理要阐述清楚方案的优劣势，该方案既要满足业务方需求，也要平衡好标准化功能和个性化需求的尺度，产品经理甚至需要安抚好相关人员的情绪，评审方案的过程是一场无硝烟的"战争"。

4. 跟进产品开发、测试、上线

产品的开发过程也是产品方案进一步细化、产品功能得到验证的过程。B端产品经理要及时与开发人员明确需求的细节、验证产品功能。如果出现设计缺陷或者技术不可行的情况，必要时要及时调整产品方案，确保产品按设计的方案落地。

团队在开发过程中最怕的事情是需求变更，B端产品的功能复杂，不到万不得已不要进行大的需求变更。如果确实需要变更需求，产品经理要及时同业务及团队相关人员说明情况，获得其理解和支持，安抚团队成员的情绪。

5. 跟进用户反馈，优化迭代

产品上线后，要及时关注用户的使用情况，建立一套用户问题反馈机制。如果是内部使用的产品，B端产品经理应及时收集各业务部门的使用反馈，将相关需求归入需求池，进行优先级排序，按序迭代优化。如果是外部使用的产品，实施交付团队一般在客户企业进行现场交付，并会在产品上线后驻场一个月左右，确保产品在初期顺利过渡。对用户需求或Bug，实施交付团队会将其解决，或纳入需求池统一评估和排序，再迭代优化。

2.2 B端产品经理的能力模型和6项核心技能

B端产品经理在职业路径的不同阶段需要具备不同的能力，这些能力组合形成了能力模型。头部几家互联网公司分别有各自的产品经理能力模型，从不同的角度阐述了产品经理在每个阶段应具备的能力。本节介绍的能力模型是在腾讯的产品经理能力模型基础上演化而来的。

2.2.1 能力模型

这套能力模型围绕 4 个能力框架、20 个能力项和 4 个能力级别展开，如表 2-1 所示。

表 2-1 产品经理能力模型

能力框架	序号	能力项	能力定义
通用能力	1	学习能力	以开放心态不断学习，勤于思考，能逐渐将基础理论融会贯通，促成工作目标达成
	2	执行能力	能快速拿到预期工作成果，包含完成任务的意愿、方式方法、完成度等方面
	3	沟通能力	能有效传达思想、观念、信息，有效把握他人意图，说服他人，使其接受自己的观点或做法
	4	心态和情商	能积极主动面对困难及压力，以开放心态迎接变化和挑战，并推动解决问题
	5	行业融入感与主人翁精神	拥有产品意识，对自己的产品负责，将产品当作自己的孩子
	6	业务敏锐度与客户洞察	理解公司业务现状与发展趋势，从客户角度出发，敏锐捕捉市场、消费环境、核心诉求的变化，调整产品策略，准确判断如何给业务带来价值，提供针对性的解决方案
专业知识	7	业务知识	了解行业特征、主流商业模式、竞争对手特点等，深入理解产品目标客户群体和业务场景，能够准确判断科学技术在实际业务中的应用场景
	8	研发技术知识	了解与产品相关的技术实现原理及主流表现形式，能够就技术方案与技术人员有效沟通，具备技术落地的成本意识

（续）

能力框架	序号	能力项	能力定义
专业知识	9	设计、美学、心理学等相关知识	能综合考虑并有效运用相关知识为产品服务
专业技能	10	产品调研	以商业视角开展市场调研、行业规划、用户研究、竞品分析，明确产品定位及目标客户群体的特征与需求
	11	需求分析	从用户需求、业务场景、商业价值出发，明确产品的目标与方案可行性
	12	行业洞察与规划	能深入分析行业现状与发展趋势，了解产品或业务在生态链中所处位置，在准确把握行业环境、行业趋势、业务流程、业务痛点的基础上进行需求分析和产品设计，能结合平台能力和行业状况进行产品的规划，构建产品生态环境和相应业务体系，促进业务发展
	13	产品规划	能准确把握用户需求，对其进行优先级排序，明确版本规划，通过版本迭代实现产品目标
	14	产品设计	依据用户使用场景，使用相关专业领域的知识、工具和技巧，设计出满足甚至超出用户预期的产品功能特性
	15	产品实现	与产品团队负责各环节的成员高效协同，确保产品在预期时间保质保量落地实现
	16	产品运营	通过各种渠道和方式连接产品与用户，推动产品商业价值实现和持续迭代优化
	17	数据运营	通过设计数据指标体系进行数据的收集和分析，挖掘潜在规律并发现问题，以优化产品和支撑决策
组织影响力	18	方法论建设	在工作中主动帮助他人提升专业能力或提供发展机会，帮助他人学习与进步
	19	知识传承	将总结的通用方法论加以推广应用，对其他人起到指导及示范作用
	20	人才培养	主动将自己所掌握的知识、资源等信息以交流、培训等形式分享，以期团队共同提高

其中，产品调研和需求分析的能力可被概括为市场能力，行业洞察与规划、产品规划、产品设计的能力被概括为产品能力，产品实现的能力属于项目管理能力，产品运营、数据运营的能力统称为运营能力。

下面以"产品设计"能力项为例，分别阐述4个能力级别的标准。

❏ 1级

关键词：了解特定领域的产品设计和策划技巧，在指导下完成局部设计。

行为标准：具备一定的专业知识和技能，了解某些方面的产品设计和策划技巧，能在指导下完成产品局部功能或者小型产品的设计，能使用文档清晰地向他人表述相关设计思想和内容。

❏ 2级

关键词：熟悉某专业领域的产品设计方法技巧，可独立进行中小型项目设计。

行为标准：熟悉某个专业领域的产品设计方法和技巧，能更好地理解和结合产品整体设计思想，独立高效地完成相关的策划设计任务，并能积累自己的经验。

❏ 3级

关键词：能通过专业设计提升产品整体品质；能指导别人。

行为标准：在过往一年中主导或独立完成中型项目的策划设计，产出规划和成果报告；撰写过相关专业领域的培训课件或者经验分享的材料。

❏ 4级

关键词：对大型产品和整体系统有深入理解，能大胆创新。

行为标准：在过去两年内曾经独立或带领团队完成大型项目的策划设计；主导负责的项目获得客户高度认可或良好的市场回报，并在其中做出了重要创新和实际贡献。

从这套能力模型可知，对不同级别的产品经理，能力项和能力级别的要求也不同，从产品助理到产品专家，其能力要求越来越高。其中，中级B端产品经理的能力标准如图2-1所示，图中1～4表示能力级别。

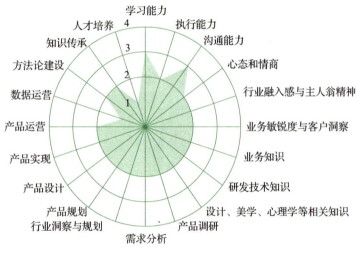

图 2-1　中级 B 端产品经理能力标准

产品经理能力模型是一个参考标准。产品经理在不同公司、不同的职业阶段，需要掌握的能力不同。所以B端产品经理需要结合公司的要求、自身所处的职业阶段，以及下一步的职业规划，借助能力模型来找准自己当前的能力项短板，按照标准提升各项能力。倘若公司不具备产品经理能力模型，可以搜索当前头部互联网公司的能力模型，作为提升自己的标准，这样就有了努力的方向。

2.2.2　6项核心技能

行业不同,企业的商业模式和业务运营模式也不同。B端产品经理服务于企业客户,不但要掌握产品技能,还要熟悉业务,特别是其中偏业务方向的B端产品经理,如仓储、财务、采购、销售、物流等方向。这就对B端产品经理提出了更高的要求,除了掌握上述产品经理能力项之外,还需要掌握和强化6项核心技能,包括懂业务、懂产品、懂技术、懂运营、懂数据和懂项目。

1. 懂业务

B端产品的成败往往取决于产品经理在产品设计早期对业务的理解和洞察,对用户群体的把握和分析。如果是给外部客户使用的产品,还要考虑市场规模、发展趋势,以及产品的商业模式。大多数B端产品涉及的业务复杂多样,不同行业、不同领域的业务都有各自的特点。虽然在某些领域,业务大流程基本一致,但每个公司的业务细节和规则又会不一样。这就要求B端产品经理必须懂业务,能够真正洞察业务、理解用户。否则,设计出的产品也许只是将功能堆砌在一起,并不适用于实际业务场景。

2. 懂产品

产品技能是B端产品经理必须掌握的技能,也是最基本的技能。懂产品可以包括如下两层含义。

第一层,掌握产品经理能力模型中对应的能力项。具体的能力要求是逐级提升的，产品经理可以参照能力模型逐步在项目实践中提升自身能力。

第二层，理解 B 端产品的本质和真正用途。B 端产品的建设周期较长，成本、复杂度都较高。而且有价值的产品设计需要对某些功能进行组合，进而完成实际的业务场景闭环，这也就意味着 B 端产品的试错成本较高，只有产品功能满足了业务诉求，产品价值才算得到了验证。这么说来，B 端产品真正的建设目标是为企业提供数智化工具，辅助实现具体的业务场景。

3. 懂技术

产品经理懂技术并不代表会写代码。在实际工作中常常会出现这样的情况：当产品经理和技术人员就某一个具体问题进行讨论时，双方站在各自的角度上，因为彼此知识结构的不同导致思维模式和观点上的争论。这要求产品经理具备与技术人员打交道的能力。

在很多情况下，技术人员是技术思维，产品经理是产品思维。产品思维会从用户和商业视角出发，技术思维侧重技术实现和系统架构层面，两种思维方式的交叉点会落在产品的需求、设计和功能上。产品经理需要思考产品的使用场景和用户价值，同时还要考虑产品的商业价值。单纯的产品功能没有价值，必须通过实现业务闭环才能具备商业价值。技术人员从技术思维的角度去思考问题，往往看到的是产品功能背后的技术架构、实现难易程度以及开发成本等。所以，对于产品经理来说，掌握技术思维，懂得一些技术知识，学会从技术视角看待产品设计，更有利于落地产品需求并推动产品的实施。

4. 懂运营

"产品'生孩子',运营'养孩子'。"这句话不一定准确,产品经理不但要"生",而且要参与"养"。这并不是指产品经理要取代运营人员的工作,如果产品经理懂得运营,可以更好地优化和调整产品,为企业客户提供更优质的服务,实现客户增值。B端产品的运营工作从传统软件行业发展而来,在不同行业、不同企业会有差异,尚无标准的体系。虽然如此,B端产品运营主要是采取相应手段促使产品触达客户,维护与企业客户的关系,为客户提供优质产品或服务并使其增值,这点是没有变的。

B端产品经理掌握产品运营的相关技能和知识体系是刻不容缓的,这能够让产品经理从全局上把控B端产品的生命周期,为企业或组织提供更好的产品和服务。

5. 懂数据

在大数据时代,数据总量正以惊人的速度增长,企业或组织在运营的过程中会产生大量的数据,而这些数据记录着它们的经营情况。企业或组织通过对数据的分析能够更加了解自身的经营状况,采取对应的经营策略。B端产品经理在为企业提供产品或服务时,需要理解企业的业务数据是如何助力业务经营及辅助决策的。这就要求B端产品经理必须懂数据,通过建立业务思维、流程思维、指标思维,应用数据分析的思路、方法和工具,为企业或组织提供数据建模、数据分析看板、数据应用、数据预警等一系列数据服务功能。

通过对数据的建模和分析,懂数据的B端产品经理能够更准确地识别企业或组织的痛点问题或风险,提供相应的解决方案,并且能够为其管理层的战略分析、经营决策提供相应的数据支持。

6. 懂项目

项目管理既是一种专业的方法和工具，也是一门重要的学科。平台级产品通常要将多个 B 端产品的数据打通，而企业内部 B 端产品的建设往往涉及多个与外围系统之间的对接，它们的共同点是跨越多个团队，项目管理的复杂度高，这对项目经理的能力要求也就很高。项目经理是项目的操盘手，是负责项目管理的角色。但在实际的工作中，公司并不一定有全职的项目经理岗位，在很多项目上都是产品经理兼任项目经理的职责，这就要求产品经理能够把控复杂的关系，具备超强的沟通、协调和项目管理的技能，以确保产品顺利落地。

项目管理的知识体系已经发展成熟，并且具备相应的考试制度，通过考试的人可以获得 PMP 等项目管理证书。但在项目管理实践中，产品经理无须拘泥于固定的模式和套路，而要灵活应对，基于项目管理知识体系和思想理念，根据实际情况采用合适的项目管理模式，最终总结出适用于组织或个人的项目管理方法和实践技巧。

上述 6 项核心技能是 B 端产品经理从初级进阶到专家级别需要修炼的关键技能。能够系统、全面地掌握这些技能，就可以掌握核心竞争力，建立职业壁垒。

2.3 B 端产品经理的 8 个思维方式

B 端产品经理需要具备 8 个思维方式，包括业务思维、专注思维、结果思维、系统思维、长期思维、战略思维、商业思维和创新思维，如图2-2所示。

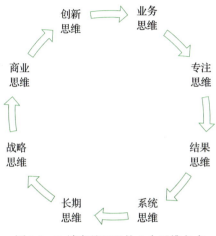

图 2-2 B 端产品经理的 8 个思维方式

1. 业务思维

有些 B 端产品经理在设计产品时，总想将足够多的功能搬到产品上，而忽略了实际业务场景。比如，在招投标系统中，招标方和投标方会对标书问题进行答疑和澄清，于是 B 端产品经理可能会想要在产品上添加招标方和投标方一对一在线沟通的功能。那么，是否真的需要该沟通功能呢？实际上并不需要。因为，真实的标书答疑业务场景并不是双方一对一沟通的。为保证招标环节的公平、公正、公开，凡是标书上需要澄清或答疑的地方，需要向所有的投标方公开信息，保证各方信息一致。这样，该场景下并不需要一个在线沟通工具，而需要一个在线答疑澄清的渠道。

这就是 B 端产品的一大特点，产品跟业务强关联。B 端产品经理需要聚焦业务领域，用业务的视角和语言，从业务场景和流程入手，梳理出具体的功能、流程和产品页面。这就要求 B 端产品经理熟悉某一个业务领域，以业务的视角和思维来看待具体的业务问题。

另外，B 端产品在大多数情况下都聚焦于企业某一个业务领域的问题，但行业差异性和企业多元化导致业务领域的问题普遍比较复杂。这就要求 B 端产品经理具备足够的业务素养和跨行业视角，从业务的角度设计产品。

比如，采购业务的招投标管理在政府部门、房地产行业、制造行业、物流行业等环境中所执行的业务流程和规则存在较大差异。此外，在企业实际经营过程中，内部各条业务线可能需要不同的物资或商品，因此招投标管理要实现实物招标、服务招标、人力招标、租赁招标等各种业务场景。B 端产品经理在设计招投标管理的产品时，需要考虑行业差异性、物资种类差异性，从而设计出公开招标、邀请招标，以及对不同类型物资进行招标的流程，而不是仅从功能角度出发设计单一的招标流程。

2. 专注思维

B 端产品经理聚焦于解决企业内部的经营问题。企业业务和管理的复杂性决定了 B 端产品经理需要具备某一领域的特长，专注是快速突破某一领域、提升自身专业能力的技巧。专注不等于一辈子只做好一件事，而是在一段时间内集中精力办大事，在重点突破后，再花小部分精力维持这种状态。这个策略叫沸水效应，因为水开后只要维持小火不断，就能一直保持水的沸腾。

B端产品经理不仅需要掌握产品技能，还需要熟悉或精通业务，这就是B端产品经理入行的门槛。很多B端产品经理在刚入行时只负责某一业务领域，当对这个领域的业务问题足够熟悉、其产品设计能力足够应对的时候，才会逐步拓展至其他的业务领域。假设你刚毕业被分配到WMS产品组，此时你需要调整至一个学习业务和产品的状态，逐步了解仓储运作业务和产品设计的基本法。等足够熟悉仓储的业务和产品时，你可能会主导这块业务的产品，或者将技能迁移到其他业务领域，如物流、采购、订单等。在这个过程中，你需要足够专注，专注会给你带来意想不到的收获，比如高效、可复制的学习路径，被高度认可的专业度等。

B端产品经理要把这种专注思维应用到自身的成长中，从一个点切入，逐步形成一条线，最后形成一个面。这样你的专业能力是无法被他人替代和挑战的，这就决定了你最后的发展高度。

3. 结果思维

B端产品经理不能沉迷于画原型、做功能，而要真正聚焦于功能的实际落地，要帮助用户完成具体工作，以结果为导向。比如，一个供应商准入条件的功能是这样设计的：在供应商申请准入时，采购方人为地分配准入方案，而准入方案会关联一系列准入条件，准入条件的值来自供应商录入的基本信息，汇总每个准入条件值的分数来获得准入方案的得分，最后通过比较准入方案的得分来判断该供应商是否具备准入资格。整个功能的设计方案是闭环的，但实际上并未得到大规模应用。分析原因得知，虽然产品功能是完整的，但是采购方人为分配准入方案具有很大的不确定性和随意性，导致该功能虽已上线，但实际作用未有效发挥。如果只关注产品功能建设的过程，不对产品功能最终应用的结果负责，最终产品经理所做的事情不过是自我感动。

产品的每个迭代版本都会上线新功能或修复问题，那么产品经理有没有跟进新功能的上线效果，查看问题的重复出现率呢？产品经理迫于业务方的压力，匆匆忙忙调配资源，加班加点上线了功能，可能该功能闲置几个月都未有用户使用。另外，每周都会统计 Bug 修复数量，但是有些相似问题重复出现，这是因为产品经理没有分析和找出真正的问题是什么。虽然产品经理往往会做很多事情，非常忙碌，但上述例子呈现了一种低效的忙碌状态，例子中的产品经理只是在机械地处理问题，并没有获得好的结果。

B 端产品经理可能不同于 C 端产品经理，无法马上就能看到用户新增活跃数、转化率提升、收入提高等。但是，对 B 端产品，我们能够跟进用户的使用情况、业务体量、类似 Bug 的重复出现率等。

4. 系统思维

1987 年巴里·里士满博士提出，系统思维是一门科学与艺术，通过不断深入理解内在结构而对行为做出可靠的推断。系统思维相对于线性思维，强调事物间的联系与相互影响。它指出，最重要的不是某条短路径上的因果关系，而是系统整体的结构。系统思维能够帮助我们用新的方式看待事物和模式，鼓励我们关注系统内各部分之间的相互联系，而不是孤立地去看待各个局部，并让我们有机会借此来找出之前从未想到过的解决方法。

系统是什么？系统是一组相互关联的事物，并有其行为模式。系统无处不在，有些是小系统，有些是由多个小系统组成的大系统，公司、学校、社会、海洋、地球都是系统。集团公司是一个由不同的事业部、中心、部门、子公司等小系统共同构成的系统，社会是一个由政府、组织、家庭等小系统共同构成的大系统。

系统运行的状况好坏由内部各个部分的行为共同决定。比如，某公司计划今年的 B 端产品营收目标是一亿元，但是人员增加计划在第一季度因各方面原因被否决，导致团队人员的工作压力激增，而工作压力的增加带来了工作失误，工作失误又引发了工作情绪问题和额外的工作任务，这些因素又增加了团队的压力。结果整个团队系统处于一个恶性循环的运行状态中。

明白了系统运行的影响，B 端产品经理在企业系统内调研企业业务现状、分析企业业务需求时，就要从全局和系统的角度来思考问题和提出方案。比如，某集团公司上线 ERP 系统，目标是实现业务财务一体化。为此，集团成立了 ERP 项目组，组内分别设立采购组、仓储组、销售组、生产组和财务组。要想实现业务财务一体化，就必须明白企业的信息流和资金流的流向，如图 2-3 所示。

图 2-3　企业业务财务一体化资金流

在分析采购业务时，需考虑将应付款与财务会计打通；在分析制造业务时，需将生产过程中的料工费及其他费用分别核算到成本控制中；在分析电商行业的仓储业务时，需将仓储费、作业费都核算到具体的成本控制中；在分析销售业务时，需将应收款、产品成本、运输费等分别核算到财务会计和成本控制中。同时，整个企业需统一 SKU 主数据、供应商主数据、客户主数据等基础数据，便于全局性的管理。所以说，只有将系统思维落实到实际行动中，最终才可能实现业务财务一体化的目标。

很多 B 端产品经理都有着用因果关系解释事物或模式原理的习惯，也就是习惯使用线性思维。这在某种程度上固化了 B 端产品经理的思维，遏制了他们的创新思想，不利于解决问题。在复杂的环境中，因果关系链并不可靠，B 端产品经理需要站在更高的层面上，以宏观、系统的视角去看待和解决问题，因此需要掌握系统思维。

5. 长期思维

正如《巴菲特之道》这本书中所说，具有耐心的长期思维是投资成功的重要一环。我们也可以说，具有耐心的长期思维是 B 端产品成功的条件之一。

B 端产品一般都要经历产品建设、产品迭代、产品终止这几个阶段，整个生命周期是漫长的。产品越优秀，其生命周期越长，可以达到 5 年甚至 10 年以上，比如 SAP ERP、Salesforce CRM 等产品都存活了 10 年以上的时间。

B 端产品的一个特点是粘性比较好，一旦企业客户使用该产品，替换成本往往相当大。另外一个特点是回报周期长，企业客户上线 B 端产品后，并不能马上就看到效果，企业等待效果出现的过程会花费较长时间。这就要求不管是企业客户还是 B 端产品经理，都要长期保持足够的耐心，也就是具备长期思维。

关于长期思维，最重要的有两点。第一，跟时间做朋友。B 端产品往往是复杂的软件产品，从规划、设计到上线，完成一个简化流程的闭环通常需要几个月甚至半年的时间。客户使用后，不一定能立刻见到使用效果，可能需要积累一定的业务量，这就造成 B 端产品从规划到效果初现是一个漫长的过程。同时，B 端产品为了使边际成本达到最低，必须进行拓客、客户关系维护以及提供后续维保等服务。第二，持续做有价值的事情。客户在使用产品后，评价和是否续费就很重要。这考验了产品好不好用，能不能解决客户问题。真正的 B 端产品都期望能够与客户一起成长，成为客户的重要伙伴，这就意味着 B 端产品经理要真正聚焦于业务本质，设计出解决客户实际问题的产品。这样的产品能够让客户口口相传，更具有生命力，生命周期更长。比如前面提到的 Salesforce CRM、SAP ERP，以及国内用友的 ERP、金蝶的 ERP 等产品。

6. 战略思维

战略的本质是选择。选择了 A，往往不能选择 B 或 C。有一个非常简单直接的战略思考结构，叫点线面体结构，来自曾鸣教授的理论。如何理解点线面体结构呢？我们来看两个案例。

首先是关于打车市场的案例。在打车软件出现之前，普通人只能在路上招手叫车。要是遇到下雨等天气，司机可能不肯载客或漫天开价，乘客不得不认栽。2012 年市场上打车软件横空出世。企业推出该类产品最初为了针对性解决用户出行叫车难的问题,通过价格补贴、良好的用户体验,迅速占领了巨大的市场份额,传统出租车运营公司的蛋糕被分食。这是企业切入市场的一个"点"。接着,企业逐步开拓专车、顺风车、拼车等业务的市场,逐渐发展成一个"面"的业务布局,最后形成了打车市场的"巨无霸"体量。

其次是一个企业级管理软件市场的案例。金蝶和用友两个厂商是 ERP 系统市场的领先者。它们在形成现有产品体系之前,也是从一个点切入的。20 世纪 90 年代初,用友和金蝶相继发布了财务管理软件,开启了国产软件品牌之路,并在随后的 10 年间相继推出了 ERP 系统,又陆续推出了 HR 系统、供应链系统、PLM 系统以及云产品等。这些厂商的产品都是从一个点切入,逐步形成了一个面的企业级 PaaS 云开放平台。

这两个案例,一个面向 C 端用户,一个面向 B 端用户。其业务发展的逻辑都是从一个点切入,发展成一条线,再形成一个面,最后做成一个体系。最初的切入点非常重要,在设计战略时一定要考虑这个点在什么线上,这条线在什么面上,以及这个面在什么体上。快速崛起的经济体系,一定会给市场参与者带来红利。比如,在上述打车市场案例中,打车软件的发展得益于过去 10 年移动互联网的经济体系的崛起,打车对用户来说是刚需、高频的需求,企业从最快解决用户痛点问题的出租车领域切入,逐渐覆盖专车、顺风车等领域。而在企业级管理软件市场的案例中,用友和金蝶得益于过去 30 年信息化建设以及企业数字化转型趋势,厂商也是从一个点切入服务 B 端客户的软件市场,再逐步覆盖更多业务领域和场景,打造企业 PaaS 生态平台。

因此，B端产品经理在做产品的战略规划时，对点线面体的选择非常重要，点只能作为一个切入口，要想清楚，它附着在哪个面上？在这个面上产品及业务和谁在竞争，对该面的布局要如何展开？这个业务形成的面所在的体，是处于快速崛起还是沉沦的状态？如果产品经理在点的选择上很勤奋，却在面和体的选择上很懒惰，一旦选择错了，怎么优化产品都是在做无用功。

7. 商业思维

客户愿意买单的B端产品才具备商业价值。如果是服务企业内部用户的产品，在公司内部进行结算，B端产品的商业价值体现得并不明显；如果是服务外部客户的产品，客户需要按模块或功能付费或订阅付费，这些收入都是"真金白银"。B端产品经理需要具备商业思维，主要需要梳理产品的商业模式和盈利模式。

其中，商业模式指企业以何种方式整合内外部各种要素，进行统一的商业运作。下面列举几种常见的商业模式。

- 免费模式：企业提供免费的产品，依托海量的用户，通过广告、增值服务等方式获得营收，比如腾讯、360、搜狗、新浪、字节跳动等公司。
- 平台模式：通过搭建平台来满足供需双方的需求，再通过广告、增值服务方式获得营收，比如淘宝、京东等电商平台。
- 收费模式：企业为B端客户提供商业软件产品或服务，通过订阅费、售卖产品等方式获得营收，比如金蝶、用友和 SAP 等公司。

盈利模式指企业获取利润的方法。最基本的盈利计算公式是：利润 = 收入 – 成本。常见的盈利模式如下。

- ❑ 电商平台通过自营商品交易赚取差价；或者搭建交易平台，从每笔交易中抽取佣金。
- ❑ 广告平台通过展示第三方企业的商品广告来盈利，按广告点击次数、展示时长、用户行为、转化效果等方式收费。
- ❑ 游戏公司主要采用会员制，通过售卖道具、角色皮肤等虚拟商品来赚取收入。
- ❑ 企业级软件厂商通过售卖软件产品，提供软件实施、售后服务、升级，订阅 SaaS 产品等方式收取费用。

从了解商业模式和盈利模式开始，B 端产品经理需要逐步建立商业思维，并将这种思维应用到产品规划、竞品分析、财务分析和产品设计中，有意识地提升自身的商业敏感度，让产品更具有长远价值。

8. 创新思维

创新思维指用新方式来处理某件事情的思维过程，突破了常规思维的界限。它具有多向性、非逻辑性的特点。其中，多向性是指遇到问题可以从多个角度、多个渠道来考虑解决方案；非逻辑性表现为思维的不符合逻辑性，常出人意料。比如，皮带可以用来做什么？答案竟然可以是鞋带。

在产品高度同质化的时代，创新性的产品更能吸引目标客户。这就要求产品经理保持创新的热情，具备创新思维。产品创新的方法一般包括颠覆式创新和微创新。

(1) 颠覆式创新

颠覆式创新是引入新技术、新产品或新服务进行变革，从而打破原有的价值网结构，塑造新的价值网体系。它包括技术创新和商业模式创新等。

比如，在技术创新领域，特斯拉不但生产出锂电池的电动汽车，还应用了自动驾驶技术，改变了人们习以为常的驾驶习惯，解放了驾驶员，颠覆了传统的汽车制造模式。在商业模式创新领域，用户在电商平台出现之前，需要去百货公司、集市、商贸步行街等地方购物，不但需要花费大量的时间寻找商品，还要承受信息差带来的商品差价。电商平台的出现，将线下资源线上化，极大地丰富了商品信息、价格信息，供需双方都能以极低的成本获取商品和资源，从而促使交易在线上实现，颠覆了传统的线下交易模式。代表平台如淘宝、亚马逊、京东等。

(2) 微创新

360公司的创始人周鸿祎提出微创新的概念，建议草根创业者致力于微创新。微创新指持续不断地挖掘用户需求或痛点，并采用新技术、提供新体验来满足这些需求或痛点。在B端产品领域，结合实际业务场景，采用新技术或新设计理念，实现微创新的案例不可胜数。比如利用计算机视觉技术对快递包裹中的危险品进行扫描和拍照，大大提高了人工安检的效率等。

不是每个人都能实现颠覆式创新，但每个人都可以有意识地培养创新思维，特别是B端产品经理。培养创新思维就要善于发现问题，突破思维框架，灵活变通。

2.4 本章小结

本章从职业背景、日常工作、能力模型、核心技能、思维模式等方面全面介绍了B端产品经理。对于本章,我们还需要注意如下内容。

- ❏ 本章阐述的B端产品经理更多与企业业务运营相关,比如ERP产品经理、SRM产品经理、WMS产品经理等。
- ❏ B端产品经理为企业或组织设计满足业务场景需求的产品,包括在企业内部使用的产品和给外部客户设计的产品。
- ❏ 6项核心技能为B端产品经理提供修炼的方向,在职业初期无须要求自己样样精通,应该参照能力模型提升关键能力项。
- ❏ 8个思维方式也可以用于我们日常生活、学习中。

最后,不管处于B端产品经理能力模型中的哪一个层级,我们都要避免思维固化,必须保持开放的态度和灵活的思维。

| 第 3 章 | CHAPTER

B 端产品经理的职业规划

产品经理设计一款 B 端产品,不仅是为了完成自身的工作任务,还为了帮助企业达到降本、提效或增收的目标。B 端产品要契合企业或组织的整体发展战略,这对产品设计人员的要求很高,可见 B 端产品经理这一岗位对企业或组织的发展发挥了重要作用。

本章主要阐述 B 端产品经理的纵向发展路径和横向发展前景,并对想入行 B 端产品经理的读者提供一些可行的建议。

3.1 B 端产品经理的职业发展

B 端产品经理的成长在于清晰地知道职业发展过程中每个阶

段的目标，并且积极采取行动推动目标实现，最终实现自我突破。本节主要介绍 B 端产品经理常见的职业发展路径和职业发展前景。

3.1.1 纵向发展路径

一般公司岗位职级的设置都是从初级到高级，层层上升，呈金字塔结构。这里列举一条常见的 B 端产品经理岗位职级路径供参考，如图 3-1 所示。

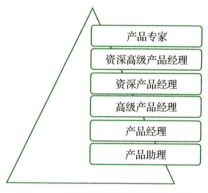

图 3-1 B 端产品经理岗位职级路径

产品助理的岗位主要面向应届毕业生招聘，关注产品基本技能的应用能力和执行力，处于该级别的人员能够完成需求调研、原型设计和产品需求文档编写等工作。产品经理在大多数情况下属于基础岗位，处于这个级别的人员能够进行用户调研、需求分析和产品设计，推动产品落地及迭代，熟悉相关领域的业务知识，具备一定的产品规划能力等。高级产品经理精通业务、需求分析和产品实现，能够系统性把握产品全生命周期及考虑影响产品的周边因素。资深产品经理能够洞察业务本质，精通产品规划，掌握产品商业价值和产品运营之道，具备带领团队的能力。资深高级产品经理要带项目，带团队，关注企业战略规划和业务发展，以及实现产品商业化等。产品专家负责某一个或多个领域的行业洞察、业务洞察、产品战略规划、团队管理和组织建设等工作。

在正常情况下，B端产品经理是按照岗位职级路径逐级晋升的。这一过程也是对产品经理各方面能力的培养过程。前文提到，B端产品往往跟企业经营相关，而企业的经营管理与企业所在行业、企业规模等因素有关，不同行业、不同规模的企业的业务复杂度和运营模式往往不同，这就要求B端产品经理是一个精通业务经营管理知识、具备复杂项目的管理能力的角色。总之，B端产品经理是复合型人才，既要懂业务、懂产品、懂技术、懂运营、懂数据、懂项目，又要善于抽象、表达、沟通和处理人际关系。

3.1.2 横向发展前景

随着产业互联网发展，在国家政策的支持下，结合云计算、移动互联网、物联网、区块链、AI、大数据等技术，传统企业掀起新一轮数字化升级浪潮，各行各业纷纷尝试借用互联网行业的成功经验实现"互联网+"，全面提升效率，实现产业变革和创新。

在这一趋势下，国内互联网巨头公司纷纷布局。

- ❑ 腾讯进行第三次战略架构调整，重点突出B端业务。腾讯的代表性B端产品有企业微信等。
- ❑ 阿里巴巴将原钉钉事业部升级为大钉钉事业部，将阿里云团队纳入其中,实施"云钉一体"的战略。
- 字节跳动推出飞书这一移动协同办公工具,覆盖企业的人、财、物管理。

B端产品经理无疑处在这一风口浪尖,从各大招聘网站的招聘需求数量和薪资水平来看,未来5年至10年间是B端产品经理的黄金时代。B端产品经理的职业前景是相当光明的。总结起来,B端产品经理至少有以下4条发展路线,如图3-2所示。

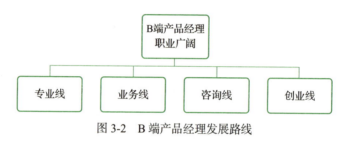

图 3-2 B端产品经理发展路线

1. 专业线

走这条路线的B端产品经理会参照岗位职级路径,从产品助理逐级晋升为产品专家,在专业上做精做深,这也是产品经理常规的晋升路径。B端产品的方向和领域众多,有协同办公方向、企业运营方向和营销方向等。每个人入行的背景、机遇都不太一样,新入行的产品经理会先选定一个方向,打牢自己的基础,关注行业动态,抓住机遇,逐步完善自己的知识体系,拓宽自己的职业道路。

2. 业务线

精通业务知识后,B端产品经理可以转向对应业务领域的业务岗位,实现职业转型。比如,SRM产品经理可以转型为采购员或采购经理,其职级路径就变为:采购助理→采购专员→采购经理→采购总监→CPO(首席采购官)。这样的例子并不少见,我身边就有一个人,他原来是科技公司供应链物资管理的产品专家,直接转型为业务部门的物资管理负责人。

当然也可以从业务部门转到科技部门。比如,原先是仓储高级专员,转型为 WMS 高级产品经理。

在 B 端产品领域,这种业务与产品人员互换角色的机会和岗位有不少,这也就意味着 B 端产品经理有更多的选择。

3. 咨询线

熟悉或精通不同行业的业务知识,B 端产品经理可以到咨询公司做咨询顾问,其职级路径变为:初级咨询顾问→中级咨询顾问→高级咨询顾问→咨询总监→合伙人。B 端产品经理和咨询顾问也是双向流通的岗位。比如,精通财务或供应链的产品经理,遇到合适机会能够去德勤、普华永道、埃森哲等知名咨询公司做咨询顾问。

4. 创业线

积累一定行业经验或人脉以后,B 端产品经理可以创业,为企业提供产品服务或为从业者提供职业教育培训等。企业数字化转型需要大量的服务企业客户的人才或产品,这为 B 端产品经理提供了另一个选择,使其在积累一定的资源后有机会实现自我价值。比如,我身边有不少同事后来自立门户,其中有的为跨境电商公司提供 WMS 系统及服务,有的为企业提供 BI(商业智能)报表服务,有的为传统企业提供全套 ERP 解决方案,有的为职场新人或转行者提供职业培训服务等。

当然，初入 B 端产品行业，还是要扎扎实实地提升自身产品技能和搭建自身知识体系，当专业能力积累到一定程度，你的选择会越来越多。

3.2 B 端产品经理入行

阿里巴巴、腾讯、京东等科技公司纷纷进军 B 端市场，可见 B 端市场的火爆和巨大潜力。对于 B 端产品经理来说，这既是机遇，也是挑战。于是行业内外很多人跃跃欲试，纷纷入行或者转行成为一名 B 端产品经理。本节主要阐述入行 B 端产品经理前的 5 点思考和成功入行的 4 点建议。

3.2.1 从业背景

B 端产品经理在近些年才变得热门，学校里并没有设置相关专业，因此，行业中的 B 端产品经理来源广泛，大部分都是从其他岗位转型而来。常见的 B 端产品经理的从业背景主要分为 5 类，包括传统行业转型、技术人员转型、业务人员转型、C 端产品经理转型和应届毕业生，如图 3-3 所示。

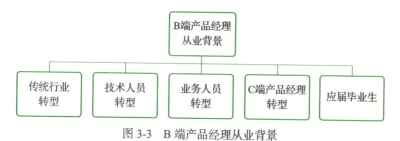

图 3-3　B 端产品经理从业背景

（1）传统行业转型

在B端产品经理变得热门之前，传统的IT行业已经培养了大量的高素质人才，比如需求分析师、业务分析师、实施顾问和项目经理，这些岗位所做的工作和B端产品经理存在部分重叠。他们长期服务于企业客户，熟悉企业的业务运作，并且具备专业的设计理念和行业经验，能够为企业提供很好的产品解决方案。

目前的B端产品经理从业者很多都从传统行业转型而来。比如，做ERP、CRM产品的公司，一般会挖SAP、Salesforce等公司的员工或者行业内ERP顾问、CRM实施顾问等。他们专业素养良好，熟悉多个行业，就可以充分发挥其在相应领域的专业性，设计出更符合企业诉求的产品。当然也有企业在数字化转型中将原有的岗位设置为B端产品经理岗位，增加岗位编制，期待更多有志之士加入，让他们在企业数字化转型过程中发挥更大的作用。

（2）技术人员转型

技术人员在某一业务领域沉淀多年，对企业业务相当熟悉，所以有不少B端产品经理都是从技术领域转型的，包括开发、测试、架构等细分技术方向。技术人员的逻辑性强、思维缜密，能够预判需求的可行性，转为产品经理后也能够很好地与开发人员沟通。懂技术的产品经理如果能主动完善自身的产品能力，沉淀业务经验，提高沟通表达能力，发展前景将不可限量。

（3）业务人员转型

在一些重业务运营的公司，有不少B端产品经理是业务人员出身。比如，在物流科技公司或电商公司中，财务产品经理、采购产品经理、WMS产品经理可能来自财务、采购、仓储等业务部门。他们在业务部门时经常与产品经理进行需求对接，慢慢也就熟悉了产品经理的工作流程和职责，一旦有机会和兴趣，就可以自然地转向科技领域从事 B 端产品经理的工作。

（4）C 端产品经理转型

传统公司中的很多 B 端产品经理过于注重需求分析和产品设计，而在产品规划、产品运营和商业化等方面的能力都有所欠缺。随着 B 端产品火热，不少 C 端产品经理转型成为 B 端产品经理，一方面为 B 端产品带来了 C 端产品设计的思维和逻辑，另一方面促进了 B 端产品商业化和提升了用户体验。

（5）应届毕业生

有志投入 B 端产品设计工作的毕业生，往往在未出校园时就已经在各大厂商实习。他们的专业各有不同，可能是财务、数学、心理学、信息管理、软件工程等专业方向。各个公司每年都会招收一定数量的毕业生进行培养，如果他们所处的团队有优质的项目，那么他们的成长是非常快的。

3.2.2　入行前的 5 点思考

无论你是否毕业，还是正在从事其他职业，只要你真正想成为一名 B 端产品经理，就有机会成功入行。不过在入行之前，你需要思考清楚以下 5 点。

（1）是否做好了心理准备

不管你原先的从业背景是什么，也不管你是不是刚从校园毕业，当决定踏入 B 端产品经理这个岗位时，你是否做好了心理准备面对将来的一切？你可能每天要跟业务人员争吵，也有可能跟开发人员"互怼"，甚至可能被业务部门投诉。你处在一个需要高超的沟通技巧、超强的表达能力的位置上，你得协调好各方关系，并推动事情落地。

你可能仅仅是看中这个岗位的发展前景或薪水，而不是出自强烈的兴趣。不过没关系，只要下定决心选择这个岗位，不断地学习和总结，坚持下去会收获果实。

（2）能否面对入行失败

如果你为入行B端产品经理进行了很多准备，但面试了很多次却没有成功，你能否坦然接受失败呢？在进行入行准备时，我们要根据自身的实际情况选择目标行业和目标企业，还要针对岗位的要求进行充分的准备，并且要对每次失败的面试总结经验，吸取教训，适当降低自己的预期，有需要可以请教职业导师。通过努力，入行成功的概率还是很大的。倘若真的无法成功，你也不要气馁，肯定还有另外一扇更适合你的门。

（3）是否清楚自己的优劣势

每个人都有优势和劣势，转行时要善于把握。产品经理这个岗位主要对人才的综合能力有要求，要求人员既要善于沟通表达，又要善于产品规划和设计。不同背景和角色的人，有不同的职业特征，你可以采用一些职业测评手段来明确自身的优劣势，再参照产品经理的能力模型，通过有效的手段弥补自身的劣势。

假如你原本是需求分析师，工作内容跟B端产品经理很类似，岗位职责也有很多重合之处，这样你就比较容易转行成为B端产品经理。但是与产品经理相比，需求分析师的劣势是缺少产品规划和运营的能力，这方面需要你针对性地提高。假如你原本是开发人员，如前文所说，你转行B端产品经理具有独特的优势，因为B端产品的业务逻辑和功能十分复杂，懂技术的产品经理可以很快掌握产品的实现原理。但相比之下，开发人员的劣势是缺乏业务知识、产品知识和技能，你需要有意识地转换思维。假如你原本是项目经理，那么你拥有的项目管理经验无疑是优势，虽然项目经理和产品经理的工作职责有很大不同，但很多产品经理本身也在兼任项目经理，需要负责项目的执行和落地。作为项目经理的你，可以很好地熟悉产品经理在项目中的工作流程和工作内容，针对性地提高用户调研、竞品分析、产品规划、产品设计等能力。假如你是应届毕业生，要积极参加各个公司的实习，认真准备各种校招面试，很多公司对于综合能力强又有产品实习经历的毕业生相当青睐。有心的应届毕业生可以抓住机会，在毕业前多认识一些行业中的专家，这会为自己将来增加很多就业机会。

（4）是否了解产品和相关业务领域的知识体系

理论是实践的基础。掌握一定的理论知识有利于我们认识产品经理的工作技能和要求，熟悉相关业务领域。现在是信息丰富的时代，想了解B端产品经理或者业务领域的知识体系还是相对容易的，可以选择读书、参加线上课程、与大咖交流、参加线下沙龙等方式。比如，想了解供应链的业务知识，你可以购买高校的供应链方面的教材，或者搜索评分高的图书，来完整地了解供应链业务知识。

（5）是否准备好一个完整的项目经历

至少参加一个完整覆盖B端产品的建设流程的项目。如果你当前的工作跟 B 端产品相关，你可以将项目的整体建设过程总结下来，与 B 端产品经理的工作职责和能力模型进行对比，从中提炼出一个 B 端产品的项目经历。如果你没有与产品相关的工作经历，最好在现在的公司内寻找机会参与一些类似的项目，或者通过参加一些机构的培训。如果你是应届生，积极参加各个公司的实习，这会为你的面试加分。总之，你要从产品经理的视角陈述一个项目经历，以此来体现你的产品能力。

3.2.3 成功入行的 4 点建议

前文提到，不同背景的人入行 B 端产品经理的优劣势不同。总体来说，不管是初次入行的人还是转行者，都会面临类似的问题：如何成功拿到 Offer（录取通知）？这里给出 4 点建议，希望对各位入行者有所帮助。

（1）明确方向，找准定位

B 端产品分为协同办公类、业务运营类、通用服务类等类别，你需要结合自身的优劣势明确入行时要切入的方向，找准自己的定位。

假如你熟悉企业的财务、采购、仓储、物流、营销等业务领域中的一个，你可以选择 ERP 系统、财务管理产品、WMS、物流管理产品、采购 SRM 系统、CRM 系统等方向。假如你熟悉企业的审批和内部沟通协同流程，你可以选择 OA 系统、IM 产品等方向。假如你有技术研发背景，你可以不选择业务运营方向，而选择消息平台、权限系统等能发挥技术优势的产品方向。假如你是应届毕业生，则可以结合专业、实习经历和兴趣爱好等，选择想要入行的产品方向。

（2）参照能力模型，寻找能力短板

找准入行的产品方向后，对照 B 端产品经理能力模型和 6 项核心技能，寻找能力短板，通过沟通、交流、学习课程、读书、做项目等方式进行提升。假如你是一名供应链领域的需求分析师，准备从 ERP 方向入行 B 端产品经理，而一般 ERP 软件包括财务、采购、库存、销售和生产模块，那么，为了达成转行目标，你首先要对照能力模型来提高产品专业技能，如产品调研、产品设计、产品规划、产品运营等能力，其次要对照 B 端产品经理 6 项核心技能，逐步提高业务、技术、运营、数据和项目管理能力。

（3）做项目

对于入行的人来说，最缺的就是相关项目经验。要想进入 B 端产品领域，项目经验几乎是成功的敲门砖。不管你是已经参加工作还是即将毕业，拥有或找到并加入一个合适的项目是很有必要的。对于应届毕业生来说，可以通过实习积累相关的项目经验；对于已经参加工作但想要转行的人来说，可以在当前公司内部寻找相关项目机会，或者借助外面培训机构模拟训练从 0 到 1 的项目。总之，在实际面试环节，你需要能陈述一个项目，并且说明你在其中做了哪些工作。

（4）模拟面试和面试复盘

在真正的面试之前，可以先进行模拟面试。模拟面试可以让你提前熟悉面试环境和面试问题，你能通过自己的回答来判断对专业知识的掌握程度。以下列举了一些常见的面试题目，在实际面试前要准备更多面试题目进行训练。
- 你为什么选择成为 B 端产品经理？
- 一个完整的产品迭代流程是什么样的？
- 在需求评审时，开发人员认为需求无法实现，你该怎么办？
- 强势的业务部门表示，不做这个需求就投诉你，你会怎么做？
- 如何判断一个产品的好与坏？
- 如何对需求进行优先级排序？

面对这些面试问题，我们不能毫无思考、随意回答。首先，你要洞悉出题者背后的动机，即明确问题考点。比如，对"你为什么选择成为 B 端产品经理？"这道题目，如果盲目作答或者轻描淡写，面试官是不会满意的。这道题的真正目的是考查求职者对自身和 B 端产品经理的认知。

其次，回答问题需要有层次、有逻辑，思考时要采用结构化思维。仍以"你为什么选择成为 B 端产品经理？"这道题目为例，可以从如下 3 点进行回答。

1）在个人性格和能力方面，求职者可以表明自己的性格及基础能力能够满足产品经理的角色要求。

2）在产品技能方面，可以表明自己已经掌握的产品技能是可以胜任产品经理日常工作的。

3）在业务熟悉度方面，可以阐述个人过去的企业服务经验或者实习经历，表明自己已经积累了一定程度的业务知识，这些知识能够支撑日常的业务沟通。

最后，进行总结，比如"基于前面 3 点，我选择成为一名 B 端产品经理"。

在每次面试后，一定要注重复盘和总结，系统地梳理自己表现不好的地方，然后针对性地优化自己的回答。如果可以，整理出面试问题清单、回答策略和步骤，这样在面试时就可以流畅作答，回答的思路和逻辑也会很清晰，人也会更自信，从而大大提高面试的成功率。

3.3 本章小结

关于 B 端产品经理这一职业的发展，仁者见仁，智者见智。本章结合行业趋势和身边案例为各位读者提供了参考性建议。此外，我们还需要注意如下内容。

- ❑ 做一个产品经理，而不是需求分析师。产品经理挖掘真正的需求，多维度衡量需求的必要性，需求分析师被动承接需求。
- ❑ 入行 B 端产品经理需经过慎重思考。
- ❑ 用经营企业的方法经营个人人生，尝试用"盈利 = 收入 – 成本"的公式来计算自己的收获，让自身不断增值，获得更多"资本"青睐。
- ❑ 如何理解 SaaS 化产品和 B 端产品呢？其实 SaaS 化只是一种软件模式，SaaS 化产品属于 B 端产品。

至此，入门篇结束，下一篇进入 B 端产品方法论的实战篇，也是本书的核心部分。

第二篇　实战

在数智化时代，B 端产品的兴起在一定程度上造成了企业人才需求和供给的矛盾。软件厂商或企业都需要大量的 B 端产品人才来构建不同的 B 端产品，帮助企业实现数字化转型，以便在产业互联网的蓝海中分得一杯羹。当然，从业者的自身背景、能力模型是要达到一定标准的，很多项目需要从业者具有 B 端产品设计的实战经验。

本篇主要介绍 B 端产品设计的"4+X"模型。全篇基于企业经营管理领域的数智化产品建设，以"方法论＋综合案例＋模板"的形式贯穿，让大家能够掌握从 0 到 1 设计一款 B 端产品的方法和过程。

第 4 章 | CHAPTER

B 端产品设计的 "4+X" 模型

理论是实践的基础,实践是理论的来源。设计一款 B 端产品是有章可循的。掌握一定的理论知识,能更好地实践和设计 B 端产品。

本章主要介绍 B 端产品设计的 "4+X" 模型理论,这个模型是个人工作经验的总结,具有一定的通用性,其中的方法、案例、模板能够帮助读者丰富自己的产品知识体系,以及找到解决问题的方法。

4.1 认识 "4+X" 模型

本节主要围绕 B 端产品设计的 "4+X" 模型展开,拆解这个模型中的关键部分,梳理各个部分之间的关系。

什么是"4+X"模型?初看名称很多人可能不知所云。其实"4+X"模型主要是基于B端产品设计的各个阶段总结的方法论。4代表B端产品从0到1的4个阶段,包括规划阶段、设计阶段、实现阶段和迭代阶段。X代表B端产品上线后的可变事项,包括项目管理、产品运营和数据运营等,其中项目管理作为贯穿整个B端产品设计过程的事项,是产品落地和发展的重要保障。"4+X"模型的整体框架如图4-1所示。

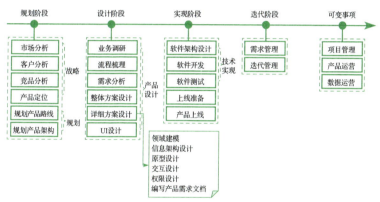

图 4-1 "4+X"模型整体框架

4.1.1 拆解"4+X"模型

1. 4个阶段

"4+X"模型中的4代表B端产品设计的4个阶段,下面分别讲解。

(1)阶段一:规划阶段

这是B端产品设计的开始阶段,它决定了产品设计方向、产品定位和产品规划,主要包括市场分析、客户分析、竞品分析、产品定位、规划产品路线和规划产品架构等关键事项。这个阶段的事项能够帮助 B 端产品经理了解和熟悉将要设计的 B 端产品的业务领域、客户群体、市场规模、产品主要能力和产品演化思路,规划 B 端产品战略。下面简要说明该阶段的关键事项。

1)市场分析。市场分析主要包括洞察目标市场发展情况、市场规模,分析产品领域的政策扶持程度,了解技术发展趋势和特征,把握主要竞争对手和竞争格局。基于市场分析的结果,我们可以更好地把握市场发展趋势,尽早选择趋势行业进行布局,规划好自身产品发展路线和领域,为 B 端产品商业化做准备。

2)客户分析。客户分析通过对客户进行分类,分析目标客户的价值链、业务领域、业务痛点以及用户特征,得出客户画像和用户画像。这有助于我们明确待开发产品究竟是解决不同行业在某一领域中的共性问题,还是解决垂直行业的特定领域问题。比如,ERP、WMS、CRM 系统分别适用于不同行业的企业资源计划、仓储业务和客户关系业务领域;而跨境电商行业的物流平台、服装或纺织行业的 ERP 系统等是针对特定行业设计的。

3)竞品分析。做竞品分析是为了借鉴和学习。B 端产品所处阶段不同,竞品分析借鉴和学习的内容也会不同。比如,在产品规划阶段可以分析竞品的产品架构和商业模式;在产品设计阶段可以分析竞品的功能原型设计、交互设计;在产品运营阶段可以分析竞品的运营手段、关注竞品的发展方向等。这就要求我们根据实际情况灵活地运用竞品分析 5 字诀,掌握一定的竞品搜索渠道,采用不同的竞品分析方法对竞品的商业模式、产品规划、产品设计和产品运营等方面进行对比分析,明确产品的差异点和亮点，结合产品自身优势走出差异化路线。

4）产品定位。结合产品的市场分析、客户分析、竞品分析，我们了解了市场发展阶段、市场规模、客户和用户的痛点与诉求等，接下来要采用分析工具确定自己产品的定位。可以向自己提出以下 5 个问题来获得产品定位的思路。

- ❑ 产品是什么类型？
- ❑ 客户和用户群体是谁？
- ❑ 解决了客户或用户的什么问题？
- ❑ 给客户或用户带来什么价值？
- ❑ 与竞争对手的差异在哪？

5）规划产品路线。规划产品路线指基于产品战略愿景、阶段目标和时间周期来规划未来 1～3 年的产品演化路线。它有助于团队成员明确战略目标、把握产品落地计划、评估团队资源短缺状况和风险、提高团队信心指数等。产品路线图不只是一张路线图，更重要的是，团队通过对它进行定期回顾和更新，确定目标和保持迭代节奏。

6）规划产品架构。规划产品架构是在了解客户需求和痛点、竞品的优劣势、产品定位以及产品的演化路线后，B 端产品经理以战略视角从宏观上规划好 B 端产品在未来 1～3 年的架构图。它既可以是多个 B 端产品组成的产品矩阵的架构图，又可以是单个产品的架构图。我们需要规划好每一个产品架构图的总体业务流程、功能模块、信息流以及产品形式等。比如，要搭建一套 SaaS 化采购服务平台，其产品架构图包括从需求到结算的采购业务流程闭环，以及 PC 端、移动端 App 和小程序等产品形态。

（2）阶段二：设计阶段

这是 B 端产品方案设计的核心阶段，也是 B 端产品经理主要的一项工作内容，主要包括业务调研、流程梳理、需求分析、整体方案设计、详细方案设计和 UI 设计等事项，其中详细方案设计分为领域建模、信息架构设计、原型设计、交互设计、权限设计和编写产品需求文档等。这个阶段的事项贯穿了从业务调研到方案确定的重要过程，第 6 章对其中每个事项提供了对应的方法论和案例，帮助 B 端产品经理真正理解和掌握 B 端产品设计。

1）业务调研。业务调研是全面了解业务现状、业务流程、业务痛点、干系人关系、用户期望和问题的有效手段。B 端产品经理需要根据不同调研目的，明确调研对象，采取合适的调研策略和方法，按照调研流程全面展开调研。调研后，B 端产品经理需要输出调研分析报告，总结和提炼不同行业、不同企业在该业务领域中的共性需求和个性需求，以便在建模时做到标准化需求和个性化需求的平衡。

2）流程梳理。流程梳理是规范业务流程、明确岗位职责、提高协同效率的有效手段，B 端产品经理应当掌握流程梳理的方法，将隐性流程显性化、显性流程标准化，从而实现业务流程的规范化和标准化，便于未来进行 B 端产品方案设计。

3）需求分析。需求分析是对需求进行分析和挖掘其本质的过程，它是 B 端产品设计中一个非常关键的事项，B 端产品经理应当在掌握需求分析理论、方法的基础上，按照需求分析的步骤将用户需求转化为产品需求，包括功能需求、非功能需求、数据需求等。

4）整体方案设计。整体方案设计指从宏观层面对整个产品和各个功能模块进行概念性方案设计和布局，基于前期业务调研分析报告、核心业务流程、需求分析结果、产品架构图等，对B端产品的整体产品方案、各模块产品方案及上下游系统对接方案进行概念性设计。

5）详细方案设计。领域建模、信息架构设计、原型设计、交互设计、权限设计和编写产品需求文档等事项都是从不同的角度阐述B端产品设计的具体工作内容，最终汇集成整个B端产品的详细设计方案。所以，详细方案设计是从微观层面设计产品的具体方案，它基于整体设计方案，将产品从产品概念拆解成具体事项。下面从领域建模开始，分别对其进行说明。

①领域建模。领域建模是采用UML（Unified Modeling Language，统一建模语言）中的类图表示法将系统中的数据实体之间的关系表示出来，包括一对一、一对多、多对多的关系。比如，1个采购员可以签订多份合同，采购员和合同的关系就是一对多。领域建模能够帮助B端产品经理明确数据实体之间的关系，分析数据实体之间的合理性，便于数据库中表结构设计。

②信息架构设计。信息架构设计是对信息进行合理的组织、设计和呈现，使得信息展示更清晰和易于理解，包括信息导航、搜索、页面信息布局等，我们以用户为中心，做好两个分析和掌握3个思路，来进行信息架构的设计。

③原型设计。原型设计是对具体功能页面的设计，包括低保真、中保真和高保真3种类型，掌握原型设计除了要会使用原型设计工具外，更要掌握原型设计的方法。第6章详细阐述了原型设计5步法，并给出了具体的表单页、详情页、列表页和工作台等原型示例，B端产品经理可以借鉴或学习，融合自身经验理解

原型设计的本质。

④交互设计。交互设计是以"解决用户问题"为中心对人机交互方式进行设计。交互设计需要基于交互设计知识，遵循交互设计原则。在产品的交互设计中需要注意最大限度地降低用户使用门槛，帮助用户自主完成任务。常见的交互设计原则包括尼尔森十大交互原则和易用原则等，B端产品经理应当理解和掌握交互设计知识。

⑤权限设计。权限设计是B端产品设计中最重要的功能之一。B端产品中常见的权限设计模型当属RBAC（Role-Based Access Control，基于角色的权限管理）模型，它从用户、角色、权限3个方面描述了用户和权限之间的关系。掌握RBAC权限设计的理念和方法，B端产品经理能更容易地解决B端产品中复杂的权限设计，包括功能权限和数据权限设计等。

⑥编写产品需求文档。产品需求文档（Product Requirement Document，PRD）是B端产品经理详细方案设计的主要输出物之一，它详细记录了需求前言、系统概述、总业务流程图、功能性需求、非功能性需求、接口、约束条件、E-R图和数据字典等内容，既是项目团队内部之间沟通和交流的信息载体，又是项目团队的组织过程资产。实际工作中，产品需求文档模板等编写事项会依据各个团队自身情况而定，后文给出了相对完善和具体的产品需求文档模板以供读者参考。

6）UI设计。UI设计指设计产品界面的风格、信息布局，以及界面元素的设计样式，包括图形、图标、字体、表格和控件等元素。B端产品经理应当掌握一定的设计学知识和心理学知识，培养美感、传达产品理念和贴近用户心理预期，从而使产品界面更美观，用户体验更好。

（3）阶段三：实现阶段

这是B端产品设计的落地阶段，涉及产品从概念到实现的重要保障工作，主要包括软件架构设计、软件开发、软件测试、上线准备和产品上线等事项。技术架构师根据前期产品规划选择合适的技术架构、技术开发语言、数据存储方式，以及定义接口等，B端产品经理需与开发、测试人员沟通需求细节、决定需求变更逻辑、验证产品功能是否满足需求，以及安排上线等。整个阶段中，B端产品经理都要及时关注产品方案实现的效果，积极与各方面人员协调和沟通，确保产品功能按时、按质、按量交付。

1）软件架构设计。软件架构设计的工作主要由技术人员负责，他们基于前期产品规划和需求分析，选择软件的架构风格、开发技术、集成技术、二次开发技术及数据库等。B端产品经理可以参与其中了解其具体工作内容，掌握软件架构设计的知识，思考软件设计的核心要素，结合自身业务领域的优势，与架构师配合，搭建稳定可扩展的软件架构。

2）软件开发。软件开发是软件产品的编程过程，是开发人员的核心工作。B端产品经理需要掌握从开发语言、技术框架、软件设计模式、数据库到软件架构等技术知识，还要了解开发人员的团队情况、开发人员的工种，并积极参与澄清需求和验证产品等工作。

3）软件测试。软件测试是对软件产品的诊断，是测试人员的核心工作，主要分为单元测试、集成测试、系统测试、用户验收测试等。B端产品经理需要掌握基本的测试方法,包括黑盒测试、白盒测试等。在项目的过程中,B端产品经理还需要参与评审具体测试用例、测试脚本;编写产品说明书、功能操作手册;协调各方人员参与测试工作,组织用户进行用户验收测试等。

4)上线准备。上线准备指产品发布前对主要事项进行准备,包括产品材料准备、用户培训等。关于上线准备的具体工作内容,B端产品经理需要在软件产品实现阶段提前计划和编写文档,在产品发布前做好最后的检查和调整。

5)产品上线。产品上线意味着产品正式面向用户和市场,需要整个团队的成员相互协调和分工合作。想要顺利发布产品,需要做好上线策略和计划、产品部署、产品上线发布等工作。产品上线发布后,B端产品经理和团队成员需要监控用户使用情况,以便及时做出调整。

(4)阶段四:迭代阶段

这是B端产品设计的优化升级阶段,也是产品茁壮成长的时期,主要包括需求管理和迭代管理。首先,需要收集各个渠道的需求,有效地进行需求评估、排序、管理以及需求看板的统计。其次,需要采用合适的迭代模式和版本发布计划,对需求进行迭代管理,逐步打磨B端产品。在产品迭代时,B端产品经理仍需要进行市场分析、客户分析、产品规划、产品设计、原型设计、产品需求文档编写和产品实现等工作,这些工作在B端产品迭代过程中不断循环。

1)需求管理。需求管理是对需求的日常管理,包括收集、分析、排序、更新、统计等具体工作。它是B端产品经理日常必做的工作事项，主要分 3 步进行，分别是构建需求池、管理需求池和分析需求池。

2）迭代管理。日常需求的迭代管理，包括确定迭代模式、迭代周期，做好版本规划以及确定迭代工具等。掌握需求的迭代管理有助于 B 端产品经理合理地规划产品的迭代周期，按计划完成产品的阶段目标。

2. 可变事项 X

X 指的是未定、可变的事项，这些是支持 B 端产品建设和成长的有利事项，主要包括项目管理、产品运营和数据运营等。这些事项在 B 端产品从 0 到 1 上线过程及上线后的运营阶段中，能够帮助 B 端产品经理更好地管理团队、打磨产品和赋能客户。

（1）项目管理

项目管理是在项目的各项活动中运用知识、技能、工具和技术，为达到项目要求而进行的管理活动和过程。B 端产品的建设周期一般较长，在完成产品规划后，往往会进行立项，然后按项目管理的方式推动产品落地，以便团队按计划完成产品上线。

项目管理的模式一般分为瀑布式项目管理和敏捷式项目管理，团队采用哪种模式取决于团队的合作风格和需求的变化。传统公司一般倾向于瀑布式项目管理，明确需求范围，将需求范围拆解成 WBS⊖，制定项目计划并跟踪和执行。这种模式一般适应

⊖ WBS（Work Breakdown Structure，工作分解结构）是以可交付成果为导向对项目要素进行的分组，归纳和定义了项目的整个工作范围，每下降一层代表对项目工作的更详细定义。本书中，WBS 表示拆分后的一个工作事项。

于需求相对明确、稳定且变化不大的团队。互联网公司一般倾向于敏捷式项目管理，按迭代周期快速迭代和快速交付。这种模式一般适用于需求不够明确且变化较快的团队。B端产品的复杂性一般都比较高，往往还涉及外围系统的对接，项目管理一般会采用瀑布式和敏捷式相结合的方式。B端产品经理有必要掌握B端产品项目管理的5个阶段，重点做好B端产品项目管理的5项核心内容。

（2）产品运营

产品运营是为了更好地促进产品和用户的关系。市面上的资料多数都是介绍C端产品的运营案例，那么B端产品如何运营？对不同行业属性的客户，运营时的侧重点是什么？如何做好内部客户的产品运营？为了解决上述问题，弥补市面上关于产品运营的资料的不足，本书总结了B端产品运营的案例和方法，帮助B端产品经理了解B端产品运营的工作，建立运营思路。

（3）数据运营

数据运营是对数据的挖掘、分析和应用。数据的重要性不言而喻，B端产品经理需要建立起数据运营的意识，掌握数据分析的技巧和方法，建立一套数据运营体系，在指标、数据处理、数据分析和数据应用上，全方位地理解和运用数据，满足客户数据运营的需求，对B端产品升级迭代，赋能客户。

4.1.2 "4+X"模型的指导意义

成功地从0到1构建B端产品，不但依赖个人实践经验，还依赖相应的理论知识。"4+X"模型对B端产品经理来说，是一个可复用的理论框架。掌握好该模型有助于B端产品经理快速建设企业级应用产品，对B端产品经理具有重要的指导意义。下面从3个方面来阐述该模型的作用。

1. 构建产品全局观

"4+X"模型涉及B端产品的规划、设计、实现、迭代、运营、数据和项目管理等方方面面，能够对整个B端产品设计和运营过程进行一盘棋式的管理，帮助B端产品经理建立产品全局观，从整体上考虑B端产品的战略、规划、建设和资源整合利用。根据该模型，产品经理能够抓重点、抓关键局部，避免"只见树木，不见森林"，避免不必要的返工和风险。

2. 搭建产品知识体系

搭建一套系统性的产品知识体系，是B端产品经理进阶的核心"秘密武器"。高效或善于学习的人都有自己的知识体系，懂得如何收集知识、消化知识、转化并创造知识，不断巩固和完善自身的知识结构。知识体系往往呈现树形结构，从主干、枝干到树叶，最终呈现出枝繁叶茂的形态。"4+X"模型就是一棵"树"，包含B端产品经理必备的知识。B端产品经理通过理解、吸收和转化这个模型，搭建自身的知识体系，就能完全掌握B端产品设计的方法。当脑海里搭建起越来越多的"知识树"，你就已经掌握了知识分类和应用的技巧，成了一个终身学习者。

3. 掌握产品设计流程

"4+X"模型是一套B端产品设计的方法论，该模型阐述了如何从 0 到 1 搭建一款企业级应用产品。同时"4+X"模型提供了配套的案例和模板,让 B 端产品经理既可以掌握 B 端产品设计的流程,又可以将模板快速应用到实际工作中。B 端产品经理理解和吸收"4+X"模型后,可以快速高效地搭建 B 端产品。

4.2 "4+X"模型速查表

本节主要对"4+X"模型的每个活动的输入、输出进行总括,便于读者在实践时参考、理解和总览。关于该模型的具体实施方法,将在第三篇中详解。

如表 4-1 所示,"4+X"模型速查表对产品设计过程中每个活动的输入、输出、工具等方面内容进行了总结性的阐述。

表 4-1 "4+X"模型速查表

序号	活动	阶段	输入	工具	输出
001	市场分析	规划阶段	客户需求、产品创意	PEST、调研机构、波特五力模型、波士顿产品矩阵	市场需求文档
002	客户分析	规划阶段	客户需求	访谈、问卷调研、焦点小组、价值链分析、业务领域分析、业务痛点分析	客户画像、用户画像、业务痛点报告
003	竞品分析	规划阶段	客户需求、市场需求文档	竞品分析、会议	竞品分析报告
004	产品定位	规划阶段	客户画像、用户画像、客户需求、市场需求文档、竞品分析报告	SWOT、宏观和微观分析法、会议	产品定位
005	规划产品路线	规划阶段	产品定位、竞品分析报告、市场需求文档、客户需求	会议、商业画布	产品路线图

（续）

序号	活动	阶段	输入	工具	输出
006	规划产品架构	规划阶段	客户需求、市场需求文档、竞品分析报告、产品定位、产品路线图	商业画布、差异化竞争策略、波士顿产品矩阵、头脑风暴	产品架构图、产品规划报告
007	业务调研	设计阶段	客户需求	访谈、问卷调研、焦点小组、行业研究、数据分析	业务调研报告
008	流程梳理	设计阶段	业务调研报告	DMAIC法、ESEIA法	业务流程图
009	需求分析	设计阶段	业务调研报告、业务流程图	用例技术、RAPS法	功能需求、非功能需求、数据需求
010	整体方案设计	设计阶段	功能需求、非功能需求、数据需求、产品架构图、产品路线图	产品定位、数据流法	整体方案图、详细方案图
011	领域建模	设计阶段	数据需求	UML	领域模型或E-R图
012	信息架构设计	设计阶段	功能需求、产品架构图	Xmind、Axure	信息架构图
013	原型设计	设计阶段	功能需求、非功能需求、数据需求、详细方案图	Axure	原型图
014	交互设计	设计阶段	功能需求、非功能需求、数据需求、详细方案图	Axure	交互设计规范
015	权限设计	设计阶段	功能需求、非功能需求、数据需求、详细方案图	RBAC模型、Axure	权限设计方案、原型图
016	编写产品需求文档	设计阶段	功能需求、非功能需求、数据需求、原型图、信息架构图、业务流程图、数据模型、详细方案图	Axure、产品需求文档模板	产品需求文档

（续）

序号	活动	阶段	输入	工具	输出
017	UI设计	设计阶段	原型图、交互设计规范	Sketch	UI切片
018	软件架构设计	实现阶段	产品需求文档、原型图、整体方案图、详细方案图、领域模型	UML、会议	软件架构图
019	软件开发	实现阶段	产品需求文档、原型图、详细方案图、领域模型	迭代开发、项目管理、技术知识	待测试产品
020	软件测试	实现阶段	产品需求文档、详细方案图	测试工具、测试脚本、测试环境	待上线产品
021	上线准备	实现阶段	待上线产品、切换策略和计划	项目管理、会议	产品就绪、宣讲PPT
022	产品上线	实现阶段	产品就绪	项目管理、切换策略和计划	已发布产品
023	需求管理	迭代阶段	客户需求、竞品分析、市场分析	访谈、问卷、数据分析、竞品分析、行业研究	需求池
024	迭代管理	迭代阶段	需求池	JIRA、双周迭代模式	迭代计划版本、迭代功能
025	项目管理	可变事项	立项材料、客户需求、产品规划报告	Project、Excel、项目管理	项目计划、可交付产品、沟通机制、项目文档、风险清单、团队管理
026	产品运营	可变事项	已发布产品、客户需求	活动运营、内容运营、品牌运营、数据运营、客户运营	案例手册、产品说明书、操作手册、运营计划和效果
027	数据运营	可变事项	已发布产品、数据、客户需求	大数据技术、Excel	看板、专题分析、日报/周报/月报、自助分析平台、报表

上述活动可根据实际情况进行选择和调整。B端产品处于不同的阶段，所采取的活动不同。比如，从0到1构建一款B端产品时，核心是规划阶段、设计阶段、实现阶段、迭代阶段的各项活动；B端产品上线后，核心则是迭代阶段、产品运营和数据运营的活动，另外，市场分析、客户分析、竞品分析、规划产品路线、规划产品架构这些活动也不可缺少。B端产品经理建立全局性的B端产品设计思维，根据实际需要选择对应的活动及掌握对应的方法和技巧，是很有必要的。读者可以把"4+X"模型速查表保存下来，按需取用。

4.3 模板清单

本节将B端产品方法论中主要的文档模板以清单的形式列举出来，以便后续速查和使用。模板共39项，B端产品经理可以根据项目的实际需要进行选择，如表4-2所示。

表4-2 模板清单

使用阶段	序号	模板名称
产品规划	01	用户故事表
	02	客户信息表
	03	用户信息表
	04	竞品分析方法
	05	竞品分析报告
	06	B端产品规划报告
产品设计	07	调研计划
	08	调研问卷
	09	业务调研纪要
	10	业务调研分析报告
	11	问题跟踪清单
	12	需求矩阵清单

(续)

使用阶段	序号	模板名称
产品设计	13	业务流程分析表
	14	业务流程规范
	15	流程文件
	16	用例图
	17	用例图描述
	18	领域模型/E-R图
	19	信息架构图
	20	产品需求文档
产品实现	21	测试计划
	22	系统测试用例
	23	场景测试用例
	24	测试报告
	25	培训计划
	26	用户培训文档
	27	用户操作手册
	28	上线策略和计划
项目管理	29	项目立项书
	30	项目计划
	31	项目成员明细
	32	项目软硬件配置清单
	33	项目WBS
	34	风险管控表
	35	变更申请单
	36	会议纪要
	37	周报/月报
	38	双周计划
数据运营	39	数据分析报告

4.4 案例背景：A集团SRM系统设计

通过前文的介绍，大家对B端产品、B端产品经理以及B端产品设计的"4+X"模型已经有了初步的了解。为了加深理解、巩固掌握的知识，本节引入一个综合案例，该案例涉及 B 端产品设计全流程，后文中读者可参照"4+X"模型从 0 到 1 实现该案例中的目标。

4.4.1 背景、诉求和目标

为了更好地理解案例的产品规划和设计思路，下面对案例的背景、诉求、目标进行简要的说明，以便后续基于案例进行 B 端产品设计思路和方法的阐述。

> **注意** 本书案例已经过滤敏感信息，相关信息经过加工和虚构，保留关键流程，不影响 B 端产品经理基于案例学习 B 端产品设计的方法。

1. 案例背景

A 集团是一家上市公司，采取多元化经营策略，覆盖房地产、O2O 电商、物流、金融、科技等业务板块，为 C 端客户和 B 端客户提供一揽子产品和服务解决方案。随着 A 集团业务的快速发展，不同业务线的收益节节高升，但各项开支成本，包括人力、商品、服务、资产、工程等成本居高不下，这与各项采购业务散落在各条业务线、各个 BU⊖或组织中有莫大的关系，分散采购造成了采购规模效应差、标准不统一、风险控制差等一系列问题。A 集团为了能建立统一的管控标准、采取精细化经营模式、提高组织效能，以及持续地为行业、客户、供应商带来价值，向科技公司提出建立统一的采购平台，该平台在满足 A 集团采购业务的

⊖ BU（Business Unit，业务单元）指某一类业务的集合，也常用来指代独立完成这一业务的团队、部门或事业部等。

需求的同时，为外部客户提供一揽子采购服务和系统解决方案。

2. 诉求

由于业务的快速发展，集团需要一套统一的采购平台来管控各条业务线、各个 BU 和组织的采购业务以及供应商协同，实现采购业务线上化和数智化。此外，统一数据标准，实现业务线上化和数智化，建立数据湖，搭建数据驾驶舱支持经营决策分析，同时对外提供采购服务。

3. 目标

基于集团的业务诉求，科技公司计划在 6 个月至 7 个月内搭建一套 SRM 系统，先满足 A 集团业务快速发展的管控诉求，进行风险控制，再利用大数据技术搭建数据驾驶舱，支持经营决策。建设过程中需要考虑市场、竞品情况，对产品进行市场化和商业化运营，对外部客户提供 SRM 产品及采购服务。

本书主要介绍这个 SRM 系统的设计过程，读者可尝试将该过程中的思路和方法迁移至其他相关产品的搭建过程中。

4.4.2 团队组成

A 集团是集团型公司，针对这种集团型项目，一般由集团高层、科技公司和业务团队共同组成团队来建设 SRM 平台，其中科技公司主导整个产品的建设和项目的落地，集团总裁给科技公司做背书，推动业务部门变革和决策。

1. 集团高层

集团高层由集团总裁挂帅，包括财务线 CFO、采购线 CPO、人资线 CHO、科技公司 CEO，以及其他业务线、BU 和组织的一把手。他们主要为项目提供资源、决策支持、关键指导，把握项目目标和检验成果等。

2. 科技公司

科技公司一般属于该集团旗下，由该公司 CEO 挂帅，再加上各业务部门负责人、采购产品线负责人、产品人员、开发人员、测试人员、UI 设计人员等 80 人。他们主要负责产品规划、产品设计、产品实现和项目落地等工作。

3. 业务团队

业务团队由各业务线、BU 和组织的负责人及其核心骨干组成。他们主要负责明确业务诉求，推动业务流程标准化，提供管理制度、推动岗位标准化和项目落地等。

4.5 本章小结

本章主要介绍 B 端产品设计的"4+X"模型，并提供了一个综合案例的背景、诉求、目标和团队组成情况，我们还需要注意以下内容。

- "4+X"模型适用于一般的企业级应用产品设计。
- "4+X"模型是一套方法论，结合案例去掌握它更有效果。
- "4+X"模型速查表可以用于 B 端产品经理的日常查询。

本章是 B 端产品设计全流程的总览，接下来我们将结合"4+X"模型具体阐述如何从 0 到 1 实现，并上线运营一款 B 端产品。

第 5 章 | CHAPTER

规划阶段：从业务需求到产品规划

现代化企业管理的系统需求并不是凭空产生的，而是同企业经营管理业务紧密相关的，这一特征也让 B 端产品不需要像 C 端产品那样挖空心思挖掘用户需求。为企业建设的 B 端产品只要能够帮助企业达成战略目标，实现降本提效、风险管控和营收增长，就是一款好产品，这也说明了 B 端产品是基于企业业务需求而建的。

本章介绍"4+X"模型的阶段———规划阶段，分别从市场分析、客户分析、竞品分析、产品定位、规划产品路线和规划产品架构 6 个方面阐述如何从 0 到 1 规划 B 端产品，并结合 A 集团案例进行讲解，加深大家对理论的理解。

5.1 市场分析

市场分析是一个独立且庞大的领域，了解 B 端产品市场是为了更好地掌握市场发展趋势，为企业客户设计符合要求的产品。本节主要从认识市场、洞察市场、数据收集几个方面分别进行阐述，从而让读者了解市场的发展趋势，发现和寻找潜在的市场机会，提升产品的市场价值。最后，分析 A 集团 SRM 系统的市场发展情况和主要竞品的情况。

5.1.1 认识市场

根据美国市场营销协会的定义，市场指货物或劳务的潜在购买者的集合需求。简单来说，市场是买卖双方交易的领域，其中有买方、卖方、商品或服务、需求。认识市场，我们可以从竞争程度、分工、需求和供给模型、边际成本模型 4 个方面入手。

1. 市场竞争程度

西方经济学理论将市场划分为完全竞争市场、完全垄断市场、垄断竞争市场和寡头垄断市场 4 种模型，它们的定义和特征如下。

- ❑ 完全竞争市场：指市场中的竞争不受任何阻碍和干扰。其特征是生产者和消费者可以自由出入，提供的产品或服务完全无差别。这样的市场基本不存在。
- ❑ 完全垄断市场：指市场中只有一家厂商提供产品。其特征是其他厂商进入行业极为困难，提供产品的厂商具有市场价格的制定权。常见于能源、铁路行业等。
- ❑ 垄断竞争市场：指市场中既存在垄断又存在竞争，市场处于完全垄断和完全竞争的中间状态。其特征是其他厂商进入行业比较容易，厂商之间提供有差别的产品，存在激烈的竞争关系。
- ❑ 寡头垄断市场：指市场中少数几家厂商控制产品的供给，市场处于垄断竞争和完全垄断之间。其特征是控制产品供给的几家厂商之间相互依赖，谁也不能随意变动。

从经济效益的角度来说，完全竞争市场的经济效益最高，垄断竞争市场的经济效益较高，寡头垄断市场的经济效益较低，完全垄断市场的经济效益最低；从产品差别来看，完全竞争市场的产品无差异，垄断竞争市场和寡头垄断市场的产品有差异，完全垄断市场的产品不可替代。

B端产品经理要充分认识市场，可以从经济学角度划分市场，明确B端产品处于哪一种市场模型中，以便接下来对市场进行洞察和分析。

2. 市场分工

市场从传统的自给自足小农经济模式，逐渐发展到现在有专业分工的市场经济模式，经历了一系列演变。现在的市场是由不同的经济主体相互分工、相互合作而来，而每个经济主体都发挥自己的优势和专长，共同推动市场的发展。这里的经济主体包括企业、个人、个体工商户、政府等角色，这些角色都是市场的一部分，都有自身的市场定位，相互之间合作共赢，共同推动市场的发展。比如，房地产行业的经济体聚焦于房产的开发和运营，他们为物流和电商行业提供运营场所和办公场所等；物流行业的经济体聚焦于物流运输运营，为电商行业的客户提供物流服务；电商行业的经济体聚焦于在线商品的开发和运营，他们为房地产和物流经济主体提供售卖的平台和订单等。

信任是合作的前提。在市场中，企业的品牌形象、良好的声誉是产品成功的保障。信任是需要企业和企业家共同努力打造的。企业生产的产品或开发的软件，往往冠上品牌以加强人们对产品或软件的认知，企业家树立品牌形象，带领团队共同创造价值。

B端产品经理需要理解市场的专业分工、信任、合作的本质特征，聚焦于自身优势，物尽其用、人尽其才，最大限度地在领域内创造价值。

3. 市场需求和供给模型

认识市场，理解市场经济是必要的。市场经济中，资源配置是通过价格机制来协调的，而价格又是由需求和供给决定的。因此，B端产品经理有必要了解需求模型和供给模型，它们是经济学的两大基础理论，也是市场有效运作的基石。

（1）需求模型

需求指消费者在一定时期内愿意以某个价格购买一定数量的商品。影响需求的因素包括商品自身的价格、竞品的价格、消费者的收入水平以及消费者对未来的期望等。按照经济学的理论，我们通常用一条需求曲线（D）表示需求量和商品价格之间的关系，如图5-1所示。在其他因素不变的情况下，商品的需求量和商品的价格呈现反方向变动，即商品的价格上升，需求量减少；商品的价格下降，需求量增加。

大部分商品都适用于需求曲线理论，也有少部分商品例外。比如，西方经济学理论中的"吉芬商品"，这类商品一般是一些低价值的生活必需品。该概念来自罗伯特·吉芬于19世纪在爱尔兰发现的一个现象：当土豆价格上涨时，人们会消费更多的土豆。需求曲线能够帮助B端产品经理更好地理解市场需求和价格之间的关系，当然影响需求的因素有很多，这个理论有一定借鉴意义。

（2）供给模型

供给指厂商在一定时期内能够以某一价格提供一定数量的商品。影响供给的因素包括商品自身的价格、竞品的价格、生产要素的价格以及厂商对未来的预期等。同样，按照西方经济学的理论，通常用一条供给曲线（S）表示供给量和商品价格之间的关系，如图5-2所示。在其他因素不变的情况下，商品的供给量和商品的价格呈现同方向变动，即商品的价格上升，供给量上升；商品的价格下降，供给量下降。

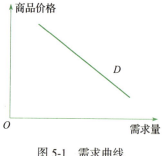

图 5-1　需求曲线

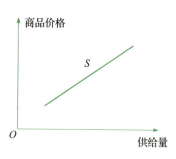

图 5-2　供给曲线

影响供给的因素有很多，大部分商品都适用于供给曲线理论。供给曲线能够帮助 B 端产品经理更好地理解市场供给和价格之间的关系。

（3）均衡价格

当我们把需求和供给两者放在一起时，它们之间会发生相互作用，从而产生均衡价格。均衡价格是指商品的需求价格和供给价格相等时的价格，如图 5-3 所示。

均衡价格（P_0）是供给和需求不断变化后产生的一种平衡状态，各方势均力敌，相对静止。无论需求变化，还是供给变化，或是需求和供给共同变化，当有其他力量打破这种均衡关系时，都会形成新的均衡状态。均衡价格在现实社会中的应用场景有很多，比如，政府可以用来进行价格调整等，B 端产品经理可以用来制定产品售价等。

4. 边际成本模型

边际成本模型能够帮助我们理解商品的边际成本、总成本、平均成本之间的关系和产出与成本之间的关系，在一定程度上指导我们计算投入和产出。边际成本是单位产量的增加所引起的总成本增量，其曲线图如图 5-4 所示。边际成本随着产量的增加而降低；当产量达到一定限度时，边际成本达到最低点；之后，随着产量的增加，边际成本逐步提高。这跟企业生产的固定设备有关，产能固定的情况下，增加再多的人，一天排三班，也只能增加有限的产量，而新增加的人所带来的变动成本反而多了。B 端产品经理可以借鉴这一理论，将其应用到 B 端产品的投入和产出计算中。

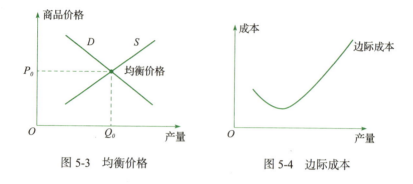

图 5-3　均衡价格　　　　　图 5-4　边际成本

5.1.2　洞察市场

洞察市场可以帮助 B 端产品经理更好地聚焦于目标市场、竞争对手等。洞察市场要思考两个问题：一个是洞察的对象是什么，另一个是一般采用什么模型进行洞察。洞察市场一般包括对宏观环境、市场规模、市场发展历程、市场竞争格局和产品目标客户等方面的洞察。

1. 宏观环境洞察

宏观环境洞察主要是为了解目标市场的所处的环境信息。洞察市场的宏观环境有一个经典的模型——PEST 模型，它用来分析一个行业或领域的宏观环境因素，包括政治（Politics，P）、经济（Economy，E）、社会（Society，S）和技术（Technology，T）4 个方面。该模型如图 5-5 所示。

PEST 模型可以告诉我们现在和未来的市场宏观环境中是否有足够的机会。建设 B 端产品时可以分别从以下 4 个方面进行分析。

第5章 规划阶段：从业务需求到产品规划

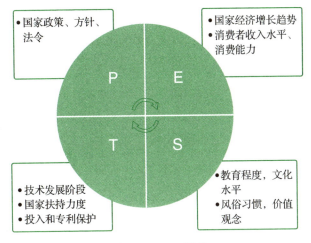

图 5-5 PEST 模型

- P：国家法律法规是否明显支持相关领域。比如，在政府的工作报告中，"互联网+"、云计算、AI 等概念被多次提及，表示政府积极推动相关产业的发展。
- E：B 端产品所服务的客户群体的规模大小、营收情况、消费能力、消费意向等，这些将表明市场容量有多大。
- S：B 端产品所服务的企业是否有数字化转型的意识及改革的决心和魄力。比如，有些企业建立了几百人的 IT 团队，有些企业的 IT 团队不到 10 人，有些企业甚至没有 IT 团队，这些都从侧面反映了企业对数字化建设的态度。
- T：B 端产品的技术选型需要考虑新技术的发展趋势和机会。比如，AI 技术和无人驾驶技术是发展趋势，对于相关企业来说，掌握该项技术将拥有话语权。

2. 市场规模洞察

市场规模是一段时间内对某种产品或服务的需求总量。它是变化的，决定着市场盘子有多大，空间有多高。比如，房地产行业是 10 万亿元级别的市场规模，物流行业也是 10 万亿元级别的市场规模。这是这个行业的总体规模，有一定的指导意义。对于市场规模的分析，可以从总体市场规模、细分领域市场规模两方面入手。

（1）总体市场规模

总体市场规模是指领域内总的需求和供给量。往往规模越大的市场，参与者越多，资本越关注，竞争也越激烈。当我们规划一款产品时，考虑市场规模的大小、该产品可能占领的市场份额，并预估将来的收益，都是很有必要的。了解了市场规模，也就知道了行业的天花板，再决定是否进入该行业。比如，数字化采购领域有 10 万亿元级别的市场规模，包括企业电商化采购、B2B 电商采购、采购管理系统等，这个领域内有很多企业"玩家"，留给企业的想象空间也足够大。

（2）细分领域市场规模

总体市场规模是一个领域内的需求总量，并不是所有的企业都能够覆盖总体市场。在大部分情况下，企业在资源有限时往往会选择从自身资源有优势的细分市场切入。按照一定的标准将需求和客户群体进行归类，就可以得到细分市场。比如，数字化采购市场，按服务的线上化形式，可以细分为 B2B 电商采购市场、企业电商化采购市场和采购管理系统市场等。其中，采购管理系统的细分市场又可以细分为 ERP 采购、SRM 采购和云采购等市场。

数字化采购市场的细分市场类型及其市场规模，如图 5-6 所示。

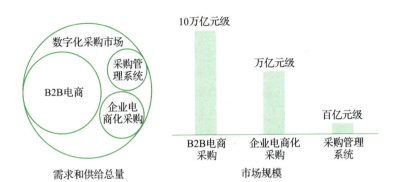

图 5-6　数字化采购市场的细分市场类型及市场规模

3. 市场发展历程洞察

市场发展历程包括市场发展的历史轨迹以及未来趋势。B 端产品的迭代升级伴随着技术和理念的更新、用户诉求的升级。比如，将企业管理理念应用到产品设计中，采用 5G、大数据、云计算、AI、物联网等新技术进一步释放人力、提高效率等。前文提到，在当前的信息技术发展时期，B 端产品的发展历程主要包括 4 个阶段：手工阶段、信息化阶段、数字化阶段和智能化阶段。

4. 市场竞争格局洞察

对市场竞争格局的洞察包括评估市场集中程度和企业竞争激烈程度以及布局等。我们主要从行业集中度和竞争者两个方面进行分析。

（1）行业集中度

行业集中度是指行业的市场前 N 家最大的企业所占行业市场

份额（产值、产量、销售额、销售量、职工人数、资产总额等）的总和，反映了整个行业的市场结构/集中度，用来衡量企业的数量和相对规模的差异，是市场势力的重要量化指标。常见的市场结构分类方法如贝恩市场结构划分法，如表 5-1 所示。

表 5-1　贝恩市场结构划分法

市场结构/集中度	CR_4 值（%）	CR_8 值（%）
寡占 I 型	$CR_4 \geqslant 85$	
寡占 II 型	$75 \leqslant CR_4 < 85$	$CR_8 \geqslant 85$
寡占 III 型	$50 \leqslant CR_4 < 75$	$75 \leqslant CR_8 < 85$
寡占 IV 型	$35 \leqslant CR_4 < 50$	$45 \leqslant CR_8 < 75$
寡占 V 型	$30 \leqslant CR_4 < 35$	$40 \leqslant CR_8 < 45$
竞争型	$CR_4 < 30$	$CR_8 < 40$

CR_4 是行业前 4 个最大的企业所占的市场份额，CR_8 是行业前 8 个最大的企业所占的市场份额。根据贝恩市场结构划分法，如果前 4 个最大企业占市场份额比重低于 30%，或者前 8 个最大企业占市场份额比重低于 40%，则该市场属于竞争型市场；如果前 4 个最大企业占市场份额比重大于或等于 30%，或者前 8 个最大企业占市场份额比重大于或等于 40%，该市场属于寡占型市场。寡占型市场根据行业前 4 个和前 8 个企业的不同占比又细分为寡占 I 型至寡占 V 型 5 个市场类型。

B 端产品经理可以参考该方法粗略地估算所服务的市场行业集中度情况，也可以找第三方市场调研机构进行测算。

（2）竞争者

B 端产品经理需要分析该行业前 10 个企业及其产品，要非常清楚其定位和优劣势。我们可以根据自身资源和实力，找同细分领域且实力相差不大的产品对标,不一定跟头部的竞争对手对标,在自身资源和实力不够时,勉强对标不一定是好事。不过我们仍然可以学习头部竞争对手的亮点和战略定位。分析竞争对手可以从波特五力模型和波士顿产品矩阵两个模型入手。

1)波特五力模型。波特五力模型是迈克尔·波特提出的,该模型认为行业中存在决定竞争规模和程度的五种力量,如图5-7所示。

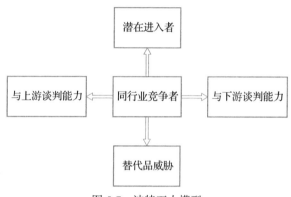

图 5-7 波特五力模型

该模型的五种力量分别如下。

第一种,同行业竞争者。B端产品经理主要需识别和了解同行业的竞争者,它们各自的优势和护城河是什么。比如,电商行业,淘宝、京东、天猫等各个平台相互竞争。

第二种,潜在进入者。B端产品经理主要把握当前行业产品有哪些潜在进入者,这些潜在进入者会给行业带来哪些变革和新体验、新方案、新产品。比如,在移动办公领域,早期的产品如云之家、KK,后来者像钉钉、飞书、企业微信都发展得非常迅速。

第三种,替代品威胁。B端产品经理主要需识别替代品,防止它直接在市场中替代现有产品。比如,媒体行业中,以前报纸是人们日常阅读的载体,当互联网发展起来,特别是随着移动互联网的发展,今日头条、微博、微信让日常阅读变得电子化和移动化。

第四种,与上游谈判能力。企业在整条供应链上的价值地位,决定了它与上游供应商谈判的能力,企业地位越重要,谈判能力越高,获得的折扣比例就越多。比如,电商行业中,京东与供应商的谈判能力就比其他小型电商平台要高;零售行业中,沃尔玛与供应商的谈判能力就比一家小门店要高。

第五种,与下游谈判能力。与下游购买者的谈判能力取决于供需市场是买方市场还是卖方市场。当处于买方市场时,企业与下游购买者的谈判能力就弱;当处于卖方市场时,企业与下游购买者的谈判能力就强。

波特五力模型能够让我们看清行业的机会和威胁,识别各种潜在的竞争对手,我们面对各方力量都要做到客观分析,未雨绸缪。

2)波士顿产品矩阵。面对各方竞争者,B端产品经理还需要识别其各种产品的组合。我们可以通过波士顿产品矩阵模型来分析竞争对手的产品矩阵,也可以用它来规划和调整自身的产品矩阵,如图5-8所示。这里简要阐述一下该模型。

图 5-8 波士顿产品矩阵

图 5-8 中 4 类产品的市场占有率和销售增长率各不相同，瘦狗类产品市场份额低，增长率低；金牛类产品市场份额高，增长率低；明星类产品市场份额高，增长率高；问题类产品市场份额低，增长率高。B 端产品经理需要识别竞争对手的产品属于波士顿产品矩阵中的哪一类，了解竞争对手对该产品的战略目标是什么，从而确定哪些是主要的竞争对手。确定竞争对手后，还需要考虑背后是否还有其他竞争因素，比如资源壁垒、技术壁垒和体验壁垒等。其中资源壁垒的门槛最高，典型行业如教育行业，教育产品与教育资源紧密相关；技术壁垒的门槛中等，主要使用新技术，比如 AI 技术等；体验壁垒的门槛低，最容易被模仿和超越，体验相关功能仅仅是最基础的功能。

5. 产品目标客户洞察

目标客户洞察主要是对不同企业客户进行调研和访谈，以及对不同竞争对手的客户群体进行分析。通过目标客户洞察，B 端产品经理可以在一定程度上确定 B 端产品所要服务的行业和客户群体。比如，通过分析，数字化采购市场主要服务于迫切需要数字化转型的传统行业中的客户，以传统制造业、高科技制造业、房地产行业、跨境电商行业、汽车制造业、电子制造业等行业中的大中型客户居多。

5.1.3　数据收集

洞察市场需要有一定数据作为分析基础，常用的数据收集方式主要有自行搜集和委托第三方公司两种，下面分别对其进行说明。

自行搜集可以通过组织调研、行业研报、竞争对手分析、行业峰会、行业交流等多种渠道进行数据的搜集和分析。这种方式费时费力，但能够获得大量的一手资料和信息，有利于 B 端产品经理对整个行业和竞争对手有直观的认识和理解。常见的行业研报平台如艾瑞网、易观智库、新榜等。

也可以花钱委托第三方公司进行行业分析。第三方公司能够从专业的角度对整个行业进行客观的分析和陈述，便于企业直接获取相关报告。委托第三方公司往往需要一定费用，在必要的情况下可以采用这种方式，除此之外，也可以让公司内部市场团队进行市场分析。

5.1.4 案例：A 集团 SRM 系统的市场分析

回到 A 集团的案例中。我们需要围绕 A 集团的 SRM 系统，分析其行业环境、市场发展趋势和主要的竞争对手，并掌握这些竞争对手都提供了什么样的产品服务。SRM 系统主要应用于企业采购业务，接下来我们就以数字化采购市场为例进行简要分析。

1. 数字化采购市场的宏观环境分析

我们采用 PEST 模型分析数字化采购市场的宏观环境，获得如下结果。

- P：国家出台了一系列文件来支持企业数字化转型，推动数字化采购实施，比如国务院发布的《中华人民共和国政府采购法实施条例》等。

- E：国家GDP稳步增长，其中数字经济比重逐年升高，各产业大力进行数字化升级，线上交易模式越来越普及，交易额越来越高，目前B2B电商的市场规模已达到10万亿元的级别。
- S：疫情发生之后，企业采购线上渗透率提升，数字化转型意愿和认知提高。在国家和社会的积极响应和支持下，企业数字化采购转型势在必行。
- T：新技术的发展和成熟，给企业数字化采购的转型带来无限可能，全面提升了采购效率、风险控制水平等，应用场景如B端产品云化、AI智能化采购、采购数据看板、开标人脸识别等。

2. 洞察数字化采购市场

（1）市场规模

通过搜索市面上的研报和粗略估算，数字化采购市场是一个10万亿元级别的市场，主要交易形式包括B2B电商交易、企业电商化采购交易，以及采购管理系统的软件费用和订阅费用等。A集团的SRM系统即属于采购管理系统。

从A集团的整个平台规划来看，SRM系统是最开始切入的点，后续会逐步扩展到企业电商化采购和B2B电商平台模式上，而采购管理系统的市场规模就已破百亿元级别。数字化采购市场如图5-9所示。

（2）市场发展历程

国内企业进行信息化建设已有数十年，从开始的财务核算系统，到MRP系统，再到ERP系统，以及早些年的SRM系统，信息系统的建设逐步从满足企业内的信息化诉求发展到满足整个供应链的数字化诉求。数字化采购市场也经历了4个主要的发展阶段，包括手工阶段、信息化阶段、数字化阶段和数智化阶段，如图 5-10 所示。

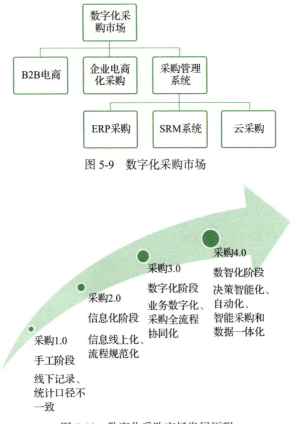

图 5-9　数字化采购市场

图 5-10　数字化采购市场发展历程

（3）竞争格局

数字化采购市场的竞争厂商不少，而且各个厂商的产品向云端发展的趋势明显。厂商基于开放的 PaaS 层，逐步构建 SaaS 生态圈，由原来的单一系统满足特定业务场景逐步演化为多系统满足不同业务场景。下面分别通过竞争者图谱和产品矩阵来简要说明该市场的竞争格局。

1）竞争者图谱。通过搜索市面资料，了解企业交流和合作关系，对数字化采购市场的竞争者信息进行整理汇总，形成了竞争者图谱，如图 5-11 所示。

图 5-11　数字化采购市场的竞争者图谱

其中，我们将数字化采购市场中数十家厂商划分为 3 类，分别是采购管理软件工具类、企业电商化采购类和 B2B 电商采购类。

它们的目标、价值和优势分别如下。

- 采购管理软件工具类
  - 目标：端到端流程管理、自动完成常规性采购、场景数据赋能业务。
  - 价值：辅助决策和经验信息化。
  - 优势：便捷管理和高效协同。
- 企业电商化采购类

- 目标：办公用品、MRO（非生产性材料）电商化采购，提高标准化商品采购效率。
- 价值：降本提效。
- 优势：用户体验、高效率。
☐ B2B 电商采购类
- 目标：降低费用，提高效率。
- 价值：降本增收。
- 优势：高效率。

竞争者图谱选取了每个类别中的代表性企业，但并不表示这个企业就只提供该类产品。比如，金蝶公司既提供采购管理软件，又提供企业电商化采购产品；商越公司不但提供企业电商化采购产品，还提供传统寻源管理软件产品。

2）产品矩阵。A 集团前期需要建设的系统是 SRM 系统，而这个系统属于采购管理软件类，于是我们可以先对采购管理软件类的厂商进行分析，掌握其优劣势和产品矩阵布局等情况。以金蝶和甄云科技两个厂商为例，下面简要分析其产品矩阵，以便于读者快速建立产品矩阵的分析思路，如表5-2所示。其中，每种产品的市场占有率和销售增长率详见各公司对外公布的数据。

表 5-2 两个厂商产品矩阵

厂商	产品	主要客户群体
金蝶	企业级 PaaS 平台	
	星瀚或苍穹，含财务云、HR 云、供应链云、协同云等	大型企业
	星空，含财务云、HR 云、制造云、PLM 云等	高成长型企业
	金蝶精斗云、云进销存、云会计、KIS、星辰等	小型企业

(续)

厂商	产品	主要客户群体
甄云科技	智慧寻源产品	大中小型企业
	供应商管理产品	大中小型企业
	敏捷协同产品	大中小型企业
	采购商城	大中小型企业

5.2 客户分析

了解数字化采购市场的发展趋势之后，B 端产品经理在设计 B 端产品之前需要知道主要的服务对象是谁，以及服务对象有什么特征和诉求。

本节基于 B 端产品的服务对象，分别阐述客户分类、价值链、业务领域、业务痛点，以及客户画像和用户画像，最后围绕 A 集团客户的业务痛点和诉求进行案例分析。

5.2.1 客户分类

B 端产品的服务对象是客户或组织，客户的定义在第 1 章中已讲解，这里主要阐述如何对目标客户进行分类。这是从属性的角度划分客户，而非从营销的角度划分客户。分类目的主要是归纳同一类别企业的共性，区分不同类别企业的个性。不同类别企业的经营模式、业务诉求、管理理念等均会有不同，一般情况下将企业按规模或行业划分，下面分别简要说明。

1. 按规模划分

这里只是一种笼统的划分，仅仅为了区分不同规模企业的差异性诉求，而具体的规模划分标准可参考《统计上大中小微型企业划分办法（2017）》。我们一般可以将企业划分为笼统意义上的大型企业、中型企业和小型企业，如图 5-12 所示。

图 5-12　按规模划分企业

不同规模企业之间的管理理念、业务诉求不同，而且信息化建设基础的差距较大。通常，规模越大的企业，现代企业管理理念越成熟，信息化系统建设越完善，对信息化技术的依赖性越高；规模较小的企业，在企业管理上更关注简单的分工协作，有些企业中的管理完全取决于老板，信息化系统建设薄弱或缺失，对信息化技术的依赖性较低。比如，一家小型跨境电商公司，员工人数少于 50 人，其主要目标是存活。企业老板聚焦在管理好商品采购、商品信息维护、销售交易等事务，建立了简单的组织架构，有限的团队成员共同完成工作目标，整个公司并不依靠现代化管理理念运行，对信息系统的诉求可能只在于进销存管理软件。随着这家跨境电商公司发展壮大，员工人数超 100 人，公司逐步遵循现代企业的管理理念，部门和岗位逐渐精细化，对信息化技术的依赖性也逐步提高，设立了专门的 IT 部门，也增加了 ERP 系统、WMS、财务系统等信息化系统。当这家跨境电商发展到 1000 名以上员工时，公司内很多工作都无法脱离信息化系统的支撑，商城、订单管理、商品管理、会员管理、库存管理、物流管理、采购管理和财务管理等基本都需要对应的 B 端产品来支撑。

2. 按行业划分

这里提供的是一种粗粒度的划分方式，一般可以将企业划分为电商、物流、房地产、金融等行业，如图 5-13 所示。

图 5-13　按行业划分企业

不同行业的业务诉求和信息化建设基础的差异性也比较大。越依赖信息技术的行业，企业的业务诉求越多、信息化建设程度高，常见的如互联网、电商、物流、金融等行业；越依赖劳动力的行业，企业的业务诉求一般较少，信息化建设程度偏低，常见于流程制造业，如生产饲料、粮油、醋等产品的行业。举个例子，物流行业对信息技术的依赖程度就极高，客户下单、快递员接单、快递员上门揽货、打印面单、物流运输、快递员送货上门、客户签收等环节都有不同的 B 端产品在支撑，如果没有这些产品，整个物流运输过程基本无法有效运转。再举个例子，某农牧制造公司旗下有多家工厂，在上线 ERP 系统之前，每个工厂仅有财务系统用于核算，在其他业务上，仅依靠 Excel 表格、Word 文档记录采购计划、库存信息、销售订单等信息，仍然能够运转顺利，公司年营收额达 300 亿元。这是因为这家公司所处的行业对信息技术的依赖程度相对弱些，不过这并不代表该公司对信息化系统无诉求。

将企业按规模和行业划分后，再将两种划分方式结合，就能够得到目标客户在所属行业的规模大小。比如，阿里巴巴是电商行业的大型企业，顺丰是物流行业的大型企业等。通过这种方式，B 端产品经理能够对其服务的目标企业客户进行有效分类，再分析其特征和数智化建设的诉求，就可以有针对性地挖掘该客户的业务痛点。

不管企业规模大小，企业属于什么行业，以及企业对信息技术的依赖程度如何，在数智化时代、产业互联网的背景下，各个企业通过不同方式触网是必然趋势。在这个时代，B 端产品经理要顺势把握住 B 端产品发展的趋势，同数字化转型企业共同发展，认清目标企业客户所处的"赛道"及其数字化转型的诉求，掌握其信息化建设的成熟度、管理层对信息化的重视度和信息化技术依赖度等情况。

5.2.2 价值链分析

对目标客户做好分类后，了解目标客户的价值链有助于更好地理解客户传递的价值，以及客户企业中创造该价值的组织或部门都有哪些。价值链模型主要描述企业价值的创造过程，包括供应商供给→制造商/服务商→经销商流通→最终用户消费，典型的价值链模型最早由迈克尔·波特提出,如图 5-14 所示。

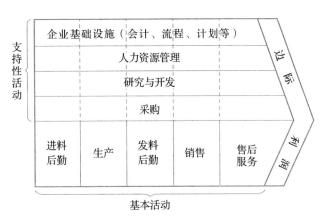

图 5-14　迈克尔·波特的价值链模型

这个模型可以将企业客户的业务能力从横向上拉通,只要能够覆盖企业价值创造的过程即可。它包括基本活动和支持性活动:基本活动主要是价值创造过程,原材料进入存储,经过生产制造加工,产出成品销售给客户获取利润;支持性活动主要是辅助价值创造过程,包括人力资源准备、财务会计核算、原材料及各种服务采购等。

虽然迈克尔·波特的价值链模型偏重于制造业,但其底层的盈利模式"利润 = 收入 – 成本"并没有改变,理论上来说它能够适用于所有的行业,包括现在的互联网行业。比如,用迈克尔·波特价值链模型来简要说明电商业务的价值创造过程。一般电商业务的价值链包括采购环节、仓储环节、销售环节、物流配送环节、售后环节等,如图 5-15 所示。价值链中的价值创造基本活动由仓储环节、销售环节、物流配送环节和售后环节组成。采购、人力资源管理、财务管理环节均是支持性活动。商品的买卖价差作为主要的盈利模式，同时对每个环节采取措施来全方位降低成本，保证利润的最大化。

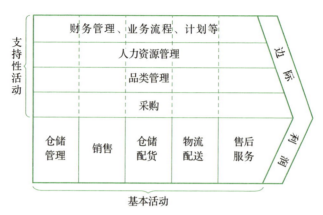

图 5-15 电商业务价值链环节

5.2.3 业务领域分析

业务领域分析是按一定的方法将目标客户的各种业务活动分门别类地归纳、合并，以便于后续综合分析其业务诉求和痛点。各个业务领域根据自身资源优化、效率提升、风险管控、营收增长等内在需求，对各种B端产品、C端产品和服务有着天然诉求。业务领域的分析方法取决于企业战略和价值定位，常见的业务领域分析方法包括价值链法和产品法，下面分别进行简要阐述。

1. 价值链法

价值链法是基于目标客户的价值创造过程，分析其价值链中各个环节的纵向活动集合，这些纵向活动集合就是对应的业务领域,而执行活动的组织就是对应的部门。组织部门通过执行业务领域的活动完成该价值链环节的价值目标。如图 5-16 所示。

图 5-16 价值链法划分业务领域

在图 5-16 中,采购领域就是纵向的采购活动的集合,各采购活动之间紧密相连,相互作用,共同完成采购环节的价值目标。采购部门是采购领域工作执行的组织保障,在同一个行业中的企业客户针对该业务领域设立的组织部门基本相同,可能有少许差异。电商公司的价值链横向拉通后,主线业务价值链从采购环节、仓储环节、销售环节、配送环节到售后环节,分别对应采购领域、仓储领域、销售领域、物流领域和售后领域,而在这些领域中一般由对应的采购部门、仓储部门、销售部门、物流部门和售后部门分别提供服务和支持,共同完成该主线业务价值链环节的目标。

通过价值链法划分业务领域,需要将当前业务领域的各条业务线、各种业务场景综合起来考虑,分析该领域内的问题和诉求。比如,在销售领域,既要考虑销售实物商品,也要考虑销售在线服务的情况。

2. 产品法

产品法指根据目标客户的产品业务线来分析和划分业务领

域。企业客户在发展的过程中，可能会存在多条产品业务线，将不同的产品业务线划分为单独的业务领域进行分析，能够更有效地满足客户诉求。

比如，物流公司经过多年的发展逐步产生了快递、重货、供应链仓储、同城配送等产品业务线，将其划分为单独的业务领域进行分析，能够精准地识别业务问题并提供相应的解决方案，如图 5-17 所示。

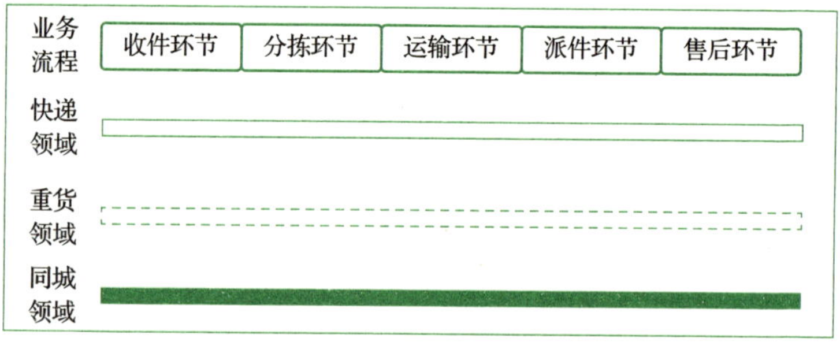

图 5-17　产品法划分业务领域

需要注意的是，按产品业务线划分业务领域后，各个业务领域内可能存在共性的活动内容，比如收件业务活动和采购业务活动等。此时容易发生两种情况：第一种情况，当 B 端产品经理在设计产品业务线的 B 端产品时，可能仅仅考虑当前产品业务线的诉求，而忽略其他产品业务线的相同或相似的业务诉求；第二种情况，当 B 端产品经理在设计企业级的 B 端产品时，不仅要考虑当前产品业务线的业务诉求，还要考虑其他产品业务线的业务诉求，抽象出所有产品业务线共性的活动内容。面对第二种情况，可以采用价值链法具体分析及划分业务领域。

对于两种业务领域分析方法，可以根据实际的企业战略和目标来应用，按价值链法划分业务领域是大多数情况下的选择。不过，有时候业务领域的范围太大了，这个时候就需要先将业务领域划分为多个子业务领域，每个子业务领域又可以根据实际需要再细分，这样划分后的业务领域呈现金字塔结构。比如，采购领域按价值链法细分为需求领域、招投标领域、合同领域、订单领域和结算领域等。

B端产品经理需要理解自身产品所服务的业务领域，聚焦于该业务领域的问题和业务诉求，提出相应的B端产品解决方案。

5.2.4 业务痛点分析

明确业务领域后，需要进一步分析业务领域中存在的问题和痛点，这就是基于业务领域的业务痛点分析工作。各个业务领域的活动均由对应的组织部门的具体岗位执行，B端产品经理要重点关注该部门职责、管理制度、KPI、业务流程和岗位设置等，以此了解这些部门存在哪些急需解决的问题和困扰。在规划阶段，B端产品经理可以不用深入调研和分析每一个流程，只要抓住核心的业务诉求和痛点即可，该过程主要分为以下4步。

1. 业务调研

业务调研是获取业务诉求的有效途径，在规划阶段也很有必要对业务情况和诉求进行摸底，以便更好地规划B端产品，详细的业务调研方法和过程可参考6.1节，这里主要把握以下4个方面。

（1）调研思路

调研思路要具有整体和部分的视角，可以从战略层、战术层和执行层 3 个层面，把握业务战略定位和目标，管控组织发展方向和现状，了解和分析核心业务关键成功因素、人力资源布局、流程管理体系的现状、信息化建设的现状及主要提升点等。这里要对不同客户、不同产品业务线在同一业务领域的调研顺序和调研内容进行把控，以便充分掌握业务诉求等信息。

（2）调研对象

调研对象需要覆盖该业务领域内高层、中层、基层业务骨干，以及该业务领域原本的 IT 团队等，这能帮助 B 端产品经理获得不同岗位角色出自各自视角的描述，进一步加深对业务现状的理解。

（3）调研方式

在这个阶段可以将一对一访谈、电话访谈、焦点会议、问卷调查、现场参观等多种方式组合应用。不管是采用哪种或者哪几种方式，调研的准备工作必不可少，调研大纲、问卷、调研计划等都要提前准备好。

（4）调研总结

调研总结是基于前期的调研成果，分类和汇总目标客户当前业务现状、存在的主要问题、业务诉求以及系统建设期望等信息。

2. 业务场景识别和分析

针对业务现状调研报告中的核心业务流程，识别和分析其中的用户角色和业务场景，找出对应的用户角色遇到的核心困难和挑战。

3. 用户故事

用户故事是基于用户角色将用户的基本信息、从业经历、专业技能，以及负责业务的工作流程、工作职责和工作困难描述出来。用户故事的模板可参考表 5-3。

表 5-3　用户故事表

用户故事			
基本信息			
姓名		性别	
年龄		教育程度	
岗位		系统熟练度	
从业经历			
专业技能			
工作流程和职责			
工作困难			

采用用户故事这种方式，我们可以更快熟悉用户角色，如果你已经对某个业务领域的角色很熟悉，该过程可以仅通过你的大脑完成。

4. 核心业务痛点和诉求

将前期的业务调研、业务场景分析,以及用户遇到的业务困难和挑战分类汇总,就可以得到核心的业务痛点和诉求。基于这些核心痛点和诉求,B 端产品经理后续进行一系列分析、对比、规划,从而设计出适配客户的 B 端产品。

常见的企业客户的核心业务痛点和诉求如下。

- ❑ 业务流程和工作任务如何实现线上化、可视化、智能化,以及如何实现端到端业务闭环?
- ❑ 如何对业务运营进行风险管控?
- ❑ 如何沉淀业务数据,以及利用数据驾驶舱来辅助决策?
- ❑ 营销如何实现线上化、智能化,进而引流增收?
- ❑ 如何提升用户体验?

5.2.5　客户画像和用户画像

在 B 端产品所服务的客户企业中有具体使用产品的用户,我们需要从不同维度来分别描述客户和用户信息。

1. 客户信息

将目标客户进行分类,对其进行价值链分析、业务领域分析和业务痛点分析,基本上了解了整个企业客户的业务诉求和其他关键信息,包括客户基本信息、组织信息、商业模式、运营模式、需求信息和关键决策人等。将这些信息汇集成表格就是企业客户的画像,客户信息表的模板如表 5-4 所示。

表 5-4　客户信息表

客户信息			
基本信息			
行业	电商 / 物流 / 金融 / 房地产	企业性质	外资 / 国企 / 民企 / 合资
企业规模	$0 \sim X$ 万人	服务群体	个人、企业
服务区域	海外、国内	服务产品	日用品、电子产品、互联网
多元化业务	电商、物流、金融、房地产		
组织架构			
某行业典型的组织架构图			
部门信息			
人资部、采购部、仓储部、营运部、财务部、运营部、金融服务部等部门的职责和人员信息			
商业模式			
通过提供产品、服务赚取差价、佣金			
运营模式			
直营、加盟、重资产 / 轻资产等			
需求信息			
围绕降本、提效、控风险、增收，体现在人、财、物、营销、客户、仓储、物流、办公、通信等方面的内在需求			
决策角色			
决策岗位、职权、期望、认知、历史投入			

B 端产品经理将所服务的目标企业客户信息按照一定维度进行整理和分析，就能够清晰地知道企业的行业规模、业务布局、产品或服务、运营模式、核心业务诉求以及关键决策人等信息。

2. 用户信息

B端产品的使用者是用户，购买决策者是具有决策权的用户。为了更好地设计B端产品，有必要了解企业大部分使用者的基本情况。要想理解用户的基本诉求，还需要从他们的基本信息、工作心态、职业特征、需求动机、使用行为和场合、熟练路径、满意度等各个方面分别展开。将这些信息汇集成用户信息表，模板如表5-5所示。

表 5-5　用户信息表

用户信息			
基本信息			
性别	男/女	年龄	0～40岁
岗位	人资、财务、采购、销售、仓管、物流、客服	教育程度	初中、高中、大学、硕士
收入水平	1 000元至50 000元	系统熟练度	小白、熟手、专业
工作心态			
被动、主动、创新			
职业特征			
采购员擅长沟通分析、会计员逻辑严谨			
需求动机			
快速帮助我完成工作			
使用行为和场合			
工作场所/家里/每天			
熟练路径			
小白→熟手→专家			
满意度			
非常满意、较满意、满意、不满意、差			

B 端产品经理聚焦于业务领域，熟悉和理解该业务领域对应的组织部门中的用户角色，可以更好地把握对方的心态和做事方式，便于高效进行后续的业务调研、需求沟通、产品设计，提升用户满意度和忠诚度。

5.2.6 案例：A 集团 SRM 系统的客户、用户和痛点分析

通过前文，我们对客户分析有了比较清楚的认识，回到 A 集团的案例中。我们以 A 集团为目标客户，对其进行分类分析，挖掘和抽象同类目标客户的核心业务痛点、客户画像和用户画像。

1. 客户分类

A 集团是一家以电商为主营业务，涉及房地产、电商、科技等多元化业务的上市公司，员工规模达数万人，年度营业额数千亿元。按照规模和行业划分法，A 集团应当是电商行业的大型企业。

2. 价值链和业务领域分析

A 集团涉及业务广泛，覆盖电商、金融、房地产、物流等，按照迈克尔·波特价值链模型，电商、金融、房地产和物流等行业的价值链中既存在相同的价值环节，也存在不同的价值环节。其中相同的价值环节之一就是采购环节，与采购环节对应的就是采购业务领域。

A 集团的核心业务诉求是搭建一套统一的平台，管控各条业务线、各个 BU 和组织的采购业务以及供应商协同，实现业务线上化和数智化。对此，需要统一数据标准，建立数据湖，搭建数据驾驶舱支持经营决策分析，同时对外提供采购服务。那么，整

个 B 端产品的规划应当是覆盖不同业态、不同产品线的企业级采购平台，同时将采购领域的服务和平台能力向外输出，赋能合作伙伴和外部客户。

3. 业务诉求和痛点

通过对 A 集团的各组织、供应商以及合作伙伴进行初步调研，同时参照相关行业采购领域研报，我们发现不同规模的企业客户对该领域的 B 端产品的诉求存在一定差异，但它们的核心业务痛点是类似的。

（1）大中小型企业对 B 端产品设计的差异化诉求

- 小型企业：愿意以低成本的方式快速部署 SRM 系统实现采购业务线上化，通常选择单模块或者轻量级的 SaaS 产品。
- 中型企业：采购管理模块多、数据量大，单模块无法有效满足其业务诉求，通常会选择综合解决方案或者 SaaS 产品。
- 大型企业：一般信息化建设比较早，前期有基础，更倾向选择提供单模块产品对既有的采购管理系统进行补充，或者选择提供综合解决方案对全体软件进行替换。

A 集团的采购领域系统建设诉求就是用新系统替换旧系统，科技公司需要为其提供全套综合解决方案。

（2）A 集团在采购领域的业务痛点

A 集团在采购领域的核心业务痛点包括全链条不通、智能化程度低、风险控制弱、用户体验差、效率低等，对痛点分别描述如下。

- 全链条不通：目标是实现需求到订单全链条线上化、可视化，打通外围系统数据流，解决系统之间数据孤岛问题。
- 智能化程度低：引入新的技术和模型实现部分场景的自动化、智能化，比如，通过天眼查校验企业与企业之间的关联关系，并对关联密切的企业（如存在相同法人或董事）进行风险预警。
- 风险控制弱：采购运营过程目前缺少监管措施，均是事后报表监控，存在较高的风险，期望在事前、事中能做到采购全流程的风险预警，事后做到采购风险分析。
- 用户体验差：传统软件系统操作复杂，业务流程不可视，用户学习成本高，缺少数据分析相关功能。
- 效率低：企业内部协同和企业与企业之间协同效率低下。采购领域的 SRM 系统往往涉及企业内部用户和供应商用户，不同角色诉求也不同，比如，企业内部管理人员更注重数据分析和智能决策，采购员更注重业务执行智能化，外部供应商更注重协同效率高等。这就需要 B 端产品经理掌握好不同角色的用户诉求和痛点，有效地为其设计产品。

4. 用户角色和故事

SRM 系统涉及的用户角色需要提前识别出来，特别是核心用户角色，他们经常使用系统，B 端产品经理基于这群用户角色的画像和特征来设计具体的产品交互和体验。

（1）用户角色

SRM 系统的用户主要包括企业内部用户和供应商用户。企业内部用户包括采购员、审计员、法务人员、管理人员等。对供应商用户,需要区分其所在组织是境内企业、个体工商户、个人,还是境外企业等,用户一般是这些组织的雇员,如图 5-18 所示。

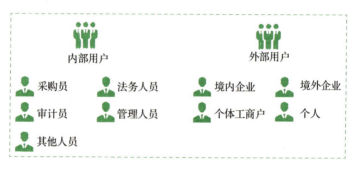

图 5-18 用户角色

(2)用户故事

SRM 系统的核心用户群体是采购员和供应商,这里以某个采购员的用户故事为例。

角色:采购员

姓名:王五

性别:女

年龄段:25～30 岁

学历:本科

行业:物流

部门:采购中心

职位:采购专员

类型:公司内部用户

使用系统能力：熟练用户

专业技能。王五是一位从事了10年采购工作的专业人员，有着非常丰富的与供应商打交道的经验，善于管理供应商，熟知招投标法律、法规和业务知识，熟练操作合同条款和谈判。她闲暇时会参加采购管理相关的研讨会，同时能熟练使用PC端和移动端的相关设备。

场景分析。首先，采购员会邀请供应商在门户注册，或为供应商在后端注册为潜在供应商。然后，组织相关人员对供应商进行现场考察和财务审核，并且出具考察报告，将供应商认证为合格供应商。接收到首次商品采购需求时，采购员会制定采购策略和招标计划。采购员邀请供应商参与投标，并将标书发给供应商，供应商收到标书后答疑并投标报价。在约定日期开标并确定中标供应商。而后与中标供应商签订合同，展开正式合作，期间对合作供应商进行绩效考核、质量监控、整改、索赔等一系列供应商生命周期管理操作。

5.3 竞品分析

了解市场的发展趋势和主要客户对象后，B端产品经理在规划和设计B端产品时，就不能只"观内"，还必须"观外"。所谓观外，就是对市面上竞争对手的产品进行分析，即竞品分析。

本节主要从竞品分析的目的和意义、竞品分析5字诀和如何写竞品分析报告3个方面阐述B端产品的竞品分析方法。最后，围绕A集团的案例演练竞品分析。

5.3.1 目的和意义

《孙子兵法》中说:"知己知彼,百战不殆;不知彼而知己,一胜一负;不知彼不知己,每战必败。"这说明懂得竞争对手是多么重要,若不了解竞争对手,轻则丧失竞争优势,重则输掉"战役"。了解竞争对手及其产品,我们可以从竞品分析开始。先来了解竞品分析的时机、目的和意义。

1. 时机和目的

竞品分析在什么时候开始?一般情况下只要有需要都可以进行竞品分析。我们可以围绕着产品生命周期的不同阶段做竞品分析,而且不同阶段的竞品分析目的、内容又会有所不同。我们将B端产品划分为两个环节和4个阶段来进行竞品分析,其目的、分析内容和重点关注维度等如表5-6所示。

表5-6 竞品分析的时机和目的

环节	阶段	核心	分析目的	重点关注维度
开发期	规划阶段	做什么	产品机会、产品定位、产品亮点、产品架构和发展路线	洞察市场、竞争格局、产品定位、商业模式
	设计阶段	怎么做	功能点、信息架构、交互和UI设计	产品功能、交互、视觉设计、用户体验
	实现阶段	做出来	技术语言、框架、模式、数据库等	软件架构、技术选型、领域模型
运营期	产品运营	推出去	竞争策略、运营策略、推广策略	运营策略、推广策略、定价和销售策略

竞品分析是一个长期的过程,B端产品经理要不定期地了解竞品的动态,而且在做竞品分析的时候,不是直接开始分析,而

是先明确产品的阶段和分析的目的,带着"以终为始"的思维,采取对应的方法进行分析,输出结论,这样才是有效的竞品分析。

2. 意义

竞品分析需要产品经理时刻保持对外界产品动态的敏锐洞察,特别是面向外部市场客户的 B 端产品经理,不仅要看到竞争对手的产品,还要跳出产品看竞争。简单来说,就是要了解竞争对手在产品布局背后的竞争策略。这么说来,对竞品进行分析的意义重大。通过竞品分析,B 端产品经理不仅能够学习和借鉴竞品的长处,而且能够识别外在的机会和威胁,竞品分析的好处包括但不限于以下方面。

- 学习和借鉴:从 B 端产品的规划、设计、技术实现、运营等各个方面,对比和分析竞品的定位、目标群体、产品发展路线、产品的架构、产品功能设计、交互、产品运营策略、商业模式和运营模式等。
- 激发创新思维:通过了解竞品的亮点、优势,激发团队进行创新。
- 洞察机会和威胁:洞察市场发展机会,采用波特五力模型识别和分析潜在的竞品和风险,及早地采取策略和措施提高机会和规避风险。
- 激活产品潜能:通过了解市场、竞品,激活自身产品的潜能,避免固步自封、闭门造车,提升产品能力。

5.3.2 竞品分析 5 字诀

当我们进行竞品分析时,不能盲目开始,而应该用以终为始的思维，带着一定的分析目的。本节提供5字诀来帮助读者进行竞品分析，包括明、制、收、分和出，如图5-19所示。

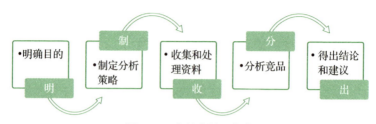

图5-19　竞品分析5字诀

1. 明确目的

要弄清楚自身产品所处的阶段，竞品分析的目的是什么，采取以终为始的思维，这样分析的方向才不至于出错，分析时才能抓住重点，竞品分析的目的可参考表5-6。比如，A集团的SRM系统建设处于0到1的规划阶段，在这个阶段分析竞品的目的在于了解市场竞品、找准市场机会、辅助产品定位和规划产品架构等。通过对SRM系统主要竞品的分析，我们发现有些企业聚焦于SRM系统，有些企业聚焦于SaaS云采购产品，有些企业聚焦于企业电商化采购模式等，它们的盈利模式无外乎通过软件费用、订阅费用和增值服务费等来获利。

2. 制定分析策略

明确了竞品分析的目的，下面就要基于目的制定分析策略。分析策略一般包括但不限于分析对象、分析维度和分析方法等内容。

（1）分析对象

面对市场上众多的相似产品，B端产品经理没有足够精力去了解所有的产品，需要使用一定的方法来确定分析对象，否则费时费力。选择竞品可以从竞品分类、竞品领域、竞品市占率和竞品资源4个方面着手，下面分别进行说明。

在选择竞品时，需要以自身产品为基础，根据波特五力模型识别主要的竞品，包括直接竞品、潜在竞品、替代品和参照品等类别，下面分别对每种类别的竞品进行说明。

- ❑ 直接竞品：与自己产品的产品形式和目标客户相同，存在直接竞争关系的产品。比如苹果电脑和惠普电脑彼此互为直接竞品。
- ❑ 潜在竞品：与自己产品的产品形式和目标客户类似的产品，属于潜在竞争关系。比如，早年的米聊将后出的微信看作潜在竞品。
- ❑ 替代品：与自己产品的产品形式不同、目标用户类似、满足用户相同需求的产品，比如报纸和今日头条App。
- ❑ 参照品：与自己产品的产品形式和目标用户都不同，这类产品可以用来学习借鉴。比如，当年苹果手机的HOME按键的灵感来自马桶的按键设计，微信红包受到春节红包的启发等。

B端产品经理可以根据这种方法识别不同类别的竞品、划分优先级，以便后续分析时有所侧重和取舍。

产品经理应以自身产品所在的业务领域为主，选择对应的竞品进行重点分析。B端产品市场的产品种类多、业务领域多，常见的B端产品领域通常有企业业务运营、协同办公和通用基础服务等，这3个领域覆盖了企业服务的方方面面。比如，企业业务运营的HRM、CRM、ERP、SRM、WMS系统，协同办公的

OA、IM 系统，通用基础服务的 SSO、鉴权服务、消息平台等。如果你的产品用于企业的人力资源管理，那就聚焦于企业人力资源领域找对应的竞品；如果你的产品用于财务管理，那就聚焦于企业财务管理领域找对应的竞品；如果你的产品用于采购管理，那就聚焦于企业采购管理领域找对应的竞品。

竞品市占率是竞品的市场占有率，是衡量竞品的市场规模、市场地位的一个标准。一般情况下，产品的市场占有率大，在一定程度上表明该产品能够满足企业客户需求，获得企业客户认可。比如，钉钉的市场占有率远超飞书、云之家等产品，那么将钉钉作为候选的竞品是值得考虑的。我们在选择竞品的时候，不能忽略市场占有率大的竞品，而要将其作为主要的对象进行跟踪。

竞品资源是指竞品背后的资源支持力度，包括公司和产品两个层面，下面分别说明。

- 公司层面：公司层面的资源包括但不限于技术型资源、资源型资源和人力资源等。技术型资源使产品具备技术壁垒，资源型资源使其具备政府、政策、资本力量的壁垒等，这些资源会给公司旗下的产品提供足够的背书和发展机会，产品很可能因此快速做大，形成护城河。
- 产品层面：我们要考虑竞品在公司的产品矩阵中属于金牛类、明星类、问题类、瘦狗类产品中的哪一个类型。比如，对 A 集团的 SRM 系统，我们可以选择甄云 SRM 这样的产品，它所属的公司聚焦于采购垂直领域，而它本身也是甄云科技的主要产品。当然，我们也可以选择老牌的企业管理服务厂商金蝶和用友公司的云采购产品，SRM 系统在这两家公司中仅仅是众多产品中的一个，而这两家公司的目标是搭建平台构建生态体系。

通过对这两个层面的了解和分析，我们选择竞品时，对拥有越多资源的竞品越要进行跟踪和分析，从而进一步借鉴和学习它们的亮点。

（2）分析维度

分析维度是指从哪些维度对竞品进行分析。单一维度的竞品分析通常不适用于复杂的产品，得到的结果也不全面，使我们无法看到竞品的全貌，容易对产品造成片面的理解。因此，我们一般会选择从多维度对竞品进行分析。多维度竞品分析一般包括公司、团队、产品、客户 4 个维度，下面分别说明。

公司维度指对竞品所属的公司进行分析，对竞品公司的分析包括发展历程、公司定位和规划、组织架构、产品矩阵、商业模式、运营模式和资源情况等方面，下面分别进行简要说明。

- ❑ 发展历程：公司创立年份、创始人、成长历程、重要里程碑和投融资事件等。
- ❑ 公司定位和规划：竞品公司的愿景、目标和使命以及未来的战略规划等。
- ❑ 组织架构：竞品公司为实现其战略目标所设立的组织架构，比如，腾讯公司为推进产业互联网将组织架构从原来的七大事业群调整为六大事业群。
- ❑ 产品矩阵：竞品公司在市场中的产品组合如何布局，竞品在组合中承担什么样的角色和作用，可以用波士顿产品矩阵模型进行分析。

- 商业模式：指竞品公司主要的"造血"机制和能力，可以评判竞品公司是否可持续发展和产品的贡献度，比如，电商公司通过售卖产品赚取差价或收取平台服务费来盈利，物流公司通过提供快递、仓储和供应链服务费等方式盈利。
- 运营模式：竞品公司如何实现创造价值，传递价值和获取价值，比如，物流公司通过直营或加盟的模式完成快递的取件和派送。
- 资源情况：指竞品公司的资金和资源情况，其中资源主要是竞品公司是否有政府或大公司的支持，在品牌、流量和用户层面是否有较大的话语权。

团队维度指分析竞品所属的团队情况，包括团队的领导者、核心骨干等组成及团队成员的从业背景等，帮助我们在人才上进行对标。其中，了解团队领导者的风格、能力以及过往的历史经验，有助于我们更好地了解竞争对手。比如，华为之所以这么成功，与任正非的个人才干、魄力、领导力以及排除万难的决心都密切相关。

产品维度指从竞品本身出发分析竞品，相关模型很多，这里主要介绍两个，一个是用户体验五要素法，另一个是产品七维度法，下面分别进行说明。

《用户体验要素》一书里将用户体验要素划分为战略层、范围层、结构层、框架层和表现层，每层分别阐述了产品的不同内容，从下到上，从抽象到具体，描述了产品从用户需求到视觉展现的过程。如图5-20所示。

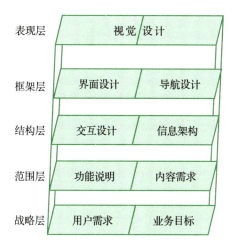

图 5-20 用户体验五要素

我们对该模型的内容进行简要描述。

- 战略层：处于模型的最底层，主要解决用户需求和产品目标是什么的问题。
- 范围层：主要描述产品的功能和内容，阐述产品的边界范围。
- 结构层：主要将范围层的需求通过信息架构进行整合，设计产品原型。
- 框架层：主要对原型设计的内容进行界面细化和导航设计。
- 表现层：界面的视觉呈现。

产品七维度法主要是从战略规划、产品定位、用户群体、产品功能、技术、运营和商业模式方面对产品进行对比分析，如图 5-21 所示。

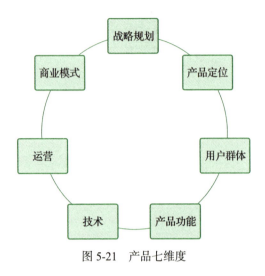

图 5-21　产品七维度

这些维度描述了产品战略到运营推广的方方面面,对应的具体内容如下。

- 战略规划:各个竞品的发展策略、战略目标和规划路线是什么。
- 产品定位:各个竞品的定位、客户群体、核心痛点以及产品交付给用户的形式。
- 用户群体:各个竞品的主要用户群体,他们的行为特征、思维习惯和主要诉求。
- 产品功能:各个竞品主要包含的功能模块,所能提供的服务。
- 技术:各个竞品所采用的技术及应用场景,比如百度的搜索技术、讯飞的语音技术都有一定的技术壁垒。
- 运营:各个竞品的运营策略、运营渠道分析。
- 商业模式:各个竞品的商业模式如何,比如,传统的 B

端产品采用产品售卖和增值服务的模式，SaaS 化 B 端产品采用企业客户订阅付费的模式。

不管是采用用户体验五要素法还是产品七维度法进行竞品的对比分析，最终都要聚焦于竞品分析的目的。那么，我们在实际工作中可以基于目的对上述两种模型进行合理调整，选择合适的角度进行竞品的对比分析，最终得出结论。

客户维度是从竞品的客户群体进行分析。每个竞品都有自身的客户群体，客户对竞品的认可和评价也可以作为对比分析的依据。比如，客户通过什么渠道获得竞品，客户愿意支付多少费用，产品操作的难易度如何，以及系统性能和稳定性怎么样。一般可以从竞品公司的客户群中找出与我方关系较好的客户进行调研和收集信息，通过收集客户对竞品的反馈，对竞品做进一步了解和分析。

上述 4 个维度无须在每一次竞品分析中全部覆盖，而是要根据竞品分析的目的进行适当的选择和调整。比如，在产品功能设计时，我们可以只选择产品维度进行对比分析；在产品规划时，我们可以从公司维度、团队维度、产品维度和客户维度进行对比分析，每个维度可根据实际情况有所侧重。

（3）分析方法

分析方法是指采取什么样的方法对竞品的各个维度进行分析，常见的分析方法包括打钩法、定量评分法、定性描述法和四象限法等，下面分别进行说明。

打钩法通常是将功能特性拆解到 1 级、2 级或 3 级，然后进行竞品之间的对比分析，一般适用于产品功能点或特性的对比分析，如果竞品有该功能特性，就用"√"标记，否则用"空"标记，如表 5-7 所示。

表 5-7　打钩法

序号	模块	功能特性	特性描述	竞品 1	竞品 2	竞品 3	竞品 4
001	登录	登录	支持登录	√	√	√	√
002	注册	注册	支持注册	√	√		√
003	供应商	调查问卷	填写问卷	√		√	

定量评分法将评分项目或功能特性拆解到 2 级或 3 级进行对比分析，一般适用于产品的体验打分，通常设计为 5 分制，如表 5-8 所示。

表 5-8　定量评分法

序号	模块	功能特性	特性描述	竞品 1	竞品 2	竞品 3	竞品 4
001	登录	登录	支持登录	3.4	4.5	3.2	4.3
002	工作台	工作台	工作台展示	3	4.5	5	4
003	供应商	认证	认证流程	3.4	3.5	4.1	2.5

定性描述法可结合用户体验五要素法或产品七维度法，一般使用定性的文字、图片和表格来描述竞品之间的功能特性和差异性，如表 5-9 所示。

表 5-9　定性描述法

序号	评估维度	评估描述	竞品 1	竞品 2	竞品 3	竞品 4
001	产品定位	描述产品定位				
002	用户群体	描述用户群体				
003	产品功能	产品主要功能				
004	商业模式	产品商业模式				

四象限法用来评估竞品的位置和自身的优劣势，主要通过 3

步实现。

- 第一步，确定两个关键竞争要素。
- 第二步，画出四象限。
- 第三步，让竞品分布在象限中。

比如，对数字化采购领域的产品，我们比较关注其价格高低和功能丰富度，因此将这两个要素划为四象限来分析竞品的所属位置，如图 5-22 所示。

图 5-22　四象限法

3. 收集和处理资料

根据竞品分析的目的确定好竞品的分析维度，接下来就要收集和处理竞品的资料，信息量不要求大，能够满足竞品分析的目的即可。

（1）收集竞品资料

竞品资料的收集途径很多，常见的竞品资料收集主要有自行收集和第三方渠道收集，如图 5-23 所示。

图 5-23　竞品资料收集途径

自行收集的资料主要包括官方信息、媒体信息、活动信息、产品信息、客户信息和团队信息等。

- ❏ 官方信息：竞品公司官网、各大媒体平台官方自媒体账号、竞品公司 CEO 对外讲话、投融资信息等。
- ❏ 媒体信息：各大媒体报道、软文推广。
- ❏ 活动信息：竞品公司的产品发布会、行业峰会。
- ❏ 产品信息：产品说明书、FAQ、产品试用账号。
- ❏ 客户信息：通过竞品的客户了解竞品的信息，或者伪装为客户要求竞品公司来投标。
- ❏ 团队信息：向竞品公司的核心团队、内部人员获取竞品的信息。

第三方渠道收集主要是通过第三方调研公司、行业研究机构和合作伙伴获取竞品公司的信息。

（2）处理竞品资料

处理竞品资料主要是对各个渠道收集上来的竞品资料去伪存真，对资料的准确率进行评估。

对收集上来的资料，我们需要判定资料的真伪，对一些口口相传的信息、软文报道，我们需要多方进行验证，排除虚假信息。这个过程更多靠 B 端产品经理的经验判断，以及借助一些权威渠道的公信力。所谓的内部消息经过几个人转到你这里，就不一定是真消息了，有可能早就与原信息相差很远。

借助一些公信力平台获得的信息，或者在正式的场合中发表的信息，一般可靠度更高。比如，产品说明书就要比媒体的报道信息可靠度高。

总之，对收集上来的资料需要先进行整理，排除无效信息。根据以往的经验一般可以简单地根据信息来源和信息的传递途径来判断，通常情况下行业研究机构的数据比媒体报道信息更准确，一手资料比二手资料更可靠。

4. 分析竞品

基于竞品分析目的、分析策略，对收集和处理好的竞品资料采用合适的分析方法，对竞品进行分析。分析竞品主要分为 3 步走，包括分析前、分析中和分析后，下面分别说明。

（1）分析前

我们需要做好本次分析的准备，包括产品资料、竞品资料、分析的资源等。

产品资料主要是 B 端产品的相关资料。如果 B 端产品还未开发，产品资料主要是市场分析报告、客户需求、调研记录、问卷调查等资料；如果是在开发过程中或已经上线的 B 端产品，产品资料还包括产品架构图、整体产品方案、详细产品方案、功能清单、数据清单、原型图等。

竞品资料指经过收集和处理的资料，包括但不限于调研报告、产品说明书、媒体文章、客户信息、团队信息等。

分析的资源包括本次分析需要的人力资源等。比如，定量评分法就要采取多人评分的形式进行，最后取平均分。

（2）分析中

分析过程的工作内容主要是细化功能特性和执行分析。

细化功能特性是基于选择的分析维度，将产品的功能进行细化。比如，采取打钩法进行分析时，我们需要将产品的功能进行细分，以确保对不同竞品能够清晰地进行打钩。功能特性细化的颗粒度没有统一的标准，通常是细化粒度越小，竞品的对比就越清晰，但是付出的成本和时间非常高。一般建议将功能特性细化到具体的功能点，比如，供应商门户的注册功能、登录功能等。

执行分析是采取分析方法将已经细化的功能特性进行打钩、评分或定性描述。定量评分时，一般都建议几个产品经理分别独立评分，最后由一人统计汇总。

（3）分析后

分析结束后，不同的分析方法获取的分析结果、格式均有不同。比如，打钩法和定性描述法体现的是功能有无；定量评分法评估的是功能的相似度。我们可以将几个分析方法得到的结果进行相互对比，并印证结论。另外，一般建议B端产品经理在当天或第二天将获得的分析结果及时进行整理，以便在记忆最清晰的时候得出最佳的结论和建议。

5. 得出结论和建议

竞品分析最后一步是得出结论和建议，并撰写竞品分析报告。结论需要围绕竞品分析的目的去阐述，并结合自身产品的优劣势给出合适的建议，同时竞品分析报告根据实际需要可以以 PPT 或 Word 形式呈现。

5.3.3 竞品分析报告

竞品分析报告是竞品分析成果的载体，是分析过程的重要输出物。一份有效的竞品分析报告能够将竞品分析的价值传递出去，帮助团队制定产品策略和计划。如何撰写一份竞品分析报告呢？这里提供一份报告模板，如图 5-24 所示。接下来简要阐述模板大纲和撰写要点。

```
                        目录
1. 背景和目的 ·············································· 1
   1.1  背景 ················································ 1
   1.2  目的 ················································ 1
2. 竞品分析策略 ············································ 1
   2.1  竞品清单 ············································ 1
   2.2  分析方法 ············································ 1
3. 竞品分析 ················································ 1
   3.1  公司维度 ············································ 1
   3.2  团队维度 ············································ 1
   3.3  产品维度 ············································ 1
   3.4  客户维度 ············································ 1
4. 竞品结论和建议 ·········································· 2
   4.1  结论 ················································ 2
   4.2  建议和计划 ·········································· 2
5. 附录 ···················································· 2
```

图 5-24　竞品分析报告模板

1. 背景和目的

主要描述竞品分析报告的背景和目的，比如，SRM 系统的竞品分析背景是集团准备构建一款 SRM 系统，需对市场上现有 SRM 系统进行对比分析，目的是帮助产品进行市场定位、取长补短。

2. 竞品分析策略

主要描述竞品分析的策略制定，包括选择的竞品清单及理由、选择的竞品分析方法及理由等。比如，围绕数字化采购 SRM 系统选择一系列国内外产品，借鉴国内外产品的优秀经验。

3. 竞品分析

主要描述根据竞品分析的目的，从公司、团队、产品和客户这 4 个不同维度对竞品进行分析。比如，对数字化采购 SRM 系统选择从产品维度入手，继而采取用户体验五要素或产品七维度法进行分析。

4. 竞品结论和建议

围绕竞品分析的目的给出竞品分析的结论和建议。比如，对数字化采购 SRM 系统，建议聚焦于采购领域搭建 SaaS 化的 SRM 系统，丰富产品功能。

5. 附录

主要描述竞品分析相关的资料。比如，对数字化采购 SRM 系统的竞品分析，参考了艾瑞网的行业研究报告等。

5.3.4 案例：A集团SRM系统的竞品分析

通过前面的竞品分析5字诀，相信读者对竞品分析的流程已经有了比较清晰的认识，再回到A集团的数字化采购SRM系统案例中进行竞品分析，分别从背景和目的、竞品分析策略、竞品分析和结论及建议4个方面进行分析。

1. 竞品分析背景和目的

A集团搭建SRM系统的背景是该产品既要满足内部诉求又要满足外部诉求，竞品分析的目的是辅助产品定位和产品规划。

2. 竞品分析策略

数字化采购市场的竞品众多，覆盖SRM系统、企业电商化采购和B2B电商采购，包括SAP Ariba、甄云SRM、商越电商化采购、1688平台等。

基于现阶段A集团建设SRM系统的目标，本次分析主要聚焦提供SRM系统的厂商，既有国外厂商，也有国内厂商。我们主要选择SAP、金蝶、甄云、筑龙信息这几家厂商及其产品进行分析。

另外，SRM系统在A集团中是新建产品，为了与行业内的产品对标，寻找差异化亮点，我们采用了定性描述法和打钩法进行竞品分析。

3. 竞品分析

进入选择的公司的客户群体覆盖了大中型企业，这里就不作对比分析了，我们主要选择产品七维度法结合定性描述法进行竞品分析，如表 5-10 所示。

表 5-10　数字化采购 SRM 系统定性描述法分析

序号	评估维度	SAP Ariba	金蝶 云苍穹	甄云科技 甄云 SRM	筑龙信息 招投标系统
	代表产品				
001	产品定位	买方和卖方的寻源到付款云网络解决方案	企业数字化管理共生平台	专注企业，专注企业一体化数字化采购平台	高效、透明、全流程电子化与可视化的企业电子招标采购平台
002	用户群体	大中型企业	大中型企业	大中小型企业	大中型企业
003	产品功能	需求管理、订单管理、供应商管理、结算等	供应商管理、招投标、合同管理和订单管理	供应商管理、招投标、合同管理、订单管理和结算	招投标
004	商业模式	按交易量收费	产品费+实施费+服务费	产品费+实施费+服务费	产品费+实施费+服务费

其中，对产品功能进一步拆分，并采用打钩法在各个竞品之间进行了对比分析。其简化版去敏后的 SRM 系统对比分析结果如表 5-11 所示。

表 5-11　数字化采购 SRM 系统竞品打钩法分析

序号	模块	功能特性 代表产品	SAP Ariba	金蝶 云苍穹	甄云 甄云 SRM	筑龙 招投标
001	公共	组织架构	√	√	√	√
002	公共	权限管理	√	√	√	√
003	公共	工作流	√	√	√	√
004	供应商管理	准入申请	√		√	
005	供应商管理	现场评审			√	
006	供应商管理	认证		√	√	
007	供应商管理	绩效管理	√		√	
008	供应商管理	整改		√	√	

（续）

序号	模块	功能特性 代表产品	SAP Ariba	金蝶 云苍穹	甄云 甄云 SRM	筑龙 招投标
009	供应商管理	暂停/恢复		√	√	
010	供应商管理	退出		√	√	
011	招投标管理	采购策略	√	√	√	√
012	招投标管理	询比价		√	√	√
013	招投标管理	邀请招标		√	√	√
014	招投标管理	公开招标				√
015	招投标管理	竞价		√	√	√
016	合同管理	合同模板		√	√	
017	合同管理	合同拟制		√	√	
018	合同管理	合同变更		√	√	
019	合同管理	合同终止		√	√	
020	订单管理	采购订单		√	√	
021	订单管理	交期计划		√	√	
022	订单管理	预约管理		√	√	
023	订单管理	验收管理		√	√	
024	结算管理	结算对账			√	

4. 结论和建议

在竞品分析过程中，我们发现这些竞品的不足主要体现在以下方面。

- ❏ 现有产品功能对行业的细化程度不足，不能满足不同行业的差异化需求。
- ❏ 对采购供应管理理论的理解有所欠缺，没有体现不同企业类型的采购管理特色。
- ❏ 其他功能未完善，比如新产品开发、产品退市等。

并且，基于产品现状，预测 SRM 系统在未来可能会往如下方向发展。

❑ 从采购理论上看，采购角色从服务型后勤单位向供应链战略采购组织转型，采购产品的功能也会沿这一脉络逐步丰富以弥补市场的空白。

❑ 从技术上看，SaaS 模式会以其显著的优势被企业接受，大型企业由于其业务复杂性有可能会兼用 SaaS 化和本地化定制的产品，而中小企业会逐步接受 SaaS 系统，AI、大数据、区块链、微服务以及采购中台的概念会逐步完善和实践推广。

❑ 从市场上看，采购产品可能会迎来稳步增长的需求市场，企业需加强对采购理论的学习，引进新技术，深挖行业诉求和差异化竞争是其出路。

基于上述竞品对比和分析，得出结论：当前市场上的竞品的行业细化程度不足，技术壁垒和专业壁垒不强；市场、技术和理论三者将相辅相成，促进未来数字化采购发展。

建议：对此，建议数字化采购 SRM 系统先聚焦于采购领域，丰富产品功能，满足更多业务场景。具体到 A 集团的 SRM 系统，建议先满足 A 集团自身业务诉求和目标，再逐步扩展到合作伙伴，继而推广到更多外部客户。

5.4 产品定位

产品定位往往决定了产品的边界是否足够清晰和明确。B 端产品经理在设计 B 端产品过程中，一定要明确自身产品的定位和边界，这样才不至于把产品设计成"四不像"，况且明确的产品定位也有助于团队确认目标和方向。

本节主要从产品定位的方法和原则两个方面展开讲解,最后结合 A 集团的案例进行阐述。

5.4.1 产品定位的方法

产品定位就是让产品在客户心中确立一个具体形象,占据客户某一块心智。比如,提起 ERP 系统,客户会想到用友、金蝶、SAP、Oracle;提起 CRM 系统,客户会想到 Salesforce、销售易等。我们在做产品定位时,需要考虑宏观和微观两个层面,如图 5-25 所示。

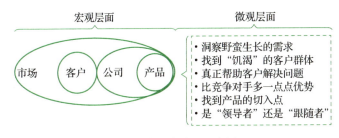

图 5-25 产品定位的两个层面

1. 宏观层面

围绕产品定位,B 端产品经理需要明确产品、公司、客户和市场之间的关系。接下来分别阐述公司与市场、产品与市场、产品与公司、产品与客户之间的关系。

（1）明确公司在市场上的定位

公司是自主经营的经济主体,它们存在于任何细分市场里,多个公司主体组成产业链条,形成链条上的上下游关系。每个公司主体都在链条上扮演着相应的角色,有的是主角,有的是配角,有的跑龙套。下面列举一些例子。

1)电商市场。淘宝、京东、拼多多把持着头部流量,唯品会、网易严选属于第二梯队;电商企业的上游是一批批货物供应商、金融服务商、广告商,以及其他各种服务供应商;下游是物流服务供应商、仓储服务供应商、人力服务供应商等。在这个市场中,形成了以电商企业为主,上下游供应商为辅的生态体系。

2)手机市场。苹果、三星、华为等公司一直是该市场的头部主体,它们占据市场的份额最高;小米、Oppo、Vivo占据着第二梯队;金立、联想属于第三梯队。这些手机厂商的上游是各种零部件供应商、金融公司、软件厂商等,下游是代理商、分销商、仓储及物流服务供应商、零售商等。在这个市场中,手机厂商无疑处于核心地位。

那么,自己所在的公司处于产业链条中的哪个位置?是头部企业,还是第二梯队?明确公司在市场中的话语权以及在产业链条上提供的价值,才能更好地进行产品定位并超越竞争对手。

(2)明确产品在市场上的定位

市场上竞品众多。你的产品面向哪一部分市场?在当前市场里,是聚焦细分领域开拓新机会,还是挖掘未满足的用户诉求?不管是哪种方式,我们都要明确,在这个领域里,我们所构建的产品是主流产品还是二流产品,是在一个点还是在一个面上与其他产品竞争。清晰地知道自己产品在市场中的位置,抓住用户诉求,采取差异化策略。比如,在电商市场中,在拼多多出现之前,一直是淘宝的C2C模式和京东B2C模式占据主流,实现企业、用户和平台三方共赢。而拼多多采取了拼团买东西的模式，很好地满足了用户社交和低价的诉求，很快就填充了这块空白领域，从而在已经白热化竞争的市场中"杀出一条血路"。B端产品经理在设计产品时要考虑如何在激烈的竞争环境中占据空白市场，这样的产品才有更强的生命力。

（3）明确产品在公司的定位

企业从初创公司、成长型公司到成熟公司，势必会面临从单一产品到多产品的发展模式。这些产品的市场定位各有不同，用户群体有相同或不同，它们彼此之间相互关联，分别满足用户的某一方面诉求，组合起来就是一个完整体系。下面举两个常见领域的例子。

1）企业服务领域。由于业务复杂性和关联性，目前无法用一款产品实现客户所有的业务场景。开发这样一款产品，其开发成本、人才成本、维护成本是令人无法想象的。目前市场中的产品都聚焦于某一细分领域为客户提供解决方案。比如，聚焦于企业内部协同的钉钉，聚焦于视频会议场景的Zoom，聚焦于人力资源管理的HCM系统，聚焦于仓储的WMS等。

2）培训领域。在这个细分市场中，假设用户想提高演讲与表达能力，就要分别学习沟通、心理素质、演讲艺术、服装礼仪和科学发声等内容。这些不同的模块就是不同的课程产品，分别满足用户某一类诉求。如果该用户想系统地掌握演讲技能，这些课程产品就都得去学习和实践。

那么，我们自己的产品在公司的众多产品中处于什么位置？我们可以采用波士顿产品矩阵对公司的产品进行划分。一般情况下，明星产品用来引流，金牛产品用来"造血"。

(4)明确产品与客户的关系

好的产品定位契合客户的诉求,给客户使用产品的理由,能快速构建自身的竞争壁垒。在做好产品定位之后,推出满足客户需求的功能,通过一次次功能迭代不断提升客户满意度。

2. 微观层面

在产品定位的微观层面,我们需要明确以下几个问题。

(1)洞察野蛮生长的需求

B端客户的业务诉求多种多样,B端产品经理需要能够洞察那些野蛮生长的需求,找到细分或者新兴的客户需求。比如,疫情这一黑天鹅事件加速了企业数字化远程办公的发展,企业客户在这个细分市场里的需求呈现井喷式暴涨,Zoom、钉钉、小鹅通等产品获得快速的发展。

(2)找到"饥渴"的客户群体

企业业务运营涉及方方面面的管理,不同行业的公司诉求既有相同点也有不同点,找到那些未被满足的细分场景或垂直领域,为这群客户提供解决方案,而不要试图解决所有客户的问题。比如,ERP市场是一个相对成熟的市场,常年由SAP、Oracle、金蝶和用友厂商占据,但是在这个市场里也诞生了很多聚焦于某个垂直行业的ERP系统,如服装行业、跨境电商行业等分别涌现了聚焦于各自行业的ERP系统。

(3)真正帮助客户解决问题

B端产品的目的是帮助企业客户解决问题,一定要聚焦于降本、提效、增收、控风险和战略层面,让企业客户腾出更多的人力和物力从事更有价值的事情。比如，A集团没有供应商门户网站，采购员向供应商下的采购订单，只能通过邮件发送，这中间消耗了采购员大量的时间成本、沟通成本，因此采购员只能做一些价值不高的跟单工作，没有时间去关注到货率、及时率等更有价值的数据分析、问题改进方面的工作。我们提供数字化采购SRM系统的主要目标之一就是打通A集团与供应商之间的信息流，提高工作效率，解决采购员做低价值事情的问题。

（4）比竞争对手多一点点优势

B端产品往往是付费产品，替换成本相对较高，企业客户为了避免后期重复建设，在初期选择产品时，会对候选产品和厂家进行更多维度的参考和比较，这些维度包括产品价格、功能匹配度、品牌因素、实施案例和后期服务等。其中，价格和功能匹配度的权重更大。B端产品经理要做一个懂业务的专家，真正设计出能够满足企业客户诉求的产品。比如，属于ERP产品第一梯队的SAP ERP、Oracle ERP，在管理理念、产品场景丰富度、配置灵活性和产品稳定性等方面均比其他产品有优势。

（5）找到产品的切入点

B端产品的功能不是越多越好，也不是覆盖的领域越广越好。B端产品经理需要找到一个点切入，同时考虑这个点的市场发展趋势和规模、竞争格局、客户痛点诉求，确认整个赛道是一个快速崛起的赛道，而非逐渐没落的赛道。比如，随着产业互联网来临，企业服务市场得以快速发展，而企业传统采购效率低、成本高、风险大等问题也迫使企业转变采购模式，借助互联网产品满足企业采购管理诉求，以求降本和提效。数字化采购的提出，会先改善企业传统的招投标过程，接着实现企业电商化采购、B2B 电商规模化采购，围绕采购又衍生出供应链金融、大数据服务、物流仓储服务等一系列业务场景，最后形成以采购为核心的供应链生态体系，打通各环节的信息流。

（6）是"领导者"还是"跟随者"

在新兴市场中，第一个"吃螃蟹"的人往往具有先发优势，但是也有可能需要培育市场。在我们选择建设一款产品时，可能市场中已经具有众多的竞争对手和竞品，我们应该清楚知道这款产品是领导者还是跟随者。领导者就要时刻想办法保持领先的地位；跟随者除了模仿之外，还应该具备逆向思考的能力，找到空位，更好地服务客户。

5.4.2　产品定位的 4 点原则

B 端产品在定位的过程中无疑会收到来自各方面的诉求，有业务部门的，也有老板的，而在此情况下，坚持产品定位的 4 点原则是必须的，下面分别描述这 4 点原则。

1. 理解你的客户

要理解产品的目标客户，产品应该聚焦于某一业务领域和某一类问题，而不是试图解决客户的所有问题。当面对业务部门的强势需求时，B 端产品经理要站在目标客户的角度上换位理解其诉求，要能够从客户的角度给出合理的解决方案，同时确保自身产品的边界没有被打破。

2. 谨慎对待变化

企业业务在变化，用户会提出各种业务诉求，甚至超出原先的业务范围，但是企业业务运营的底层管理理念和思想是能够保持长久不变的。面对业务部门用户提出的各种诉求，首先要评估和确认业务的管理流程、制度和规则是否合理，以及能否真正落地执行。其次，要判断业务诉求是否超越了产品本身的定位范畴。B端产品经理要聚焦于产品本身的定位，不要让用户打破了产品的边界。

3. 具有发展的远见

客户替换B端产品的成本相对较高，这也给了B端产品发展的机遇，可以为客户提供更多的价值，让客户续费。B端产品经理必须有发展的远见，不能局限于狭窄的技术或过时的产品上。B端产品经理必须想清楚今后要干什么，这里的"今后"不是指下个月或下一年，而是指未来3年。产品如果定位准确，就能顺应时代趋势的发展，否则，需要很长的时间来让产品转向。

4. 保持长期的耐心

B端产品的生命周期往往较长，从产品研发、上线推广、客户付费、客户维护、客户续费到产品被替换，这中间往往需要几年甚至10年以上的时间，我们要有足够的耐心与产品一起成长。

5.4.3 案例：A集团SRM系统的产品定位

理解了B端产品定位的两个层面，结合前面的市场分析、客户分析和竞品分析，接下来我们以 A 集团为例阐述 SRM 系统进行定位的过程。

在产业互联网及企业数字化转型的时代，数字化采购市场百花齐放，涌现了众多的企业，竞争较为激烈，但并未形成统一的市场格局，潜在的入局机会还是存在的，而新产品同样也需要避免现有竞品和潜在竞品的"围追堵截"。A 集团在采购业务场景和人才结构上具有优势，并且具有足够的技术能力和专业团队搭建 SRM 系统，以此来满足 A 集团及外部中小型客户的采购业务数字化的需求。

最终，我们将 A 集团的 SRM 系统定位为企业采购领域的数字化平台，将覆盖 PC 端、App 端以及微信小程序，以满足用户的不同使用场景。

5.5　规划产品路线

产品路线是产品预期发展的轨迹。不管是单一产品还是多个产品，不管是从 0 到 1 的实现还是从 1 到 N 的迭代，清晰明确的产品路线能够让团队相关人员看到整体的方向、目标和时间点。

本节主要阐述定义产品路线图和 5 步构建产品路线两个方面内容。最后，围绕 A 集团的案例来规划数字化采购产品路线图。

5.5.1　定义产品路线图

产品路线图是产品战略规划的结果，是产品目标落地在时间轴上的总体规划。它从战术层面描绘了产品将要采取的措施和计划，呈现为一个动态路线地图，既可以描绘单一产品的路线图，也能够描绘多个产品的路线图，主要包括以下内容。

- ❏ 产品愿景：产品在未来会发展成为什么样。
- ❏ 战略规划：如何实现产品愿景，是单一产品还是平台产品。
- ❏ 阶段目标：明确可衡量的阶段性落地目标。
- ❏ 时间范围：完成阶段性目标所需的时间段。

B 端产品往往周期都比较长，B 端产品经理可以通过路线图指导产品管理工作，同时需要动态地根据产品实际达成的目标和战略规划进行路线图调整。常见的产品路线图一般是按照时间轴的形式来展现的，如图 5-26 所示。

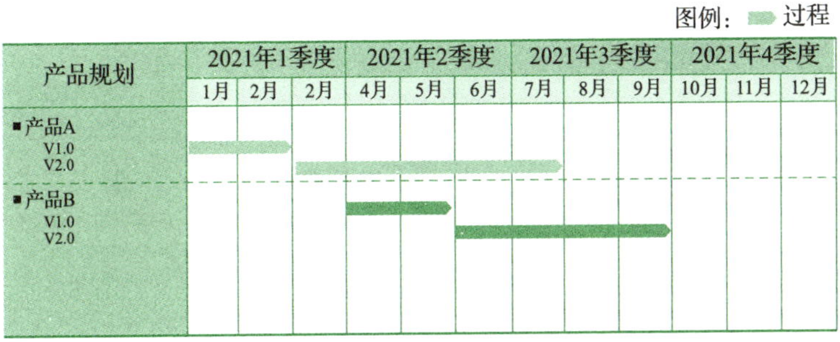

图例：■ 过程

产品规划	2021年1季度			2021年2季度			2021年3季度			2021年4季度		
	1月	2月	2月	4月	5月	6月	7月	8月	9月	10月	11月	12月
■产品A V1.0 V2.0												
■产品B V1.0 V2.0												

图 5-26　产品路线图

5.5.2　5 步构建产品路线图

理解了产品路线图的概念，基于前期的产品战略规划和定位，开始构建 B 端产品的路线图。构建产品路线图的过程中需要结合自身资源和团队情况，也需要掌握一定的方法和技巧。这里主要分 5 步来构建 B 端产品路线图，如图 5-27 所示。

图 5-27　5 步构建 B 端产品路线图

1. 明确产品战略愿景

产品的战略愿景是 B 端产品经理在分析市场、客户、竞品和公司战略目标后,与组织内团队成员共同讨论并达成统一共识,全力以赴的未来方向。好的产品战略愿景至少要回答以下 3 个问题。

❏ 我们要到哪里去?
❏ 我们的未来会是什么样?
❏ 我们怎么去?

这 3 个问题分别描述了我们前进的目的地、未来的景象和路径,应该是鼓舞人心的、焕发团队的斗志的。优秀的公司或产品都有愿景不断激励着员工前进和公司发展。比如,腾讯的愿景是"用户为本,科技向善",顺丰的愿景是"成为行业解决方案的科技服务公司"。

需要注意的是,在明确产品战略愿景的过程中,不要忘了公司战略。公司战略是公司层面的战略规划,决定着公司未来的发展方向和资源的投入,产品战略要基于公司战略去考虑和规划,避免走不必要的弯路。最后,基于公司战略和产品战略愿景,结合自身资源设计产品路线图,确保产品有一个清晰的发展路径和方向,帮助团队内部明确目标、制定计划、预估成本和资源等。

2. 制定目标

明确了产品战略愿景，接下来就要基于产品定位制定要实现的目标。产品定位要契合客户的真实需求，符合团队的竞争策略和战略规划。

此外，制定目标要考虑 B 端产品的产品形式的多样化特征和 SMART 原则。由于 B 端产品服务于企业客户，支持业务运营，且产品的形式多样，既有 PC 端也有 App 端，甚至有小程序，各种形式产品的核心都是为了帮助企业降本、增收和控制风险。SMART 原则要求我们在制定目标时要遵循明确（Specific）、可衡量（Measurable）、可达到（Attainable）、目标相关（Relevant）和有时限（Time-based）这 5 大原则。比如，某厂商的 CRM 产品聚焦于企业销售，该业务从线索、商机、报价到订单，全流程闭环管理。为了使企业各个应用场景实现提效和赋能，该 CRM 产品包括 PC 端和移动端，同时将两端的数据打通。企业销售人员可以根据实际办公场景任意选择入口，极大提高了销售人员外出办公效率和销售转化率。在制定该 CRM 产品目标的时候，就要考虑先聚焦 PC 端，还是先聚焦移动端。

3. 提炼史诗级需求

制定了目标之后，就要考虑目标的实现难易程度、时间周期和成本。基于前期的客户分析、竞品分析和产品定位，我们大致知道客户的主要诉求和竞品的主要功能，接下来可以对其进行提炼和抽象，成为自身产品的史诗级需求，通过史诗级需求进一步估算实现时间周期和成本。史诗级需求来自史诗故事，我们先介绍用户故事，再引出史诗故事及史诗级需求。

用户故事（story）是一种轻量的用户需求描述，从最终用户的角度编写的简短需求，常用的描述公式为：作为什么角色，使用了什么功能，完成了什么任务或目标。用户故事的颗粒度一般以开发团队约定的基准工作量为准，超过这个基准工作量，就要求对用户故事进行分拆，直到合适为止，一般情况下用户故事的工作量为 2 周。但在规划产品路线图时，并不需要如此细致的用户故事，往往需要更大的故事，这就是史诗故事。

史诗故事（epic）是一个庞大的作品，可以分拆为许多小的用户故事，如图 5-28 所示。一般情况下史诗故事的工作量是 2～3 个月的周期，这个颗粒度比较符合产品路线图的需求工作量评估和资源预算的要求。

图 5-28　用户故事和史诗故事的关系

4. 评估资源

完成产品的史诗级需求提炼后，我们就可以基于产品战略愿景和目标，对需要的工时和团队资源进行初步评估。

（1）工时评估

常用的工时评估法包括德尔菲法、历史经验法，下面分别进行简要说明。

- 德尔菲法是一种专家调查法，在所要预测的问题获得专家意见之后，对其进行整理、归纳，再反馈给专家征求意见，再集中和反馈，直到得到一致意见。
- ❑ 历史经验法是有经验的工作人员将需求拆分为页面、数据、接口等细项，参照历史上的类似需求的工作量进行估算。

（2）团队资源评估

基于工作量和未来规划，我们需要盘点自身团队成员人数、软硬件资源等，以便及时进行补充。团队成员包括产品、开发、测试、UI 设计、运维等岗位，软硬件资源要满足产品搭建过程中的服务器、数据库、缓存、中间件等一系列硬件和软件的需求。这些资源在一定程度上会影响路线图的布局和规划，在初期的时候，产品经理就要及时关注和跟进。

5. 绘制产品路线图

绘制产品路线图没有什么诀窍，按照前期的产品战略规划、目标、周期直接绘制路线图，保持简洁即可。产品路线图不是一成不变的，它会随着产品战略、目标的变化和团队资源的调整不断更新。B 端产品经理要及时更新产品路线图，在团队内部进行同步，保持团队方向和目标的一致性。

产品路线图是产品的方向和展望，能够帮助团队设定目标、共享信息、增加认同感，提高资源的利用效率。一个产品的成功，不仅要看战略选择，还要看战略规划的执行，而产品路线图是战略规划实施的路径，能够帮助产品经理更好地开展工作。

5.5.3 案例：A 集团数字化采购的产品路线图

掌握了构建产品路线图的 5 步法，接下来围绕 A 集团的案例搭建一个统一的采购平台和数据驾驶舱平台。按照战略规划,我们用 5 步法构建数字化采购的产品路线图,路线图中仅粗略规划可能的开始时间和结束时间。

1. 明确产品战略愿景

根据 A 集团的诉求,科技公司规划将产品打造为连接内外部供应商、合作伙伴的生态数字化采购平台,包括 SRM 系统 PC 端和移动端、企业电商、数据驾驶舱等一系列产品和服务,在适当的时机对外部客户开放产品和服务。

2. 制定目标

围绕着数字化采购平台的战略规划和愿景,当前工作的核心目标是先将 SRM 系统打造成功并推向外部客户,接下来是 SRM 移动端的建设,最后才是数据驾驶舱和企业电商的推进,每个阶段性目标都有基本的起始时间。

3. 提炼史诗级需求

为了便于对资源和工时的评估,我们对 SRM 系统的 PC 端和移动端都做了初步的需求提炼,其中 SRM 系统 PC 端包括需求管理、招投标管理、合同管理、订单管理、结算管理和供应商管理 6 个核心模块;SRM 系统移动端也参照 PC 端划分为 6 个模块,主要聚焦于任务、审批和消息等功能。企业电商和数据驾驶舱要等到完成前面两个产品后进行,产品路线图中可以先不体现它们,或者将其作为长远的规划来体现。

4. 评估资源

盘点了内部团队情况和软硬件资源,我们既需要补充团队成员，也需要补充软硬件资源。这个时期我们通过内部团队人员调动或招聘，来补充团队人员缺口；软硬件资源由于公司本身具备，直接向公司提申请即可。

5. 绘制产品路线图

这里围绕 A 集团的诉求绘制的产品路线图具体描述了 SRM 系统的 PC 端和移动端的时间规划，其他产品仅是粗略计划，如图 5-29 所示。

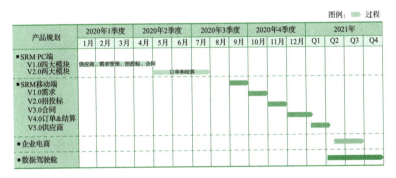

图 5-29　A 集团的产品路线图

5.6 规划产品架构

明确了产品路线图后，B 端产品经理需要将客户在业务领域内的痛点和诉求进行抽象、归纳和总结，形成具体模块和功能，按照业务流和数据流将功能之间相互连接，最终以产品架构的形式展示出来。

本节先带领读者认识架构，再讲解如何通过 5 步构建产品架构，最后围绕 A 集团案例规划 SRM 产品架构，其他产品架构不在案例讲解范围内。

5.6.1 认识架构

"架构"一词最早源于建筑行业。从石器时代开始，架构设计就有实际应用了，经过漫长的演变和发展已经深入多个行业。它既是一种理念，也是一种实践产物。我们可以在理解架构的基础上，设计自身产品的架构。下面分别从架构理论、架构分类和关系进行简要阐述。

1. 架构理论

架构设计的理论市面上不少，常见的理论如 Zachman 模型、TOGAF 框架和 DODAF 框架，下面分别说明。

（1）Zachman 模型

这是 1987 年约翰·扎克曼提出的企业架构理论，该模型围绕 5W1H 展开，也就是从 What、Where、Who、When、Why、How 6 个方面来综合考虑企业架构和需求，主要还是解决系统建设问题，不涉及业务和流程的设计。

（2）TOGAF 框架

TOGAF 架构框架是由欧洲的 IT 协会 The Open Group 开发的一个企业架构框架理论。它由企业的业务架构、信息架构、应用架构和技术架构共同组成，倡导从企业业务战略导入，实现企业业务架构、信息架构、应用架构和技术架构的渐进演化。

（3）DODAF 框架

DODAF 框架源自美国国防部体系结构框架，它以数据为中心,引进了国防部体系结构元模型的概念,元模型由概念数据模型、逻辑数据模型和物理交换规范组成,是构成国防部体系结构框架的重要部分。

2. 架构分类和关系

架构的理念与各种领域融合,又出现了新的不同的架构概念。当架构与企业管理融合时,企业架构的理念和实践就诞生了;当架构与业务融合时,业务架构就出现了;当架构与IT融合时,IT架构就诞生了。这些架构概念之间有联系,也有区别,如图5-30所示。企业架构包括业务架构和IT架构,IT架构又包括应用架构、数据架构、技术架构等。下面分别简要描述。

- ❑ 企业架构由企业战略和愿景决定,它是一种对企业多角度、综合的描述,反映了企业对人、流程和技术的组织和安排,包括业务架构和IT架构。
- ❑ 业务架构从企业战略出发,按照企业战略设计业务过程,业务过程靠业务能力支撑,这种从战略到业务过程再到业务能力的规划,就是业务架构。
- ❑ IT架构根据业务架构的需要来设计对应的IT能力,包括应用架构、技术架构和数据架构等。其中,应用架构与业务架构紧密相连,包括一系列支撑业务运营的产品功能,这些功能组合在一起就构成了不同产品的边界范围。应用架构主要关注功能布局,描述了产品之间的布局;技术架构主要关注分层结构和技术选型;数据架构主要关注数据模型,这些数据是业务架构所需要的。

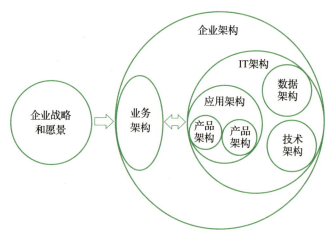

图 5-30 架构之间的关系

5.6.2 5步构建产品架构

理解了架构的基本概念,基于前期客户诉求、市场和竞品的情况,结合产品定位开始构建 B 端产品的架构。

B 端产品架构更多是以模块和功能的形式呈现,以便在宏观上梳理整个产品的概貌,进而指导后续的产品设计和技术开发工作。这里主要分 5 步来构建 B 端产品的产品架构,如图 5-31 所示。

1. 明确业务领域

企业客户的业务诉求众多,涉及不同经营环节和业务领域。B 端产品经理在构建 B 端产品架构之前,先要明确业务领域,在该领域内梳理业务流程和产品功能,而不能发散到企业所有的业务领域。但明确的业务领域有可能是细分子业务领域,也有可能就是业务领域本身,如图 5-32 所示。B 端产品经理可以根据产品定位来确定具体的业务领域,比如,你的产品定位是一款 WMS 产品,就要聚焦于仓储领域;你的产品定位是一款 OA 系统,就要聚焦于企业协同办公领域。

图 5-31　5 步构建产品架构

图 5-32　业务领域和子业务领域

2. 梳理业务流程,形成业务闭环

明确了业务领域后,接下来就要梳理业务流程。我们将不同客户或多元化业务在同一个业务领域内的所有业务过程,按照端到端的业务闭环思想,梳理为一条或多条业务流程,同时根据需要将业务流程拆分为二级或三级业务流程。最后,将不同客户或

多元化业务的业务流程进行标准化处理,形成最终的一级、二级或三级业务流程,如图 5-33 所示。

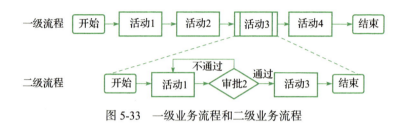

图 5-33 一级业务流程和二级业务流程

通过将业务领域内的各条业务流程相互连接,形成初步的流程图,以便从整体把握领域内的业务过程。这个阶段的业务流程图不一定要非常精确和明确,在后续进行业务流程梳理和设计时,我们可以规划最优的业务流程。

3. 分析行为和数据实体

针对前面的业务流程,B 端产品经理需要分析每条业务流程的每个活动、输入、输出、判断和异常,重点关注业务流程中行为和数据实体。

(1)行为

业务流程中的每个活动可能会有相应的角色参与,活动本身其实就是角色的岗位职责之一,也是角色在流程中的行为。常见的角色行为包括增、删、改、查 4 类操作。不同角色有不同的业务活动,我们可以通过了解产品聚焦的业务领域中各个组织的架构和岗位职责,来理解具体的角色行为。

(2)数据实体

业务流程中每个活动的输入和输出就是数据实体,这些数据实体在业务流程中起到数据流转的作用，最终完成实际业务过程。它们是构建数据模型的基础，也是将来系统搭建的实体对象。数据模型一般通过 E-R 图来描述实体间的关系，从而指导程序设计和数据库设计。

这么说来，整个业务流程其实就是角色的行为和数据的流转，众多业务流程组成特定业务领域，对应的业务过程映射到系统上就是其功能和数据。

4. 归类和排布产品功能

识别了业务流程中的行为和数据实体，下一步就是进行数据主题域划分和行为能力划分，最终将行为能力体现为产品功能，并按照一定的顺序排布。

（1）数据主题域

数据主题域主要是将关系较近的数据实体聚合在一起形成一个分类，给这个分类定义一个主题名称。比如，在采购领域，我们可以建立一个"招投标"主题域，将招投标相关的数据实体归类到其中；我们还可以建立一个"合同"主题域，将合同相关的数据实体归类到其中。这样我们就能将关系较近的数据实体进行归类或抽象，将接近的业务能力也聚合在一起。

（2）产品功能

按照行为接近数据的原则，我们将数据主题域内的数据实体涉及的行为聚合在一起，形成行为能力，也就是产品功能。这些产品功能聚合在一起就是一个功能模块。对功能模块内的一系列功能按照行为顺序排布，每个功能都是对数据实体的处理。最后,将各个功能模块按照业务流程的数据流向连接起来,形成初步的产品架构图,如图 5-34 所示。

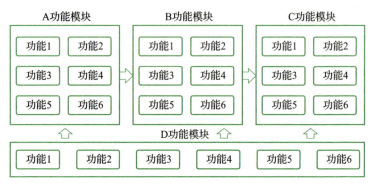

图 5-34 初步产品架构图

如何划分功能和功能模块的颗粒度?

功能的颗粒度可以通过将一个数据实体的所有行为聚合在一起来体现。比如,针对采购订单实体,我们可以将创建、修改、删除、关闭采购订单等一系列行为聚合成采购订单管理功能。功能模块的颗粒度可以通过将一个数据主题域内的所有数据实体对应功能聚合在一起来体现。比如,针对"招投标"数据主题域,我们可以将立项、发标、投标、开标、评标和定标功能聚合形成招投标管理功能模块。

5. 架构分层和状态

有了初步的产品架构图,我们就可以采用三层分立的模式更好地呈现产品架构图。这三层分别是表现层、应用层和数据层。

- ❑ 表现层:用户接触产品的途径,产品展示给用户的界面、风格。

❑ 应用层：产品的功能模块划分、数据流向、接口集成。
❑ 数据层：产品的数据存储方式等。

我们通常按照自上而下的方式分别对表现层、应用层和数据层进行信息分类和排布，我们需要注意两点：第一点是每层之间需要做到边界清晰，第二点是产品边界和外围系统边界要清晰。最后，我们将功能的实际进度通过不同状态来表示，比如"功能完成""未完成"和"优化中"等。最终形成的产品架构图包括架构分层和状态标识，如图 5-35 所示。

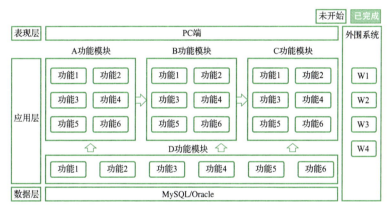

图 5-35　分层产品架构图

5.6.3　案例：A 集团 SRM 系统的产品架构图

掌握了构建产品架构的 5 步法，接下来围绕 A 集团的案例来规划产品架构图。团队首要完成的目标是要搭建一套数字化采购 SRM 系统，即用 5 步法构建 SRM 系统的产品架构。其他产品构建产品架构的方法与之一致，不作赘述。

1. 明确业务领域

A集团的诉求是搭建统一的采购平台,通过前面的客户分析,我们知道A集团本次聚焦的是采购领域。采购领域相对来说涉及的范围大而广,为了更好地分析业务领域,我们可以将采购领域再细分为需求领域、招投标领域、合同领域、订单领域、结算领域和供应商领域,如图5-36所示。

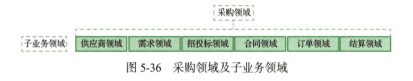

图 5-36　采购领域及子业务领域

2. 梳理业务流程,形成业务闭环

明确了A集团的产品需求聚焦于采购领域,我们将采购领域的端到端业务闭环过程抽象为一级业务流程,再根据实际需求将其拆分为二级或三级业务流程。为了便于后续对业务流程的分析,这里仅将招投标管理流程拆分为二级业务流程,其他子流程按照实际的业务过程进行拆分即可。最终,拆分出A集团采购领域的一级业务流程和招投标管理的二级业务流程,如图5-37所示。

图 5-37　采购领域一级业务流程和招投标管理二级业务流程

3. 分析行为和数据实体

有了具体的业务流程，接下来就可以分析业务流程中的什么角色有什么行为，处理了什么数据。针对 A 集团采购领域的招投标流程，分析发现用户的行为活动包括立项、发标、投标、开标、比价、议标和定标等，这些行为围绕着项目单、邀请函、投标单、技术标、商务标、议标单和定标单而展开，这些单据承载的信息就是招投标流程中流转的具体数据。

此时，招投标流程中主要的用户行为和数据就被挖掘出来了，当然，在实际的招投标业务过程中，不只是这些业务活动和数据，但目前对于构建产品架构来说足够了。对其他子业务流程的行为和数据的分析逻辑与之同理。最后，经过对 A 集团采购领域的招投标流程进行行为和数据的分析得到架构图，如图 5-38 所示。

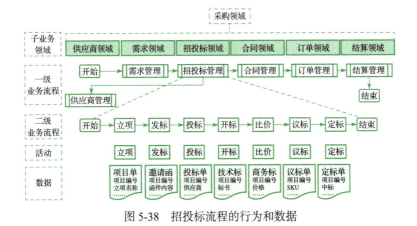

图 5-38　招投标流程的行为和数据

4. 归类和排布产品功能

分析完业务流程的具体行为和数据后，接下来就要进行归类和功能排布。下面分别进行数据主题域归类和产品功能聚合。

（1）数据主题域

A集团的招投标流程中涉及的数据实体包括项目单、邀请函、投标单、技术标、商务标、议标单和定标单等，都是围绕招标项目产生的。它们之间的关系紧密，从数据关系上和业务闭环上来说，都可以合成一个主题域，这个主题域的名称为"招投标"主题域。

（2）产品功能

明确了数据主题域之后，围绕数据主题域之内的每个数据实体，按照关系接近原则将与之相关的行为聚合为一个产品功能。比如，围绕项目单数据实体有创建项目、上传采购方标书、邀请供应商等行为，将这些行为聚合为一个"立项"产品功能。

当我们将数据主题域内的所有数据实体对应的行为聚合为产品功能后，再将这些产品功能聚合为功能模块。比如，围绕招投标主题域的数据实体包括项目单、邀请函、投标单、技术标、商务标、议标单和定标单等，这些数据实体对应的行为分别聚合为立项、发标、投标、开标、议标和定标等产品功能，最后将这些产品功能聚合为招投标管理模块，如图5-39所示。

同理，其他子业务领域里的数据主题域和行为可以形成不同的产品功能和功能模块。比如，需求管理模块包括需求申请、寻源需求、采购申请等功能，合同管理模块包括合同模板、合同签订、合同变更和合同终止等功能，订单管理模块包括采购订单、交期计划和预约单等功能，结算管理模块包括结算批和发票校验等功能，供应商管理模块包括注册、登录、准入、认证和绩效等功能。

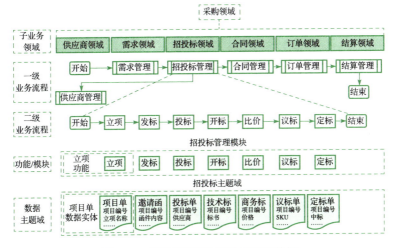

图 5-39　招投标流程的行为活动和数据

最后，将各个模块和功能按照行为顺序和操作角色进行排布，形成产品架构图初稿，如图 5-40 所示。

5. 架构分层和状态

按照架构分层的规则，将 A 集团的 SRM 系统的产品架构图进行逻辑分层，具体划为表现层、应用层和数据层。由于 SRM 系统是 A 集团从 0 到 1 新建的产品，因此产品架构图的功能状态均是"未完成"。另外，采购领域处于整个企业运营管理业务的其中一个环节，SRM 系统势必与上下游的外围系统有相关的接口进行对接。综合上述，A 集团的 SRM 系统的产品架构图最终呈现的结果如图 5-41 所示。

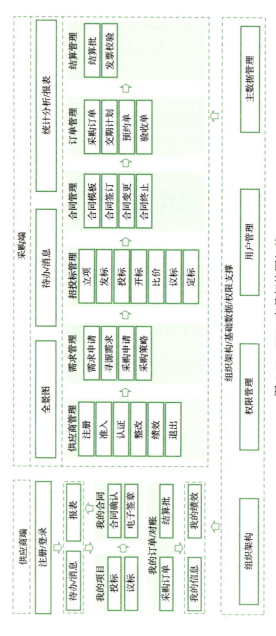

图 5-40 SRM 产品架构图初稿

第 5 章　规划阶段：从业务需求到产品规划

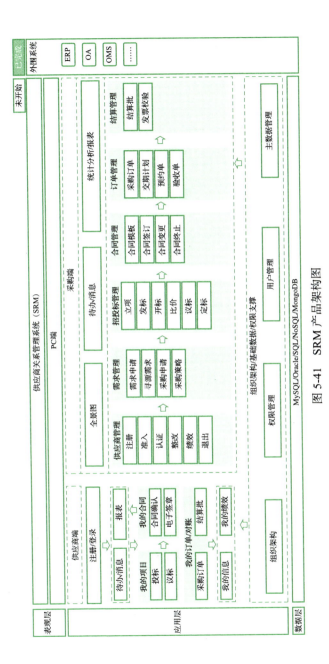

图 5-41　SRM 产品架构图

5.7　本章小结

本章主要阐述了 B 端产品的规划过程，涉及的内容多而广。除了掌握本章提供的一系列方法外，我们还需要注意如下方面。

- 对企业内部客户使用的产品并非不做市场分析和竞品分析，洞察市场行情和参考竞品的产品设计还是有必要的。
- 客户画像和用户画像要具有代表性，意味着要多提炼和总结不同行业、不同企业的相同岗位的异同。
- B 端产品经理熟悉企业业务运营和精通某个业务领域是很有必要的。
- 竞品分析一定要有目的和结论。
- 产品路线图要简洁，遵循 SMART 原则，能够提升团队信心指数，具有故事情节和说服力。
- 产品架构图只是粗略规划，后期还可以更新和调整。

B 端产品规划结束后，还有一个特别重要的事项是撰写产品规划报告并进行项目立项。产品规划报告的内容在本章 5.1 至 5.6 节进行了详细说明。项目立项后，成立项目组，确定项目团队，明确项目计划，开始进入项目建设。

接下来，第 6 章会讲解产品设计过程，从产品概念产生到方案落地，并围绕 A 集团的案例实践产品设计。

第 6 章 | CHAPTER

设计阶段：从产品概念到产品方案

产品概念要落地为产品方案，B 端产品经理就要从规划的思路切换到设计的思路。B 端产品设计上的好坏不仅体现了产品经理的设计能力，更体现了产品经理对业务本质的理解能力。从规划阶段到设计阶段，B 端产品经理要更加深入地理解业务，以更加务实的心态和踏实的工作作风，与客户和团队一起设计出符合市场和客户需求的产品。

本章介绍"4+X"模型阶段二——设计阶段，分别从业务调研、流程梳理、需求分析、整体方案设计、领域建模、信息架构设计、原型设计、交互设计、权限设计、编写产品需求文档和 UI 设计 11 个方面阐述了如何从 0 到 1 设计一款 B 端产品，并围绕 A 集团的 SRM 产品案例将方法论与实战进行结合。

6.1 业务调研

对于 B 端产品来说，没有业务调研，就不能做出符合客户需要的产品。产品经理不能凭空想象，闭门造车，脱离实际地臆造需求，必须从业务中来，到业务中去，所有的需求都要能满足实际业务场景，创造价值。业务调研被证明是有效的获取客户需求的手段之一。

本节主要从业务调研的目的、思路、对象、策略、方法以及调研框架 6 个方面阐述业务调研的过程，最后围绕 A 集团的案例进行业务调研和分析的实战，并输出业务调研报告。

6.1.1 目的和思路

C 端产品的用户调研发展相对成熟，而 B 端产品的需求跟企业业务运营密切相关，各个公司既有相同的管理思想，也存在个性化管理诉求。面对企业客户，B 端产品经理需要深度洞察不同行业不同客户的经营管理模式和诉求，明确业务调研的目的和思路，才能更好地选择调研方法和制定计划。

1. 调研目的

通常业务调研的目的主要包括明确现状和问题，收集客户和用户需求以及发现产品的机会等。B 端产品的周期往往较长，在产品不同阶段，调研的侧重点也会不一样。我们可以根据其产品阶段和特征，明确调研目的。本节整理了产品阶段和对应的调研目的，供大家参考，如表6-1所示。

表6-1 产品不同阶段的调研目的

序号	产品阶段	调研目的
01	产品规划	明确客户和用户的核心痛点及诉求，发现产品机会，进行产品定位
02	产品设计	明确客户和用户的现状及问题，收集客户需求，进行产品功能设计
03	产品实现	收集客户和用户反馈的意见、问题，帮助产品更好地落地
04	产品迭代	收集客户和用户的反馈意见、问题及需求，进行产品迭代和运营推广

B端产品经理在开始调研之前就要先确定目的是什么，带着以终为始的思维，才能让每次业务调研都达到预期的效果。比如，A集团的业务诉求是构建统一的采购平台，我们通过前期的产品规划和定位得出其聚焦的业务领域是采购领域，需要从0到1搭建一款SRM产品。因此，本次调研的目的主要是明确客户和用户的现状及问题，收集其需求，从而帮助产品经理进行产品设计。那么，B端产品经理就要围绕着采购业务进行调研，梳理业务流程和挖掘用户需求。

2. 调研思路

明确了调研目的，为了更好地取得调研的效果，B端产品经理就要开始思考业务调研的思路。企业客户有其固有的经营策略和管理模式，B端产品经理应该采取结构化思维，按照宏观到微观的方式，对其进行调研和分析。宏观方面包括战略愿景、战略目标和经营模式，微观方面包括业务线、组织架构、人力资源、流程制度、岗位职责和信息系统等，如图 6-1 所示。

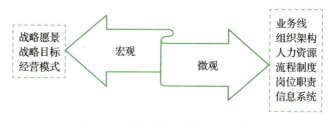

图 6-1　宏观和微观层面业务分析

（1）宏观层面

宏观层面是从宏观的角度理解当前业务领域的战略愿景、战略目标和经营模式等，下面分别进行简要说明。

战略愿景是公司或组织的发展愿景和方向。它决定着整个团队共同努力的方向、资源投入比重，也会影响目标的制定和经营模式的选择。好的战略愿景会描绘达到目标后的景象，能够激励团队成员共同奋斗。比如，A 集团在采购领域的战略愿景是"阳光采购，智能采购"。

战略目标是根据战略愿景设定的目标。它告诉了团队成员要完成的目标是什么，以及为了实现目标，可能会采取的经营模式和策略是什么。比如，某房地产集团是以住宅为主营业务的多元化发展的上市公司，但其采购业务散落在各个子集团。该集团决定成立独立运营的电商网络公司，将各个集团的材料物资统一管理，通过 B2B 电商平台自营和撮合模式为广大合作伙伴、施工单位、外部房地产公司、内部公司等客户提供一揽子采购服务解决方案。

经营模式是为了实现战略目标而采取的运营模式。它告诉了团队成员要怎么做，如何经营才能完成目标。比如，某跨境电商公司的商品采购是由采购中心完成的，因不同品类商品的毛利率和谈判能力不同，该电商公司为实现商品采购成本的降低和迫于公司资金压力，对采购方式进行一系列变革，将原先的全部自购按品类逐步转换为"自购+VMI（合作性策略模式）+供应商寄售"的方式，实现不同品类采用不同的采购方式，在一定程度上缓解了资金压力、降低了采购成本。

（2）微观层面

微观层面是将企业业务运营的过程拆分为不同方面进行分析，包括业务线、组织架构、人力资源、流程制度、岗位职责和信息系统等。

- 业务线：是企业或组织运营或支持的业务，比如某跨境电商公司的自营商城和亚马逊平台上的自营卖家店铺两条业务线。
- 组织架构：主要是为了支持战略目标和经营模式而设立的人员架构。
- 人力资源：为支持战略目标，根据组织架构所安排的人员。
- 流程制度：为支持业务运营所编写制定的流程和制度。
- 岗位职责：业务运营过程中涉及的岗位和职责要求。
- 信息系统：业务运营过程中使用的信息系统。

6.1.2 对象和策略

明确了调研目的和思路，B端产品经理就要思考如何面对不同职责的企业用户对象以及根据不同对象采取不同调研策略。

1. 调研对象

B 端产品的调研对象涉及企业各方面角色和岗位，包括基层、中层和高层用户等，不同层级用户的诉求和期望均不相同，且他们对产品的利益诉求也会不同。我们按照利益相关性和职级层次两个维度划分矩阵，按利益相关性从低到高分为间接利益和直接利益，按职级层次从低到高分为基层、中层和高层，如图 6-2 所示。

低　职级　高

低　利益相关　高

利益\岗位层级	基层	中层	高层
间接利益	随时监督	随时沟通	令其满意
直接利益	重点调研	重点沟通	重点管理

图 6-2　利益相关和职级矩阵

2. 调研策略

对不同职级和利益的用户采取的策略各不相同，区别对待才能更有效果。针对有直接利益的基层、中层和高层，我们要分别采取重点调研、重点沟通和重点管理的策略；针对有间接利益的基层、中层和高层，我们要分别采取随时监督、随时沟通和令其满意的策略。

另外，在调研过程中，基层、中层和高层关注问题的角度和视野也会存在很大差异。因此，B 端产品经理需要区别对待，对不同职级的角色选取不同的问题，常见的基层、中层和高层关注的问题领域，如图 6-3 所示。

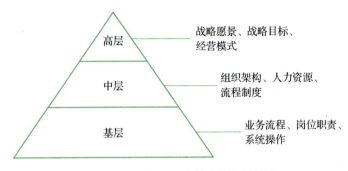

图 6-3　不同职级用户关注的问题领域

针对基层,我们可以了解具体业务流程、系统操作和详细的作业细节等;对中层,我们可以了解组织架构的规划、人力资源结构、流程和制度的规划、绩效和风控措施等;对高层,我们可以了解战略愿景、战略定位、战略目标和经营模式等。

6.1.3　业务调研的方法

调研方法主要分为定性法和定量法,具体采用哪种方法,根据实际的调研目的和对象来确定。比如,深入了解业务,适合采用用户访谈法;验证某个猜想,适合用问卷调研法;了解行业信息和竞品情况,适合用行业研究法;由表及里、由果及因,适合用数据分析法等。B 端产品常用的调研方法,如图 6-4 所示。

1. 用户访谈

用户访谈调研是采取一对一或者一对多的形式,与用户沟通和交流,可以是电话或面对面的访谈。一般情况下,用户访谈大多是直接进行面对面沟通,这种方式的成本相对较高,但效果最好。访谈的过程中除了沟通交流外，还能够直接观察用户的日常工作流程、环境和系统操作熟练度等。比如，你负责采购领域的业务调研，可以选取合适的时机参加采购招投标的开标过程，去观察开标现场的人员分工、工作流程和工作氛围等；你负责仓储领域的业务调研，可以直接进入仓库现场办公，跟着仓管员完成商品入库、质检、上架、配货、分拣、出库和盘点等一系列仓库管理业务流程和工作事项等。

图 6-4　B 端产品常用的调研方法

用户访谈要提前准备好访谈大纲，列清楚访谈的核心问题清单。在实际访谈时参照大纲有条不紊地进行，并记录访谈过程中的访谈内容，以便后续编写业务调研报告。常用的业务调研纪要模板如图 6-5 所示。

2. 问卷调研

问卷调研是采取一对多的方式与用户进行沟通，需提前准备好问卷问题让用户在规定的时间内填写，并给予完成填写的用户一定奖励报酬。这种方式更适用于距离较远、用户数量多且不易全部集中的用户群体,通过大量的用户反馈,获取他们最急迫解决的问题。一般情况下设计问卷可以包括如下内容。

访谈主题			
访谈时间		访谈地点	
记录人		审核人	
参加人员			

一、访谈内容

1.总体现状

　　【整体业务现状描述】

2.业务描述

　　【详细阐述调研的业务流程,所涉及的表单、报告、管理办法等】

3.存在的问题

4.期望和需求

二、待跟进事项

序号	业务领域	描述	负责人	计划完成日期	备注

××公司××产品

图 6-5　业务调研纪要模板

- ❏ 明确调研背景、目的和规则。
- ❏ 设置奖品。
- ❏ 设计问题数量。

❑ 定义问题类型，包括封闭式问题和开放式问题。

设计调研问卷还需要注意：用户往往没有足够的耐心和动力去填写一大堆文字，因此封闭式问题数量应该多于开放式问题数量，一定的物质奖励也是有必要的，这样能够确保用户顺利完成问卷的填写；问卷的题目依据问卷的主题来设计，以达到问卷调研的目的为主。常见的问卷调研模板如图 6-6 所示。

问卷主题			
开始时间		结束时间	
发布渠道		发布人	
填写人		填写人职务	
填写人所属公司		填写时间	

Q1：你认为当前SRM产品的操作便利性如何 （　　）
A、很好　B、好　C、一般　D、差
Q2：使用当前SRM产品之前，还使用过哪些类似的产品?（　　）
A、SAP SRM　B、甄云SRM　C、金蝶SRM　D、用友SRM　E、其他 ＿＿＿
Q3：当前SRM产品有哪些还不能满足你们的需求

图 6-6　问卷调研模板

3. 数据分析

B端产品的数据分析主要包括两部分：一部分是业务数据分析，另一部分是产品数据分析。业务数据主要是业务经营过程中的数据，比如仓储的入库、出库、库存数据等，采购的招投标、采购合同和采购订单数据等，销售的销售合同和销售订单数据等。这些数据都是实际业务发生时的真实记录，通过对它们的分析，我们能够发现业务上的问题和漏洞，督促相关人员进行调整、辅助业务决策以及促进系统功能完善等。产品数据主要涉及产品本身的功能使用率、用户登录、日志数据。通过对它们的分析,我们能够发现用户常用的功能模块、操作习惯等,更好地设计和优化产品。

4. 行业研究

行业研究主要是采集行业信息、竞品信息和重要客户使用系统的信息等,可以从市场、客户或竞品处获取相关信息。行业研究可以让 B 端产品经理更了解产品。这部分内容同产品规划阶段的市场分析、竞品分析相似,比如,通过艾瑞网等研究机构了解行业的发展趋势,通过竞品获取对手的产品设计,通过一些客户获取他们倾向某产品的原因等。

6.1.4　业务调研框架:3 个阶段

"凡事预则立,不预则废。"在开展业务调研时,B 端产品经理的脑海里先要有一个整体的业务调研框架,这样才能避免在业务调研过程中出现手忙脚乱、毫无章法的情况。有了调研框架,我们能有更加体系化的思路,节奏更合理、覆盖面更完整的调研过程,以及更强的自信心,最终达到我们最初的调研目的和预期效果,甚至超出预期。下面是日常工作中总结的业务调研框架,如图 6-7 所示。

图 6-7　业务调研框架

这个框架主要包括调研前、调研中和调研后 3 个阶段。

- 调研前：包括调研目的和思路、对象、方法、资源和计划。
- 调研中：包括调研技巧和注意事项等。
- 调研后：包括整理业务调研结果、输出业务调研报告和进行知识沉淀。

通过掌握和应用业务调研框架，完成业务调研的全生命周期，保证业务调研的最终效果。下面从 3 个阶段来阐述如何进行一次完整的业务调研。

1. 调研前

调研之前，明确调研目的和思路、对象、方法、资源和计划是必要的准备工作。不同的调研目的和对象，所需的资源和所采取的调研方法和计划也会不同，下面对其进行简要说明。

（1）调研目的和思路

调研的目的不同，分析的思路也会有差异。我们可以根据产品所处的阶段来明确不同的调研目的和思路。常见的调研目的包括明确现状和问题，收集客户和用户需求，以及发现产品的机会等，可参考表 6-1。常用的调研思路从宏观和微观两个层面考虑，可参考 6.1.1 节。

（2）调研对象

B 端产品的调研对象涉及企业各方面角色和岗位，包括基层、中层和高层用户等。根据调研目的和思路，B 端产品经理要明确本次调研可能会涉及的对象，根据对象的不同职级采取不同的调研策略、调研方法，设立不同的调研问题。B 端产品在不同阶段的调研目的不同，选择的调研对象也会存在差异。常见的产品阶段和对应的调研对象如表 6-2 所示。

表 6-2 产品不同阶段的调研对象

序号	产品阶段	调研目的	调研对象
01	产品规划	明确客户和用户的核心痛点及诉求，发现产品机会，进行产品定位	高层、中层、基层
02	产品设计	明确客户和用户的现状及问题，收集客户需求，进行产品功能设计	中层、基层
03	产品实现	收集客户和用户反馈的意见、问题，帮助产品更好地落地	基层
04	产品迭代	收集客户和用户反馈的意见、问题及需求，进行产品迭代和运营推广	高层、中层、基层

（3）调研方法

调研目的不同，选择的调研方法可能也不同。B 端产品经理选择哪种调研方法，要根据实际的调研目的和想要达到的结果来定。这里将每种调研方法所适用的场景整理成表格，该表格不一定最全面，但能让读者在使用时方便地进行参考，如表 6-3 所示。

表 6-3 调研方法的适用场景

序号	调研方法	适应场景	复杂度
001	用户调研	新产品开发、产品迭代过程	复杂的需求或问题
002	问卷调研	产品迭代过程、客户问题反馈、客户满意度	简单的需求或问题
003	数据分析	产品迭代过程、产品运营	复杂的需求或问题
004	行业研究	新产品开发、产品迭代过程	难度适中的需求或问题

（4）调研资源

根据调研目的选择合适的调研方法之后，就要盘点和准备调研所需的资源，这些资源包括但不限于调研人员、所需物品、所需资金和调研对象等。而且,不同的调研方法所需的资源也不相同。比如,用户访谈调研中,若采用面对面的访谈,一般就要确定谁去调研、什么时间段去、使用什么交通工具去、住在什么地方、访谈所需的办公文具、访谈所需的费用等;若是问卷调研,可能会直接拟好问卷,通过邮箱或者其他渠道发送给目标用户,激励用户完成问卷填写,再发放适当的奖励可。这两种调研方法所需的资源完全不同,用户访谈所需的资源一般多于问卷调研。B端产品经理要根据实际的调研目的来采取不同的调研方法,并且调配不同的资源。

(5)调研计划

采用不同的调研方法,对应的调研计划不同。问卷调研一般会设置开始时间和结束时间;用户访谈需要与访谈对象提前约定好时间;数据分析和行业研究根据实际情况进行分析和计划。用户访谈是日常中使用较多的调研方法,这里主要说下用户访谈的调研计划。

制定详细的用户访谈调研计划,需要提前与被调研方确认好行程、住宿、议题、时间、会议室、双方人员等。B端产品经理将相关信息制作成表格的形式,在调研之前发送双方的领导和主要人员,以便后续相关人员的工作安排和调研过程能够顺利开展。一般情况下,用户访谈调研计划如图6-8所示。

XX公司XX产品用户调研计划									
业务领域	调研日期	调研时间	时长	调研内容	调研地点	调研人	调研对象	状态	备注
需求	2020.10.12	9:00-12:00	3	需求管理流程	客户方	Robin		未开始	
供应商	2020.10.19	14:00-18:00	4	供应商生命周期	客户方	Robin		未开始	
招投标	2020.10.20	09:00-18:00	7	招投标流程	客户方	Robin		未开始	
合同	2020.10.21	09:00-18:00	7	合同流程	客户方	Robin		未开始	
订单	2020.10.22	09:00-18:00	7	订单流程	客户方	Robin		未开始	
结算	2020.10.23	09:00-18:00	7	结算流程	客户方	Robin		未开始	

图6-8 用户访谈调研计划

2. 调研中

做好了调研准备,就可以开始进行调研。对不同的调研方法,在调研过程中所采取的技巧也不相同。B端产品经理常用的调研方法是用户访谈,仍以这种方法为例进行说明。

(1)用户访谈

用户访谈的调研过程一般分为如下3步。

- ❏ 开场白:自我介绍、表明来意和价值贡献。
- ❏ 访谈过程:提问、倾听、复述、记录、控时间。
- ❏ 访谈结束:表示感谢。

开场时进行自我介绍,可以适当体现自己在该领域的专业性,让访谈对象知道你是谁,建立初步印象和信任感。其次,表明本次调研的目的、计划安排,让双方人员有一个心理预期。最后,说明调研的价值贡献,让双方人员认可这次访谈是有意义的。

访谈之前要提前熟悉调研的问题和访谈对象的职位,按照调研思路,对高层、中层和基层的不同职位的调研对象提出不同问题。

首先,在访谈过程中,B端产品经理要做到以下几点。

- ❏ 提问:注意提问的方式和类型,尽量多提开放式问题,让访谈对象畅所欲言,不要总对某一个人提问。
- ❏ 倾听:认真倾听,并给予回应。
- ❏ 复述:用自己的表达方式来复述用户的话,确保自己的理解不出现偏差。
- ❏ 记录:将用户所说的内容进行客观记录,包括战略目标、管控模式、组织架构、业务流程、职责、制度、问题和期望等，形成业务调研纪要。

- 控时间：根据访谈的计划，控制调研的时间节奏，确保在一定时间内获取本次调研所需的信息。

其次，访谈过程中，地点一般是在客户的企业现场。不同行业、不同公司、不同用户的表达能力、沟通能力和对事物的认知能力均不一样，这就需要 B 端产品经理有足够的耐心和良好的态度来应对这一切。比如，我们之前在设计 WMS 产品时，曾对某跨境电商公司的仓储用户进行调研，而该公司的仓储配货员等工作人员大多在沟通与表达上没有优势，部分员工在表述业务场景和期望时词不达意、描述得很空泛，这就需要 B 端产品经理有足够的耐心去记录用户所说的内容。当用户描述不清楚时，还要实地观察用户所做的事情，亲自去体验整个业务流程，这样才能真正地理解业务，明白用户遇到的问题，从而帮助他们解决问题。

最后，访谈过程中，我们还需要把握以下事项。

- 用户吐槽或跑题时，要及时拉回访谈的正轨，做到访谈信息的高质量。
- 用户不配合时，学会换位思考，拉近距离，让对方打开心扉，遇到实在不配合的人员，可多角度多方位地了解他所负责的工作，比如，调研其上下游岗位，以前负责该岗位的人员，相关制度和岗位职责，操作单据等。
- 发现信息遗漏或挖掘不深入时，通过现场录音或二次求证的方式挖掘真实情况。
- 用户表达不清晰时，重复对方观点，明确对方的核心意思。

- 访谈过程中不做引导、不做承诺，尽量保持中立态度，可以让收集的信息更趋于真实。
- 同频沟通很重要，做业务调研时尽量使用业务语言，而不是产品语言，更不是技术语言。
- 调研对象尽量选择利益相关方。

访谈结束时，可以感谢访谈对象所付出的努力和时间，虽然访谈结束了，但关系可以建立和保持，以便后续进一步沟通交流。

（2）问卷调研

在问卷调研的过程中，首先，要明确调研问卷的对象，通过网络或邮件等方式将问卷发送至被调研用户；其次，在调研问卷的截止日期到来前，定期提醒被调研用户填写和提交问卷，确保问卷的回收数量；最后，收集调研问卷并排除其中无效的问卷，统计有效的问卷，给予被调研用户相应的奖励。

（3）数据分析

在数据分析过程中，需要保持耐心和投入整块的时间进行梳理和分析。首先明确数据分析目的，然后通过自行收集数据、导出数据报表、查看数据看板等方式获取数据，发现其中的问题，再对数据进行处理、加工和分析，最终输出结论和建议。将结论和建议同步给团队内部和上级领导，并明确下一步的行动计划，推动产品迭代和优化，为企业客户提供更多的价值和服务。

（4）行业研究

在行业研究过程中，涉及行业分析、竞品分析和头部公司案例分析,需要根据不同的分析对象,在调研过程中采取不同的策略,但要保持以终为始的思想,带着目的去分析,并得出相关结论。比如,在进行头部公司案例分析时,我们在客户现场分析其业务和系统,就要遵循对方的规则和习惯方式,整个过程中抱有学习和请教的姿态,打造合作共赢的局面。最后,还要感谢对方的支持和付出。

3. 调研后

不同调研方法获得的调研信息、格式均会有所不同,B端产品经理要在记忆最清晰的第一时间,一般建议是当天或第二天及时整理获得的业务现状、问题以及客户需求和期望等信息,最终输出业务调研报告、关键问题清单和需求清单等。下面对调研后的工作内容进行说明。

(1)整理业务调研结果

不同业务模块可能由不同的产品经理分别调研,且不同调研方法获得的业务调研结果需要进一步去除干扰项、无效信息、合并同类项等,最后按照问题大纲进行归类和整理,结构化地呈现和记录调研结果。

(2)输出业务调研报告、问题清单和需求清单

各个业务模块调研的结果信息最终需要汇总,再形成业务调研报告、问题清单和需求清单。

将所有的业务调研纪要进行汇总、合并,形成业务调研报告。这份报告是业务调研过程中的记录和总结,其目录结构如图6-9所示。

目录

一、调研背景和目的 ··· 4
二、调研行程计划 ··· 4
三、调研人员 ··· 4
四、调研结果 ··· 5
   1. 总体现状 ·· 5
   2. 业务描述 ·· 5
   3. 存在的问题 ··· 5
   4. 期望和需求 ··· 5
五、待跟进事项 ·· 6
六、附录 ··· 6

图 6-9 业务调研报告目录

报告内容主要包括调研背景和目的、调研行程计划、调研人员、调研结果、待跟进事项和附录6个部分，下面分别简要描述每部分包含的内容。

- ❑ 调研背景和目的：描述调研背景和目的。
- ❑ 调研行程计划：主要描述现场调研的行程计划。
- ❑ 调研人员：主要描述被调研对象的人员信息。
- ❑ 调研结果：分4部分内容，分别是总体现状、业务描述、存在的问题、期望和需求。总体现状描述客户信息、组织架构、人员和岗位、业务总述、系统概述和核心诉求。业务描述是分业务领域详细阐述调研的业务流程，涉及表单、报告、管理办法等。存在问题主要是描述业务过程中存在的问题。期望和需求主要是描述业务方的期望和需求。
- ❑ 待跟进事项：主要描述待跟进事项，包括待决策事项、待收集资料等。

❑ 附录：主要描述报告配套的附件信息，包括问题清单、需求清单、现场照片、调研录音、现状业务流程、制度和表单等。

将所有问题清单汇总，合并形成问题清单，作为跟踪和待处理的问题，每个公司或团队的问题清单模板会有不同，这里提供一个常用的模板，如图 6-10 所示。

问题跟踪清单

问题状态解释：①待优化-新建/未解决的问题；②已优化-问题已在开发环境优化，待部署至UAT；③待UAT验证-问题已在测试环境修复，待UAT验证；④待部署PRD-问题已在测

序号	项目阶段	功能模块	问题描述	环境	问题类型	优先级	状态	解决方案	关闭日期	责任人	提出人	提出时间	备注
1	系统实现			测试	BUG	高	待优化					2021/3/28	
2													
3													
4													
5													

图 6-10　问题清单模板

问题清单记录了业务调研过程中需要后续着重关注和处理的问题，主要包括功能模块、问题描述、解决方案、优先级、状态、提出人、责任人、关闭日期等信息。这个清单的问题会分配到具体的责任人，后续产品建设过程中需要定期回顾和检查，确保所有问题都得到解决。

将所有需求汇总、合并形成需求清单，作为后续产品建设的需求池，这里提供一个常用的需求清单模板，如图 6-11 所示。

需求跟踪矩阵

问题状态解释：①待优化-新建/未解决的问题；②已优化-问题已在开发环境优化，待部署至UAT；③待UAT验证-问题已在测试环境修复，待UAT验证；④待部署PRD-问题已在测试环境验证通过；⑤已完成-问题已在正式环

序号	系统	功能模块	功能单元	需求描述	需求类型	优先级	业务价值	版本	状态	解决方案	需求人天(D)	开发人天(D)	测试人天(D)	PM	开发	测试	需求初稿完成时间	需求评审完成时间	需求终稿完成时间	预计开发完成时间	预计测试完成时间	上线时间	提出人	提出时间	备注
1					新需求	高			待优化															2021/3/26	
2																									
3																									
4																									
5																									

图 6-11　需求清单模板

（3）与利益干系人同步调研信息

将业务调研报告、问题清单和需求清单同步给利益干系人，

加深与客户的信任和关系,同时向领导汇报最终的调研成果。

(4)知识沉淀

最后将调研报告进行归档,作为组织资产进行项目资料沉淀,以便后续同事、新人、其他团队成员借鉴和应用,能够快速了解产品背景和业务领域。

6.1.5 案例:A集团SRM系统的业务调研

掌握了业务调研的方法和框架后,我们回到A集团的案例中。该案例主要是调研采购领域的业务情况,我们采用业务调研的框架分3个阶段全面了解A集团的采购业务,形成业务调研报告、核心问题、期望和需求等,下面详细阐述。

1. 调研目的、对象、方法和问题

A集团的调研目的是明确客户和用户现状及问题、收集需求,从而帮助产品经理进行产品设计,选取的调研对象主要是企业中层和基层用户,选择的调研方法主要是用户访谈法。基于调研目的和对象所设立的关键调研问题,如表6-4所示。

表6-4 SRM系统调研问卷

编号	业务领域	问题描述
001	组织架构	业务管理组织架构介绍(提供组织架构图)
002	组织架构	财务账套组织架构介绍
003	组织架构	采购组织架构及职责分工介绍(提供组织架构图、职责分工
004	管理制度	采购制度介绍(提供采购管理制度)
005	业务模式	采购总体业务采购模式介绍(统购,自购等)

（续）

编号	业务领域	问题描述
006	采购业务	采购物资类别介绍
007	供应商管理	供应商类别如何划分
008	供应商管理	供应商准入流程介绍
009	供应商管理	供应商日常管理介绍
010	供应商管理	供应商绩效管理介绍
011	供应商管理	供应商退出管理介绍
012	供应商管理	供应商黑名单管理介绍
013	需求管理	需求管理方式介绍
014	招投标管理	采购策略介绍
015	招投标管理	寻源方式有哪些
016	招投标管理	不同寻源方式的招投标流程介绍
017	招投标管理	如何邀请供应商、报价、评标、比价、议价、中标等
018	招投标管理	寻源有哪些异常场景及处理方式
019	合同管理	合同类别有哪些
020	合同管理	合同的模板管理介绍
021	合同管理	合同拟制签订流程介绍
022	合同管理	合同变更流程介绍
023	合同管理	合同终止流程介绍
024	订单管理	采购订单类型介绍（实物、服务、资产、退货类等）
025	订单管理	采购下单需求来源介绍。存在采购计划或备货计划吗
026	订单管理	采购订单的执行流程介绍（实物、服务、资产、退货）
027	订单管理	采购单价如何定价
028	订单管理	采购订单如何收货，是否存在质检
029	订单管理	采购下单模式（寄售，JIT）
030	订单管理	供应商如何进行 ASN㊀ 协同
031	订单管理	供应商如何做交期计划

㊀ Advanced Shipping Note，预先发货清单。

（续）

编号	业务领域	问题描述
032	订单管理	如何做备货计划
033	结算管理	采购订单结算对账流程介绍
034	结算管理	采购订单发票校验流程介绍

2. A集团的采购战略目标

A集团的采购业务散落在各个中心、BU或组织中。A集团计划拉通各中心、BU、组织和职能部门，共同梳理和建设统一的管控标准，提高组织效能和构建统一采购平台，持续为行业、客户、供应商提供一揽子采购服务解决方案。

3. A集团的采购经营模式

A集团现有的采购模式是采购中心及各组织、BU均有自身的采购团队，它们各自负责的采购商品范围可能重叠，流程和制度也有差异。A集团为了实现战略目标，决定对业务模式进行变革，采取"集团统采＋地区分采＋授权自购"的经营模式，统一流程制度、岗位职责和绩效考核标准等。

4. 总体现状

（1）组织架构

组织架构主要分为行政组织架构和法人组织架构。

收集和整理A集团现有的行政组织架构，简化版如图6-12所示。

围绕A集团的采购战略目标，具备采购职能的组织机构为采购中心、相关组织和BU等，简化版如图6-13所示。

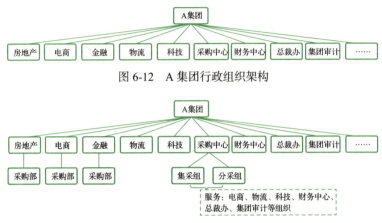

图 6-12　A 集团行政组织架构

图 6-13　A 集团采购领域行政组织架构

法人组织架构主要是指具备法人资格公司所组成的组织结构，每个法人具备独立的财务会计核算，承担相应的民事责任。A 集团采取行政管理组织架构和实际的法人组织架构两套组织架构并行运营，日常的人事管理、工作管理按行政组织架构，涉及财务营收、成本和费用挂账等，则按财务组织架构记账到对应的法人公司、利润中心和成本中心等。

（2）人员和岗位职责

A 集团具备采购职能的人员散落在各个组织和 BU，涉及的岗位主要包括采购总监、高级采购经理、供应商专员、采购专员和订单专员等。他们的岗位职责主要如下。

- ❑ 采购总监：负责整个部门的采购战略、目标和部门管理。
- ❑ 高级采购经理：负责小组采购事项以及人员管理，包括招标、合同和订单管理等。
- ❑ 供应商专员：负责供应商引入、管理和考核。

- 采购专员：负责具体的招投标、合同签订等。
- 订单专员：负责订单的执行、履约和结算对账等。

（3）业务总述

A集团的采购业务从需求到结算形成了端到端的业务闭环，包括需求管理、招投标管理、合同管理、订单管理、结算管理和供应商管理等6个业务领域，覆盖了实物商品、服务、资产和工程等物资类别，采取了"统采+分采"的采购模式，涉及内部公司交易和外部供应商的购买、寄售等业务模式。

（4）系统概述

A集团现有采购中心、各组织和BU均使用各自不同的采购系统，有些组织甚至还未实现线上化。这些系统的利用程度和使用方式均不相同，有些组织是在非采购系统内增加了采购相关的功能模块，有些组织的采购系统框架老化陈旧。总之，存在多套系统，每套系统的技术成熟度不一样，造成A集团整体数据无法统一。

5. 业务描述

（1）业务现状

通过前期的业务调研，A集团各个领域的业务现状如下。

1）需求管理
- 需求类别：包括新需求、项目类需求和合同续签需求。
- 需求流程：各个需求部门的需求人员提交需求后，先由需求部门审批，再将需求转交给到采购人员，采购人员判断需求是否有合同，若存在合同，则转给订单专员执行下订单，否则，将需求转为招投标需求。

2）招投标管理
- 采购策略：采购专员对需求进行品类分析、市场分析、支出分析和供应商资源分析，再制定采购策略，明确招标方式和中标原则。
- 招标方式：主要包括询比价、招投标和电子竞价等方式，按项目的金额选择不同的招标方式。
- 招标流程：经过立项、发标、投标、开技术标、开商务标、比价、议标到定标等流程完成需求的招投标。
- 招标规则：报价单允许按项目或标段招标，按综合得分最高、单价最低、总价最低的原则中标。
- 异常流程：招标过程或定标后需进行异常变更流程，包括中标金额变更、中标单价变更、项目终止等。

3）合同管理
- 合同类别：包括框架合同、单个合同。
- 合同模板：提前制定合同模板，在合同拟制环节应用合同模板。
- 合同生命周期管理：包括合同拟制、合同变更和合同终止管理。
- 合同拟制流程：采购员拟制合同，发送供应商进行磋商，磋商后，双方对合同进行确认，再提交审批，审批通过后盖章并归档。
- 合同变更/合同终止流程：采购员发起合同变更或终止，发送供应商进行磋商，磋商后，双方对合同进行确认，再提交审批，审批通过后对合同进行变更或终止，涉及补充协议则需盖章并归档。

4）订单管理
- 订单类型：包括实物、服务、资产和工程类采购订单。
- 订单流程：订单专员将需求转为采购申请单，再根据采购申请单转为采购订单，采购订单审批后，采购订单发送供应商。
- 预约送货流程：供应商根据采购订单的交货计划做 ASN。
- 收货或验收：实物由仓库根据 ASN 进行仓库收货，服务由需求部门验收，工程由项目组验收，资产由需求部门收货入库。

5）结算管理
- 结算对账流程：每月底，订单专员将当月已完成交货的 ASN 的收货数量汇总，并制定结算批，将结算批信息发送供应商进行确认，双方确认后，完成对账。
- 发票流程：供应商提交发票，订单专员将结算批和发票发送财务，财务根据结算批信息和发票信息做应付凭证。
- 预付款和质保金流程：每次付款由订单专员按合同约定比例提预付款或质保金申请金额，审批后财务再次核对后执行付款。

6）供应商管理
- 供应商类型：包括合格和临时供应商。
- 供应商引入流程：供应商专员搜索供应商，或供应商主动联系 A 集团，供应商专员先发其准入申请，通过后，再进行供应商考察，考察后，对供应商进行评估，评估通过进入供应商合格库。
- 供应商日常管理：与供应商发生实际业务后，供应商专员会对供应商进行日常管理，当供应商绩效不佳时，要求供应商整改；当供应商存在违约行为时，对供应商处罚；每年度、季度、月度会对供应商绩效考核等。
- 供应商退出：供应商发起，或供应商专员要求供应商退出合作，审批通过，则不再与供应商进行合作。

（2）业务流程

将 A 集团现有的业务流程图和流程文件收集并汇总，发现不同组织、BU 的业务流程均不相同，这里主要挑选一些具有代表性的总业务流程、招投标、合同、订单和供应商业务流程图，以便读者了解采购领域的相关业务。

采购需求到结算的现状总业务流程图，如图 6-14 所示。

招投标现状业务流程图，如图 6-15 所示。

合同拟制现状业务流程图，如图 6-16 所示。

采购订单生成现状业务流程图，如图 6-17 所示。

供应商管理现状业务流程图，如图 6-18 所示。

6. 存在的核心问题

通过前期的业务调研，A 集团存在的核心问题主要包括如下方面。

- 各个组织、BU 缺乏统一的采购平台，供应商数据无法统一。
- 不同采购多组织、BU 的采购业务无平台支撑，数智化程度低。
- 无法实现采购业务端到端闭环，无法满足未来市场化扩张的诉求。

第6章 设计阶段：从产品概念到产品方案

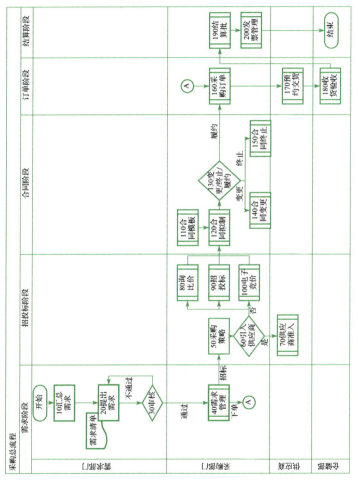

图6-14 A集团采购现状总业务流程图

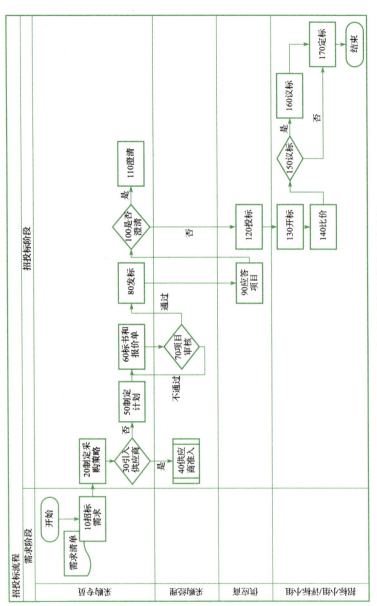

图 6-15 A 集团招投标现状业务流程图

第6章 设计阶段：从产品概念到产品方案

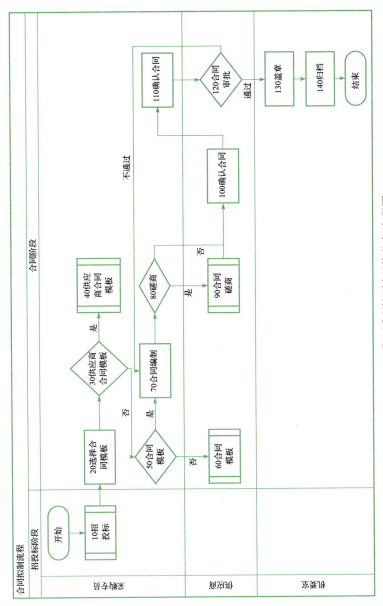

图 6-16 A 集团合同拟制现状业务流程图

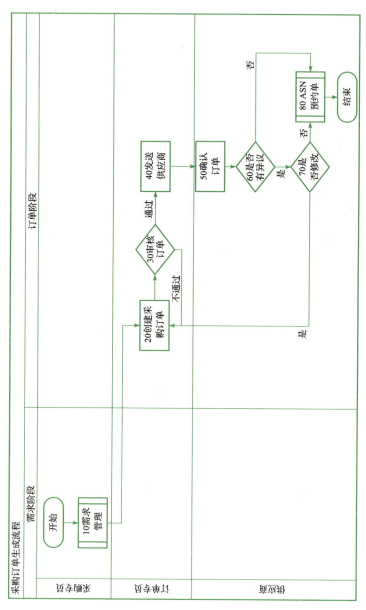

图 6-17 A 集团采购订单生成现状业务流程图

第6章 设计阶段：从产品概念到产品方案

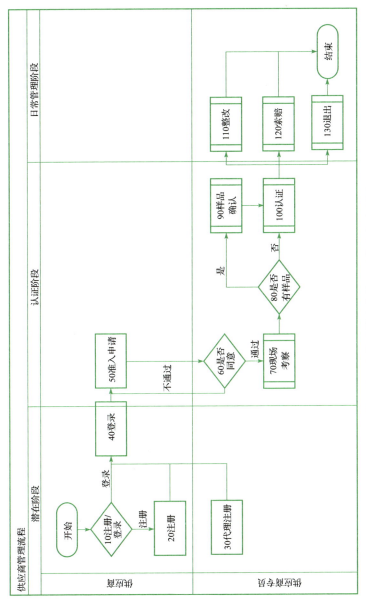

图6-18 A集团供应商管理现状业务流程图

7. 期望和需求

A集团期望搭建的采购平台能够更加智能化、用户友好,支撑更多组织和业务场景,同时系统性能稳定,可扩展性强。各个业务领域关键的期望和需求如下。

- ❏ 需求管理:需求线上化提交、合并和分发,减少线下接收。
- ❏ 招投标管理:招投标过程线上化、比价智能化、议标线上化、智能化招标等。
- ❏ 合同管理:合同管理过程线上化、在线磋商、电子签章和归档等。
- ❏ 订单管理:打通实物、服务、资产、工程的收货和验收线上化闭环。
- ❏ 结算管理:供应商结算对账线上化、发票线上化等。
- ❏ 供应商管理:供应商准入流程标准化,引入准入信用分、绩效考评制度等。

6.2 流程梳理

企业客户的业务运营流程往往是比较复杂的,涉及不同部门和岗位之间的协作。流程不仅仅是一张流程图,涉及岗位之间分工、配套的管理制度等,更为重要的是流程对于客户及公司的价值,在于满足其战略和经营目标。

本节主要从流程梳理的定义、目的、方法和实践等方面阐述了B端产品的流程梳理的方法论。最后,围绕A集团的业务调研报告梳理业务流程,最终输出流程图。

6.2.1 目的和方法

要有效梳理业务流程，先要理解业务流程梳理的定义，再明确业务流程梳理的目的，最后采取相应的流程梳理方法。下面分别进行说明。

1. 定义和目的

我们将业务流程梳理定义为，将描述不完整、不规范、不清晰的业务过程进行分析和整理，形成可视化的业务流程并配套相关的制度和规则的过程。业务流程梳理的目的一般包括如下方面。

- ❏ 规范业务流程，明确岗位职责分工。
- ❏ 增强企业部门、岗位、活动之间协同。
- ❏ 加强业务过程的风险管控。

2. 两种方法

流程梳理的方法很多，但方法本身并不是万能的，你也并不一定要用到所有方法，具体如何选择，取决于实际的需要和要求。这里介绍两种常用的流程梳理方法。

（1）ESEIA 方法

ESEIA 方法的名称由五个首字母组成，包括 E（Eliminate，清除）、S（Simplify，简化）、E（Establish，增加）、I（Integrate，整合）和 A（Automate，自动化），用来减少流程中的非增值活动，增加流程中的增值活动，然后进行整合和自动化，如图 6-19 所示。

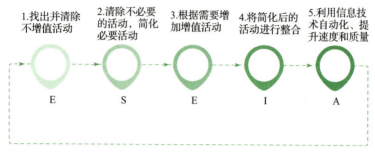

图 6-19 ESEIA 方法

（2）DMAIC 方法

DMAIC 方法是通用电气公司在总结六希格玛经验的基础上提出的，是流程改进的重要工具，是由 D（Define，定义）、M（Measure，衡量）、A（Analyze，分析）、I（Improve，改进）和 C（Control，控制）5 个阶段构成的流程改进方法，如图 6-20 所示。

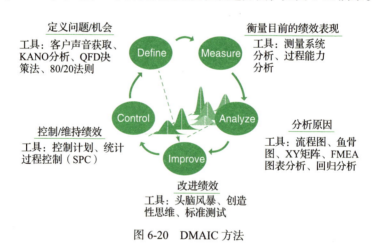

图 6-20 DMAIC 方法

这 5 个阶段又进一步拆分为 10 个步骤，每个步骤都有自身的任务和工具集合，我们在设计和优化流程时，可按部就班地进行参考，10 个步骤如表 6-5 所示。

表 6-5 DMAIC 方法 10 个步骤

步骤	描述	任务	工具
D	定义：明确需要解决的问题		
1	明确客户需求	明确客户及其需求 分析客户需求	客户分类列表、客户需求调查、问题来源、KANO 分析、VOC 与 CCR、质量展开图
2	确定项目 CTQ 和 Y	客户需求转化为 CTQ（品质关键点） 确定项目的质量指标特性 CTQ 确定流程输出衡量值 Y	质量屋 QFD、CCR、帕累托图
3	完成项目立项	问题和目标陈述 确定项目范围（SIPOC） 项目立项书	SIPOC 图、项目立项书
M	测量：测量目前流程的绩效水平		
4	测量系统分析	统计基本知识、建立测量系统 制定计划并收集数据、测量系统分析	数据收集计划表，数据测量系统分析
5	过程能力分析	制定数据收集计划、收集 Y 的数据 过程波动分析、过程能力分析	时间序列图、连续数据过程能力分析、离散数据过程能力分析
A	分析：分析并确定问题发生的关键、根本原因		
6	寻找潜在要因	详细流程图、流程分析 确定潜在关键因素 X	发散工具：流程图、价值流程图、头脑风暴、鱼骨图 收敛工具：5WHY、因果矩阵、FMEA
7	确定关键因素	制定 X 数据收集计划、分析 X 与 Y 之间的关系 确定关键因素 X	定量工具：描述性统计、直方图、箱形图、散点图、矩阵图、帕累托图、饼图
I	改进：实施改进方案并验证改进结果		
8	提出并实施改进方案	提出多种改进方案、选择并优化改进方案、实施风险评估	头脑风暴、标准测试、X-Y 矩阵、ESIA、KPI 体系、组织设计 PACE、风险管理、WBS、甘特图、项目执行过程管理

(续)

步骤	描述	任务	工具
9	验证改进结果	制定改进方案实施计划、跟踪实施过程、确认改进结构	流程能力分析、图表分析、FMEA
C	控制：固化改进结果		
10	固化改进结果	制定控制计划、流程固化、实施SPC控制、财务收益核算、项目成果推广	控制计划工具箱：书面程序、报告、ISO、SOP、岗位说明书、SPC统计过程控制、公司政策修改

6.2.2 如何梳理业务流程

明确了流程梳理的目的和方法，下一步就是流程梳理实践。企业业务运营的业务流程多而复杂，常用的业务流程梳理主要包括隐性流程显性化和显性流程标准化。

1. 隐性流程显性化

隐性流程主要是企业实际业务过程中存在的工作流程，并没有以流程图可视化的方式展现出来。这往往是企业流程非标准化或者管理并未精细化所致。我们在梳理企业业务流程时就要考虑整个业务流程的闭环，相关工作流程的标准化和可视化管理。隐性流程想要显性化，这里主要分4步进行，如图6-21所示。

（1）收集流程信息

在前期的业务调研中，B端产品经理从宏观和微观两个层面了解了企业客户的业务现状和问题，收集了很多跟客户相关的文件资料，包括不限于：

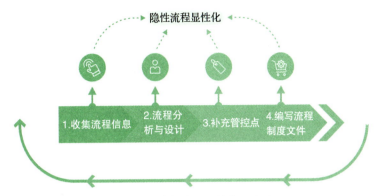

图 6-21 隐性流程显性化 4 步法

- 业务调研报告；
- 现有流程文件；
- 实际业务描述；
- 工作记录文件；
- 工作绩效报告。

通过对这些文件进行分析，我们能够发现很多业务过程并未体现在流程图文件中，而是通过日常工作中员工之间相互沟通和配合完成的。流程规划时就要考虑将这部分工作任务设计为标准化业务流程，进行可视化管理。我们可以将这些工作任务按照结构化的形式进行整理，形成业务流程分析表，如表6-6所示。

表 6-6 业务流程分析表

业务流程分析表	
流程名称	
流程目的	
流程目标	
流程所有者	

（续）

业务流程分析表							
岗位及职责							
上下游流程							
序号	活动	岗位	具体任务/ 管理原则/ 异常处理	存在问题			相关文件、表单、 手册、指引等
				描述	原因	优先级	
1							
2							
3							

按照表格的模板，我们可以将业务过程中的业务描述、工作文件相关记录梳理成对应的活动内容，以便后续进行流程设计工作。比如，A集团每季度、半年和年度均会对供应商绩效进行考核，每次都会由供应商专员发起考核，组织相关评分人进行打分，最终将评分人的分数乘以权重，汇总分数得出供应商本次考核的得分。但相关的岗位协同并未有业务流程和文件支撑，导致不同小组或团队的处理流程在大原则下"各自为政"。我们按业务流程分析表将供应商绩效考核的核心步骤梳理出来，如表6-7所示。

表6-7 供应商绩效考核流程分析表

业务流程分析表	
流程名称	供应商绩效考核
流程目的	明确考核过程中的岗位职责和协同关系，提高绩效考核效率
流程目标	完成绩效考核发起到完成的流程闭环
流程所有者	供应商专员

（续）

业务流程分析表							
岗位及职责	供应商专员：发起和组织评分小组进行绩效打分，并汇总得出绩效分数 评分小组：按标准进行打分 采购经理：对供应商绩效考核分数进行审核 供应商：确认绩效考核分数						
上下游流程	供应商整改流程、供应商退出流程						
序号	活动	岗位	具体任务/管理原则/异常处理	存在问题			相关文件、表单、手册、指引等
				描述	原因	优先级	
1	填写考核信息	供应商专员	根据考核资料填写考核单				绩效考核单
2	是否有绩效考核模板	供应商专员	判断是否有绩效考核模板：存在，则选择模板；否则，需新建模板				绩效考核模板
3	生成绩效单	供应商专员	选择评分人，绩效模板，生成绩效单				绩效考核单
4	生成评分单	供应商专员	按评委拆分为评分单	评分人是否转办			
5	打分	评分人	评分人按绩效模板标准打分	打分参考			
6	汇总得分	供应商专员	系统自动将分数乘权重汇总	多人打分			
7	审批	采购经理	对绩效考核单得分进行审批：通过，则通知供应商；否则，重新打分	审批层级，重新打分标准			
8	通知	供应商专员	将绩效分通知供应商				
9	绩效确认	供应商	对绩效结果确认：同意，绩效结果应用；不同意，申诉	如何申诉有效			
10	绩效结果应用	供应商专员	不合格，则整改或退出；否则，继续合作				

(2)流程分析与设计

收集足够的流程信息并设计业务流程分析表后,接下来我们就可以按照流程分析与设计 5 步法对这些信息进行分析,设计出高效的业务流程。流程分析与设计 5 步法如图 6-22 所示。

图 6-22 流程分析与设计 5 步法

流程的目的一般是规范岗位职责分工,提高部门和岗位之间的协同效率,加强流程风险管控。目的不同,流程设计的路线和效果也会不同。比如,A 集团的供应商认证过程更关注对供应商风险的管控,供应商准入分数大于 60 分为合格,并且还需要现场考察和评估供应商的能力,最后还必须在决策会议上讨论供应商是否准入。相反,B 集团的供应商认证过程则以效率优先,更关注快速响应客户需求,让供应商快速提供产品或服务,继而满足客户诉求。因此 B 集团整个供应商认证流程就要尽量高效。

基于流程目的设立流程的目标和关键点。目标的设立遵循 SMART 原则即可,便于后续评估流程的效果。比如,A 集团的供应商引入过程的目的是管控供应商风险,我们在流程线路上的目标是通过准入、考察、评估和认证 4 个环节认证供应商是否为合格供应商,同时关键控制点为考察、评估和认证 3 个环节。

明确流程中所有活动涉及的岗位,以及这些岗位的主要职责是什么,进一步划分不同活动和岗位职责的边界。《跟我们做流程管理》一书中明确了职责的分配原则如下。

- ❏ 流程效率最大化。
- ❏ 岗位职责清晰。
- ❏ 岗位的权、责、利相等。
- ❏ 让胜任的人去执行。

按照业务活动顺序，遵循流程图的设计规范，从起点开始到终点结束，中间过程明确"谁，按什么顺序，干了什么事，输入及输出了什么，有哪些中断事件"，也就是明确业务流程的要素，包括角色、连线关系、活动、输入、输出和分支，如图 6-23 所示。

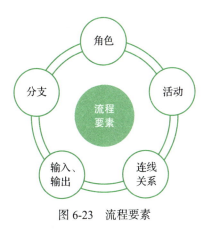

图 6-23　流程要素

一般情况建议直接采用 Visio 工具画流程图，主要是方便快捷，其他工具如 UML、Axure 或 PPT 也支持画流程图，相对来说，个人更偏好 Visio 工具。在画流程图的过程中，为了尽量让流程图看起来好看，我们也要遵循如下这些规范。

- ❏ 流程图尽可能简洁明了，如果出现跨线连接，最好采用跨线的符号进行连接。
- ❏ 按活动发生逻辑先后顺序，从上到下，从左到右地绘制流程图。
- 不同活动的颗粒度要尽量要一致。
- 每个活动的颗粒度大小要合理,既不能太大,也不能太小。太大职责不够清晰,太小又把流程搞复杂了。这里没有明确的标准,建议活动颗粒度大小按岗位活动的清晰度和明确度来定,也就是说令工作人员对该活动的内容没有疑问。
- 上下游的子流程也需要嵌套进来。
- 输入文件从活动左上角进入,输出文件从活动右下角输出。
- 涉及系统的活动需标识系统名称。
- 活动名称可按动宾结构进行描述,比如"提交需求"。
- 活动的上面和左边的线条是进入的,下面和右边的线条是出去的。

这里提供一个流程图规范样例,如图 6-24 所示。

画好了流程图,接下来就要明确当前业务流程的上下游流程以及与该流程协同的其他部门或岗位。

我们将上述供应商绩效考核业务流程分析表,按照流程分析与设计的 5 步法,设计出供应商绩效考核流程图,如图 6-25 所示。

(3)补充管控点

分析和设计完业务流程,也就清晰了业务过程和岗位职责,下面就要梳理流程中的管控点。管控点往往跟各个企业的管理诉求有密切的关系,虽然管理理念和思想是通用的,但各个企业的管控诉求会存在不同。这些管控诉求总结起来,包括审批、业务规则和异常机制 3 个方面。

- 审批：业务流程往往会涉及审批，审批规则和节点在每个企业可能会不同，这要求审批流程更加灵活。
- 业务规则：业务流程中的业务规则同具体企业的管理要求有关，这就要求业务规则需根据具体企业的目标来设置。
- 异常机制：业务流程中遇到异常情况如何处理，是否有相应的异常处理机制。

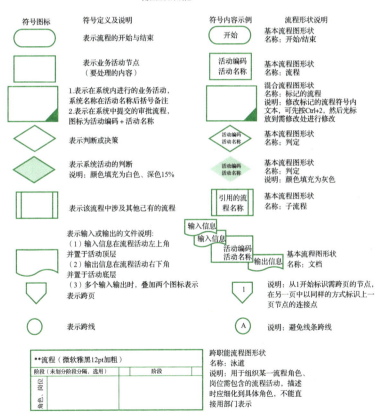

图 6-24　流程图设计规范

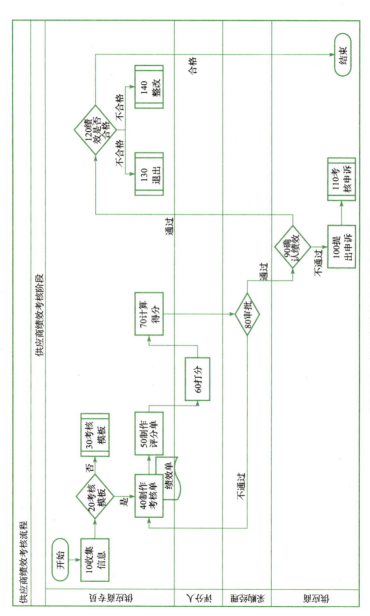

图 6-25 供应商绩效考核业务流程图

上述 A 集团供应商绩效考核业务流程的管控点主要包括绩效考核单审批层级定义、打分规则和算分规则定义，以及在打分错误时重新算分的异常机制等。

（4）编写流程制度文件

画出来的流程图不仅仅是一张图，还需要落地为具体文件，即形成流程文件。流程文件描述了业务流程的目的、适用范围、术语、职责、流程图、管理规定、相关文件、存档记录和附件清单等。流程文件的目录模板如图 6-26 所示。

目录

1. 目的 ··· 4
2. 适应范围 ·· 4
3. 术语、定义和缩写语 ·· 4
4. 职责 ··· 4
5. 流程图 ·· 4
6. 管理规定 ·· 4
7. 相关文件 ·· 4
8. 存档记录 ·· 5
9. 附件 ··· 5

图 6-26 流程文件的目录模板

- 目的：描述编写业务流程的文件目的。
- 适应范围：描述流程文件适应的范围，包括哪些组织或客户。
- 术语、定义和缩写语：流程文件中出现的定义或术语需提前列明。
- 职责：描述流程文件中流程图涉及的部门、岗位以及岗位的职责等。
- 流程图：具体业务流程的流程图。
- 管理规定：描述具体业务流程图的管理规定和原则。
- 相关文件：列明流程文件相关的其他文件，如无，则填写无。
- 存档记录：描述流程图中涉及的表单存储记录等。
- 附件：列明流程图涉及的表单附件清单。

2. 显性流程标准化

显性流程主要是企业客户实际存在并使用的业务流程，并且有流程图记录、展示和配套的制度文件等。面对这些业务流程，B端产品经理就要基于管理思想和理念，根据流程价值最大化、效率最高化、风险可控性的原则进行设计和标准化。标准化业务流程可分 3 步进行，如图 6-27 所示。

图 6-27　显性流程标准化 3 步法

（1）现有流程分析与诊断

现有流程分析与诊断是将不同客户的业务或客户的多元化业务线，参照流程要素，按流程价值最大化、效率最高化、流程合规性 3 大原则进行现状流程描述、问题诊断和分析，挖掘问题背后的原因、背景、诉求和管理原则等。

收集不同客户或组织的现状业务流程图之后，B端产品经理可以将这些业务流程图按照上述业务流程分析表描述流程中的活动与问题，以便分析和挖掘其中的问题。比如，通过前期的业务调研，我们收集了A集团不同组织、BU的现状招投标业务过程，这些业务过程主要包括招标立项、发标、答疑澄清、投标、开标准备、开标、比价、议标和定标等。不同组织、BU的招投标业务过程又不一样，为了方便描述业务流程图，我们使用简化版形式，如图6-28所示。

从图6-28中我们知道，不管是A组织、B组织还是C组织，招投标业务过程主流程的顺序都是一致的，都需要经过立项、定标两个关键节点，中间节点因不同的管理诉求会有相应的省略或顺序调整。比如，B组织在招文发布之前，先进行了技术标准制定及技术标评审。在正式开标之后，可以引用之前的技术标评审结果。这是在供应商范围相对确定的情况下，为加快商品的招标过程，保障商品的供货速度所采取的策略。倘若招文发布之前不先进行技术标评审，而是在开标之后再进行技术标评审，也可以完成招投标任务。

明确了不同组织、BU的招投标业务现状和流程，我们可以采用麦肯锡逻辑树框架和鱼骨图分析等方法对问题进行诊断和分析。

❑ 麦肯锡逻辑树框架就是把每个问题的子问题分层列出，由最高层的问题向下逐级扩展，每想到一个问题，就在树干上添加一根树枝，并标明代表那个问题，这样一根树枝上还可以有更小的树枝，以此类推，可以把一个问题的所有相关问题都找到。这种方法有助于B端产品经理厘清思路和问题，排除无关问题和减少重复思考。

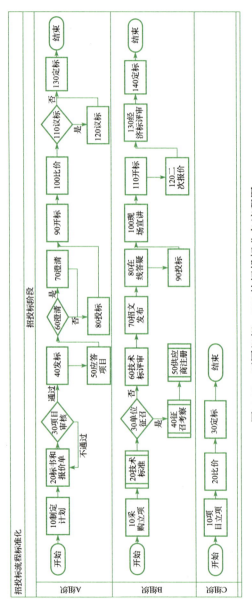

图 6-28 不同组织、BU 的招投标业务流程图

❑ 鱼骨图分析法由日本管理大师石川馨发明。它是一种发现问题根本原因的方法，分析过程酷似"鱼骨"，问题标在"鱼头"，鱼骨身上长出"鱼刺"，每根"鱼刺"上标注可能的原因。通过不断问为什么，找出问题的真正原因。这种方法有助于 B 端产品经理透过现象看本质。

通过麦肯锡逻辑树框架，我们能够梳理业务流程中的问题；采用鱼骨图分析法，我们能够发现问题背后的原因，从而采取有效的解决方案。我们可以深入思考流程的目的和目标是什么，流程需要达到什么样的效果才符合价值最大化、效率最高化、流程合规性，为了达到目标，需要解决哪些问题，这些问题背后的原因是什么，解决这些问题的关键点在哪，最佳的方案是什么。

比如，A 集团不同组织、BU 的招投标业务流程各不相同，但它们有一个共同的目标，那就是完成商品的招投标，找到合适的供应商。只是 A 组织采用了相对标准的招投标流程，存在招标风险管控的目的；B 组织在特定的商品范围内，将招投标过程中的技术标评审节点前置，主要是为了提高招投标的效率和减少不必要的成本；C 组织采用了招投标结果直接存档，无须供应商投标的流程，主要是为了提高招投标的效率，但势必会带来一定的招标风险，这种方式一般是新兴业务为了快速抢占市场而采用的，获客是第一目标，保障客户的商品供应才是当前阶段的核心。

明确了不同组织现状招投标流程的目的，为了能够统一流程、减少规则的差异化带来的管理成本，我们需要建立标准化的招投标业务流程。而如何标准化业务流程是摆在我们面前最大的问题，要想解决这个问题，首先要统一各组织、BU 的流程、目的；然后要进行业务流程重组。

(2)目标流程标准化设计

要想对流程进行标准化设计,我们至少要做到以下几点。

1)确定共同的流程目的和标准化设计目标。流程的目决定整个业务流程的侧重点和走向,流程目的不一样,业务流程有可能走出不同的路线。为了建立共同的流程目的和标准化设计目标,我们需要在价值最大化、效率最高化和流程合规性三者之间取得平衡。

2)基于成熟的管理思想、理念和客户需求来设计。业务流程是企业岗位职责和业务管理过程的体现,企业运营管理的好坏,也会间接体现在业务流程的设计上。成熟的管理思想、理念在大多数世界 500 强企业中被验证能够指导企业更好地运营和提高管理效率。这些管理思想和理念也可以应用到现有流程的标准化设计中,帮助 B 端产品经理更好地理解业务标准化过程。除此之外,我们还需要考虑客户需求,客户期望业务流程达到什么目的。有些是希望高效,有些是希望流程合规。比如,对合同不同金额的层级审批,就是进行风险控制,要求流程合规;不超预算的办公用品领用,简化流程审批环节,是为了提高流程效率等。

3)采取合适的流程梳理方法,遵循流程规范和原则。这样做能够提高流程的通用性和标准化。比如,ESEIA 方法和 DMAIC 方法就提供了流程梳理的方法、步骤和工具,能够帮助 B 端产品经理更好地设计标准化流程。同样,遵循一些流程设计规范和原则,也能够让流程图显得更专业和更具可读性,流程设计规范和原则在前文关于流程分析与设计的内容中进行了介绍。

回到 A 集团的案例中,如何标准化招投标业务流程呢?

首先,建立共同的流程目的和目标。A 组织、B 组织和 C 组织的流程目标都是完成商品招投标,找到合适的供应商。招投标的本质就是要确保招标过程的公开、公平、公正，让买卖双方自愿达成合作意愿，防止出现徇私舞弊或以欺骗的方式获得中标资格。因此，招投标过程中的每个节点应当能够增值、高效和合规，不同组织、BU 的流程目的应当保持一致。

其次，采用 ESEIA 方法对招投标流程进行优化和标准化，如图 6-29 所示。

第一步，加入增值活动，去掉非增值活动。比如，A 组织的增值活动包括比价、议标活动；B 组织的非增值活动包括开标准备、现场宣讲，可作为开标前的准备工作和开标现场的开场白，不用单独作为一项活动。

第二步，简化流程，统一业务流程的活动顺序。A 组织的招标业务流程从制定计划开始，中间经过制定标书和报价单、项目审核、发标、应答、答疑澄清、投标、开标、比价、议标和定标。B 组织与 A 组织的差别是将技术标准编制和技术标评审提前至招文发布之前，此时，可统一 A 组织和 B 组织的招投标流程，将技术标评审放在开标之后更符合招投标的管理流程和理念。C 组织满足特殊业务场景，此时，可将 C 组织的招投标流程作为简化版的招投标标准业务流程。

第三步，将相同目的的活动整合为一个活动，不同目的的活动拆分为多个活动。比如，A 组织的招投标流程中的制定计划、制定标书和报价单可以整合为项目立项活动节点，A 组织流程中的开标包含技术标和商务标，可拆分为开技术标和开商务标两个活动节点；B 组织的采购立项和 C 组织的项目立项都是单独的项目立项活动节点。

最终按照 ESEIA 方法优化和标准化招投标流程，该流程图包括上游的招标需求活动节点和采购策略子流程图等，如图 6-30 所示。

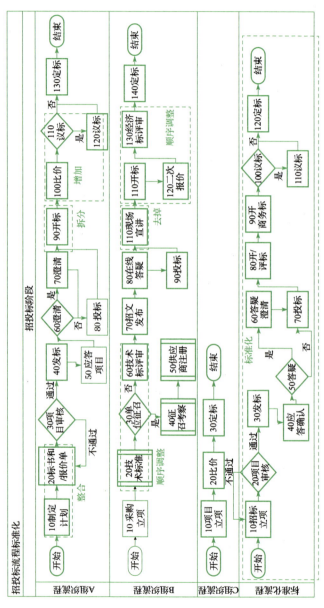

图 6-29 招投标业务流程标准化过程

第6章 设计阶段：从产品概念到产品方案

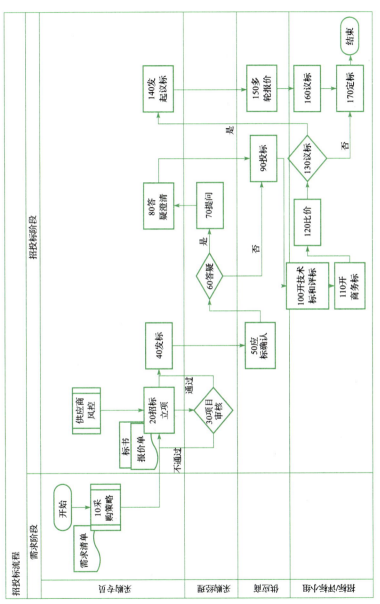

图 6-30　招投标业务流程图

241

(3)流程文件调整

业务流程完成标准化设计后,对应的流程文件也要进行调整和更新,以便保障标准化流程的有效运作和应用。流程文件的内容与前文相似,不再赘述。

6.2.3 案例:A 集团 SRM 系统的业务流程梳理

掌握了隐性流程显性化、显性流程标准化的方法后,围绕 A 集团的背景和诉求,我们基于前期的业务调研成果,将各个业务领域的一级、二级和三级业务流程进行显性化和标准化,最终构造采购业务领域的流程图。下面挑选各个业务领域显性化和标准化后具有代表性的业务流程图,包括需求管理、招投标管理、合同拟制管理、采购订单处理、供应商管理和结算管理,以便大家掌握和区分梳理后的业务流程图。

流程梳理和优化后的需求管理,如图 6-31 所示。

流程梳理和优化后的招投标管理,如图 6-32 所示。

流程梳理和优化后的合同拟制管理,如图 6-33 所示。

流程梳理和优化后的采购订单处理,如图 6-34 所示。

流程梳理和优化后的供应商管理,如图 6-35 所示。

流程梳理和优化后的结算管理,如图 6-36 所示。

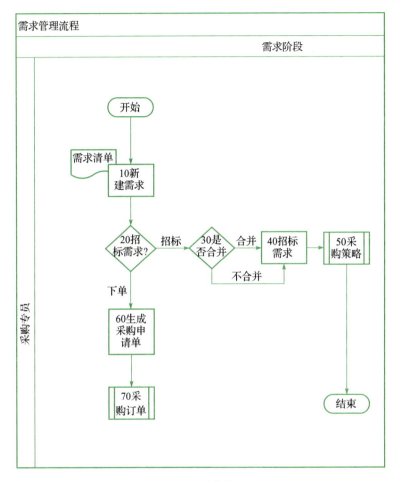

图 6-31 需求管理

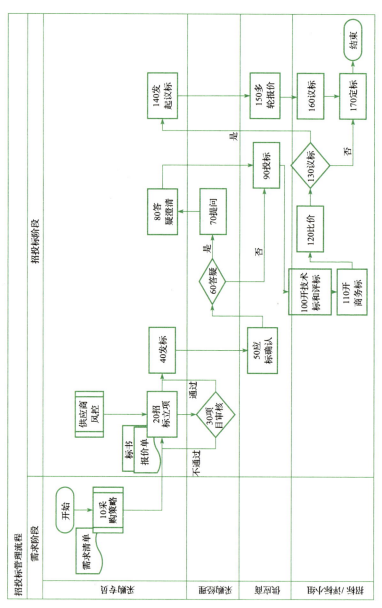

图 6-32 招投标管理

第6章 设计阶段：从产品概念到产品方案

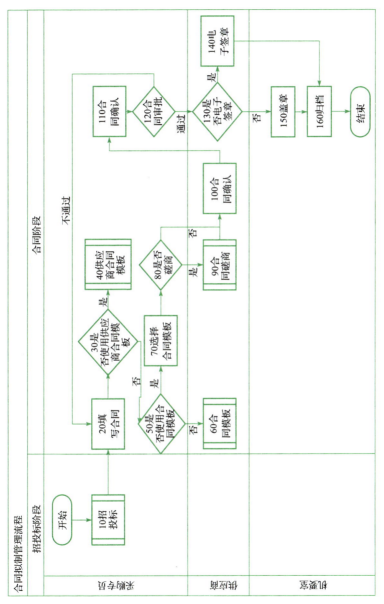

图 6-33 合同拟制管理

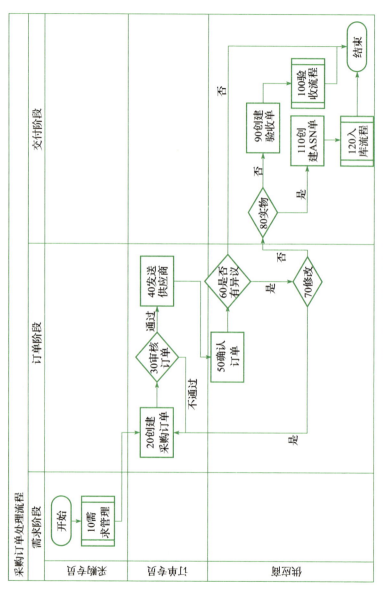

图 6-34 采购订单处理

第6章 设计阶段：从产品概念到产品方案

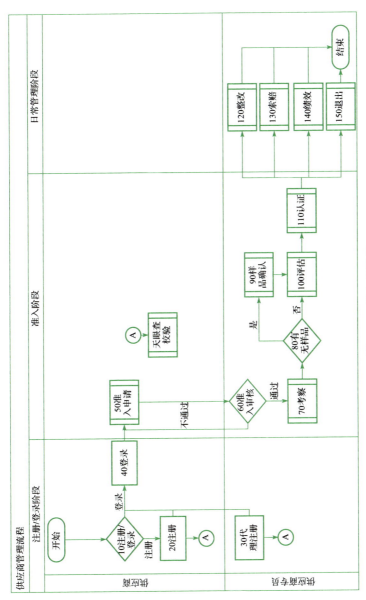

图 6-35 供应商管理

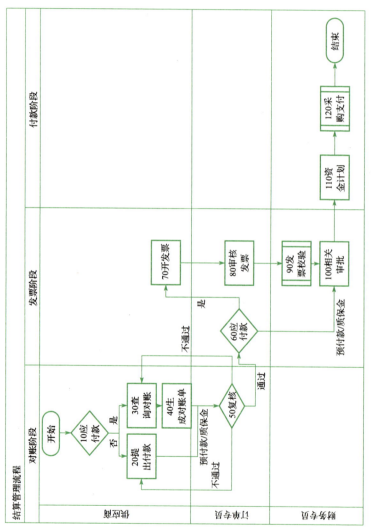

图 6-36 结算管理

6.3 需求分析

需求分析是老生常谈。B 端产品经理面对业务方的"合理"需求，总是疲于应付，找不到更合理的建议，只能把用户提的方案直接当产品方案，成了"需求搬运工"。出现这些问题，很大程度上是因为 B 端产品经理对需求挖掘得不够深，分析得不到位。那么如何破局呢？

本节主要从认识需求、需求分析理论、需求分析方法和需求分析 4 个方面阐述，解决 B 端产品的需求分析难点。最后，围绕 A 集团的案例对 SRM 系统的需求进行分析。

6.3.1 认识需求

"需求"一词随处可见。B 端产品经理日常工作中面对的需求主要来自用户或客户。理解这些需求可以从需求定义、需求类型和需求层次 3 个方面入手。

1. 需求定义

需求是什么？需求可以简单理解为客户理想与现实的差距，并且客户有意愿、有能力消除这种差距，而不是不切实际的空想。空想是欲望的一种表现，需求不等同于欲望。B 端产品经理要区分清楚方案和需求，很多时候用户提的需求并非真正的"需求"，而只是他想要的方案。真正的需求是用户在实际业务场景中碰到的某一类问题，方案是为了解决特定场景下的问题而提出的。

比如，用户希望做一个功能让采购人员自行帮助供应商预约交货，因为供应商不知道哪个仓库缺货。这是一个方案级需求，该需求直接要求产品经理给采购员做一个预约交货的功能。B端产品经理如果按这个需求直接开始做，将来必定会返工。真正的问题是当仓库即将缺货时，需及时触发补货，这需要将仓库备货的预警机制、采购员订单分配机制和供应商预约送货机制配套使用，才能有效解决仓库缺货的问题。

2. 需求类型

面对众多需求，适当进行分类，有助于B端产品经理更好地管理需求。我们将需求简单划分为战略需求、用户需求和产品需求3类，如图6-37所示。

图6-37 需求类型

- 战略需求：是企业战略目标和核心诉求，具备方向性。
- 用户需求：是用户提出的、想要解决的具体问题。
- 产品需求：是产品要设计的具体功能需求、非功能需求和数据需求等。

B端产品经理要理解3类需求的本质，将战略需求、用户需求和产品需求三者统一，围绕共同要解决的问题，真正为企业客户带来实际的价值。

3. 需求层次

理解需求不能只看表面上的文字描述，需要洞察需求背后的内涵，这就要求 B 端产品经理透过现象看本质，抓住最核心的需求。为了便于理解，我们将需求划分为 3 个层次，如图 6-38 所示。

图 6-38　需求层次

- ❑ 观点和行为：指用户说的、做的，属于表面上的需求。
- ❑ 目的和动机：指用户真正想要的。B 端产品经理要站在对方的位置上，假设自己处在那个环境想要达到的目的是什么。
- ❑ 需求本质：用户所阐述需求的本质是什么，透过用户说的和真实需求洞察用户背后的价值观。

B 端产品的使用者往往是大量基层用户，这些用户分布在不同部门和岗位，基于部门利益和自身角度，所提所想往往具有不同程度的局限性。B 端产品经理要站在旁观者的角度审视用户所提的需求，注意他们的言行，洞察其背后的动机，抓住问题的核心本质，再着手提出可行的解决方案。

6.3.2 需求分析理论

理论是实践的基础。掌握好理论能够更好地指导 B 端产品经理进行需求分析。B 端产品经理需要把握"1 个核心思想 +2 个基础理论"的应用。

1. 1 个核心思想

需求分析的核心思想是关注问题级需求,而非方案级需求。问题级需求是用业务的语言对需求进行描述和理解,通常可以从下面的提问入手。

- ☐ 需求的业务背景和目标是什么?
- ☐ 具体业务流程有哪些?
- ☐ 业务流程中涉及的角色、行为和数据有哪些?
- ☐ 这些角色用户在采取行为的过程中遇到了什么问题或挑战?
- ☐ 这些角色用户现在是如何解决这些问题或挑战的?
- ☐ 为什么要解决?不解决行不行?
- ☐ 解决后影响谁?好处和坏处是什么?

我们将 6.3.1 讲解的需求定义中的案例问题整合起来,如表 6-8 所示。

表 6-8 需求分析核心思想框架

问题描述
用户希望做一个功能让采购系统能自行帮助供应商预约交货,因为供应商不知道哪个仓库缺货
业务背景
采购员下单后,供应商按采购要求进行交货,采购要求来自地区需求部门

（续）

业务流程
地区需求人员提交需求→采购部门接收并通知供应商→供应商交货
影响了谁
地区需求人员、采购员、供应商
遇到的问题
地区需求人员统计各仓需求量的准确性差，还得兼顾仓库库容；需求提交后，哪些供应商能交付，采购员得自行判别
现在如何解决
地区需求人员：利用 Excel 表统计和计算，发邮件给总部 采购员：利用 Excel 表统计和计算各供应商交付能力，再进行配额分配
为什么要解决
线下统计工作量大，计算错误，经常导致仓库缺货，导致没有货发，遭受损失和投诉
解决的好处和影响
减少错误率，提升工作效率
解决方案要点
（1）仓库补货模型 （2）订单配额模型

2. 2 个基础理论

C 端产品的需求分析涉及心理学相关理论知识，同样 B 端产品的需求分析也需要基于理论模型。B 端产品需求分析过程中涉及两个基础理论，包括 Y 理论和马斯洛需求层次理论，下面分别进行简要说明。

（1）Y 理论

《人人都是产品经理》的作者苏杰曾提到过 Y 理论。面向 B 端产品，我对 Y 理论做了进一步的演化和延伸，如图 6-39 所示。

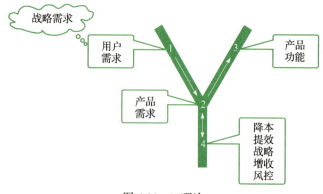

图 6-39　Y 理论

战略需求是目标与现状的高层次需求,用户需求是原始具体需求,产品需求是方案需求,产品功能是最终交付的产品或服务。B 端产品经理要基于战略需求将用户需求转化为产品需求,再转化为产品功能。在转化的过程中,要始终考虑到需求的价值输出和 B 端产品为企业赋能,帮助企业达到降本、提效、战略、增收和风控的目的。

(2)马斯洛需求层次理论

马斯洛需求层次理论能够帮助 B 端产品经理更好地理解目标用户群体的需求和期望。这里简单介绍一下马斯洛需求层次理论,它将人的需求和愿望划分为 5 个层次,包括生理需求、安全需求、社交需求、尊重需求和自我实现,如图 6-40 所示。

❑ 生理需求:人的最基本的需求,包括衣食住行等。
❑ 安全需求:满足人身安全和社会保障需求,包括健康、医疗、教育、安全等。
❑ 社交需求:爱与归属的需求,包括家庭、团体、朋友和同事的关怀和理解。

- 尊重需求：获得外部认可、尊重的需求；
- 自我实现：实现个人理想、抱负、追求的需求。

图 6-40　马斯洛需求层次理论

6.3.3　需求分析方法

理解了需求和需求理论，接下来了解需求分析常用的方法，包括用例技术法和 RAPS 法。

1. 用例技术法

用例技术法是采用用例图和用例描述的方式来描述产品需求。使用用例技术法之前，我们需要理解用例图和用例描述的概念。

（1）用例图

用例图描述参与者与系统的关系，是从用户的角度来描述系统的功能。它主要包括参与者、用例和关系 3 个要素。

参与者是系统外部的一个实体，可以是人，也可以是系统。它以某种方式参与到用例的执行。它一般由固定的图形来表示，并在参与者下面列出参与者的角色名,这里要注意的是列出角色名,而非实际人名,角色是代表了一类用户,如图 6-41 所示。

用例表示用户期望系统完成什么任务,体现了用户意图和目的。每个用例说明了系统提供给用户的一种服务,满足业务的一种使用场景,一般用椭圆来表示,用例的名称写在椭圆内部,如图 6-42 所示。

图 6-41 参与者　　　　　　图 6-42 用例

如何界定用例的颗粒度大小?一般情况下一个用例应该是一个完整的闭环业务场景,尽量不要把一个任务的多个步骤拆分为不同用例。比如,错误的做法是将编辑合同和保存合同分别作为用例,正确的做法是将合同拟制作为一个用例。

关系主要是描述系统的参与者与用例、参与者之间以及用例之间的关系,下面分别进行说明。

第一,参与者与用例的关系。通常是用关联关系来描述,一般使用带箭头的实线来表示,比如,A 集团采购业务的采购员拟制合同,如图 6-43 所示。

图 6-43 参与者与用例关系

第二,参与者之间的关系。通常使用泛化关系来描述,表示子类从父类继承的功能,父类表示通用性功能,子类在继承了父类的通用性功能外，还可以有个性化功能。这种关系一般是三角箭头来表示。比如，A集团的供应商包括法人供应商、个体供应商、个人供应商和国外供应商，它们都有一个共同的父类供应商，如图 6-44 所示。

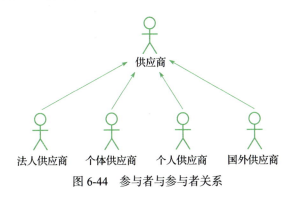

图 6-44　参与者与参与者关系

第三，用例之间的关系。通常包括泛化关系、包含关系和拓展关系。其中，泛化关系主要描述用例之间子类从父类继承属性和功能，支持分层，父用例的子用例也可以有自己的子用例。比如，A集团的合同包括框架合同和单项合同，它们的泛化关系如图 6-45 所示。

图 6-45　用例与用例的泛化关系

包含关系表示一个用例简单地包含另一个用例具有的行为。它是把其他几个用例的公共行为分离成一个单独的用例，使这几个用例与该单独的用例之间建立关系,被抽取的行为组成的用例叫被包含用例,抽取出公共用例的几个用例叫基础用例。一般由基础用例指向被包含用例的虚线箭头来表示这种关系,线上加上<<include>>字样。比如,A集团的招投标管理过程中发标和定标通知两个用例都需要发送函件给供应商,就可以把发送函件的内容单独抽取出来,抽象为一个单独的用例"发送函件",其他的用例都会包含该用例,如图6-46所示。

图6-46　用例与用例的包含关系

扩展关系指一个用例可以增强另外一个用例,把新的行为插入到已有的用例中,也就是在基础用例中插入一个或多个已命名的扩展点,扩展点只有在特定条件下才发生。这种关系一般用虚线箭头加<<extend>>字样表示,箭头指向被扩展用例(也就是基础用例)。比如,打电话是基础用例,呼叫转移和呼叫等待是扩展用例,如图6-47所示。

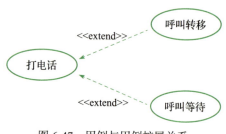

图6-47　用例与用例扩展关系

(2)用例描述

明确了用例图,下面就要对用例图进行描述,以便后续使用者能够更好地理解和应用。用例图的描述尽量详尽,下面提供一个用例图描述模板,如图 6-48 所示。

一、用例图

【阐述用例图】

二、参与者描述

【用例名称、用例描述、重要性和备注信息描述】

编号	参与者	参与者描述	重要性	备注

三、用例描述

【用例名称、用例描述、重要性和备注信息描述】

编号	用例名称	用例描述	重要性	备注

四、业务流程描述

【用例图涉及的主要业务流程图】

五、业务规则描述

【用例图涉及的业务规则】

六、其他

【其他需补充的事项】

图 6-48 用例图描述模板

2. RAPS 法

RAPS 法的名称是由 Role(角色)、Activity(活动)、Problem(问题/挑战)和 Scheme(方案)4 个英文的首字母组成的,基于某一业务场景或流程,分析"谁,做了什么事,遇到了什么问题或挑战,应该如何有效解决问题"。

(1) 角色

简单来说,角色就是场景中的操作主体,也就是表明用户是谁。B端产品经理在拿到业务流程或场景时,需要识别出主要的用户有哪些,不能只把眼睛停在业务流程或场景的主要人员身上,还要注意直接或间接地从流程中获取信息的任何人和事。用户也可以分为主要用户和次要用户,主要用户参与频率高,是事项的主要负责人;次要用户参与频率低,为主要用户提供支持和服务等。

(2) 活动

基于业务场景或流程,识别用户为完成某一工作事项具体做了哪些活动,我们又可以将这些活动拆分为具体的执行步骤,而这些活动或步骤又会带来哪些影响,哪些活动或步骤将来需要系统支持或半支持等,也是我们需要掌握的。

(3) 问题/挑战

用户执行具体活动的顺序和操作步骤可能会遇到哪些难以解决的问题或挑战,这些问题产生原因是流程不清晰、岗位职责不清晰、制度没要求还是系统功能不完善等?分析和列出用户遇到的问题和具体挑战,以便后续针对性解决。

(4) 方案

针对这些问题或挑战是否有更好的解决方案,指明哪些问题从管理上解决,哪些问题从流程上解决,哪些问题从岗位职责和绩效考核中解决，哪些问题从系统功能上解决。通过对每个问题或挑战的具体分析，给出相应的解决方案。

6.3.4 需求分析 4 步法

掌握了需求分析方法，接下来就要将用户需求转化为能够落地的产品需求。将需求分析过程和方法整理成需求转化地图，如图 6-49 所示。

这个地图描述了从需求开始到产品功能设计的整个过程。客户需求和产品创意以及战略需求转换为用户需求，可参照第 5 章和 6.1 节、6.2 节；产品需求转换为产品待开发功能可参照后文 6.4 节至 6.11 节。这里主要说明用户需求如何转化为产品需求，包括功能需求、非功能需求和数据需求等。下面介绍需求分析 4 步法，如图 6-50 所示。

1. 基于业务流程识别用户角色

识别业务流程中的用户角色，B 端产品经理可以从业务流程中的岗位泳道中发现有哪些用户或部门泳道，以及其中每个活动的主体对象是谁，从而发现有哪些用户参与了流程，接下来对这些用户进一步思考如下问题。

- 哪些是核心用户？哪些是非核心用户？
- 非核心用户的需求是否需要满足？不满足会怎么样？
- 这些用户的角色是什么？
- 这些角色的权限管控要求是什么？

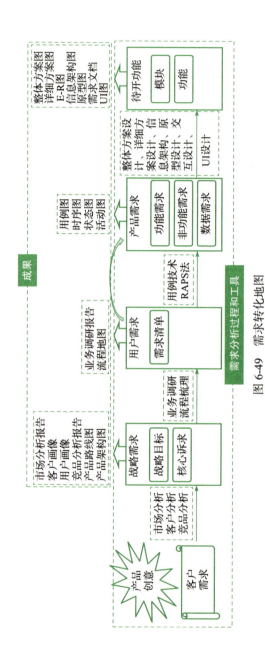

图 6-49 需求转化地图

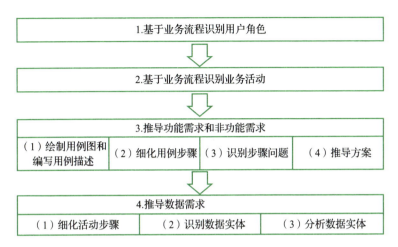

图 6-50 需求分析 4 步法

比如，如图 6-51 所示是 A 集团的招投标业务流程图，通过分析我们能够发现流程中主要的用户包括采购员、采购经理、供应商和招标小组人员等。

我们可以将采购员、采购经理抽象为对应的采购员角色、采购经理角色；供应商属于外部人员，可以单独作为一个角色，又可以泛化为法人供应商、个体供应商、个人供应商和国外供应商等；招标小组是一个虚拟的团队，由不同的用户组成，可以单独作为一个角色。最终我们将流程中主要的用户采用用例技术法展示出来，如图 6-52 所示。

其中，采购员、供应商、采购经理和招标小组是核心的用户角色，负责整个招投标流程的开始到结束，并且每个用户角色所负责的事项和权限也不同，采购员负责立项和组织开标、评标和定标；供应商负责应答和投标；招标小组负责开标后的技术标和商务标评标以及定标等。

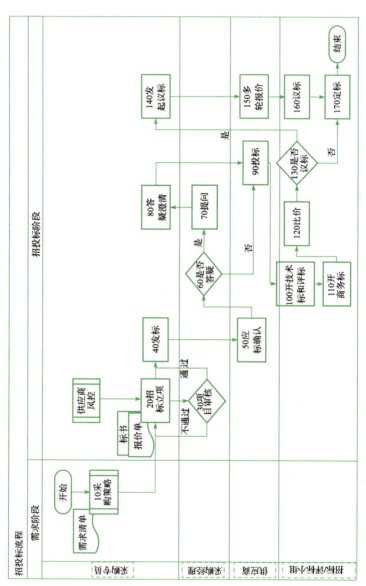

图 6-51 招投标业务流程图

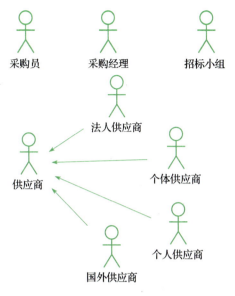

图 6-52 招投标流程参与者

2. 基于业务流程识别业务活动

沿着业务流程图对每个活动、审批、分支进行分析和思考,包括以下问题。

- ❑ 哪些活动需要系统支持或部分支持?
- ❑ 哪些活动需要管理支持?
- ❑ 哪些活动涉及外围系统?
- ❑ 哪些审批需要系统内支持?

围绕 A 集团的招投标流程,我们从招标立项的活动开始到定标活动结束,依次分析每个活动的系统支持情况,如图 6-53 所示。

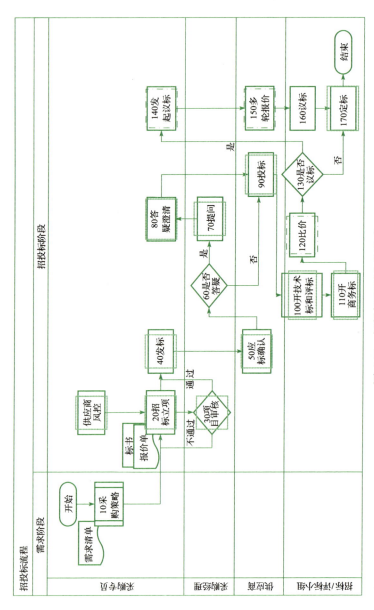

图 6-53 招投标流程业务活动

我们发现，招标立项、项目审核、发标、应答、提问、答疑澄清、投标、开商务标和定标都是系统需要支持的活动；是否答疑、是否议标和议标活动不需要系统支持；比价、开技术标和评标是部分系统支持；发起议标、多轮报价和导入报价是否需要系统支持取决于线上议标还是线下议标，如果是线上议标，该部分活动需要系统支持，否则，只有多轮报价中的结果需要通过系统更新到最终报价里。

除了系统支持外，系统还需要配套使用相关的流程管理制度，以及对招投标过程进行风险管控等。外围系统主要是招标立项活动对邀请的供应商调用了外部天眼查进行围串标风险的评估。

3. 推导功能需求和非功能需求

识别了用户角色和业务活动后，我们可以采用用例技术法或RAPS法来推导功能需求和非功能需求，下面以用例技术法进行说明。

（1）绘制用例图和编写用例描述

绘制用例图之前，我们先要识别用例，确定用例的完整性。前面提到过用例应该保持一个完整的闭环业务场景。围绕A集团招投标业务流程所识别的业务活动，通过分析发现大部分业务活动可以直接作为用例，个别的业务活动需要进行拆分，如答疑澄清、开技术标和评标、多轮报价的业务活动需拆分为答疑、澄清、开技术标、评标、多轮报价等用例。我们将已经识别的用例以用例图的形式来呈现，并对用例进行描述。

围绕A集团的招投标业务流程，通过对前期的参与人和业务活动进行识别,以及对用例进行确定,最后绘制用例图,如图 6-54 所示。

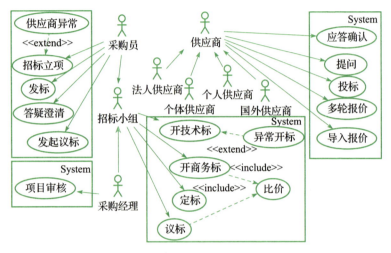

图 6-54 招投标流程用例图

接下来对招投标用例图进行简要描述,包括参与者描述、用例描述和业务规则描述,其他内容见业务流程图。

第一,参与者描述。招投标用例图涉及参与者,包括采购员、采购经理、供应商和招标小组等,其主要描述如表 6-9 所示。

表 6-9 招投标用例图的参与者描述

参与者	参与者描述	重要性
采购员	负责招投标的整个业务环节,组织相关人员评标和定标	高
采购经理	负责项目审核,参与评标和定标	高
供应商	负责投标、多轮报价、议标等	高
招标小组	负责项目的开标、评标和定标等	高

第二，用例描述。主要是对招投标过程中的用例进行描述，简化版如表 6-10 所示。

表 6-10 招投标用例图的用例描述

用例	用例描述	重要性
招标立项	招标项目的启动，包括报价单、标书、邀请供应商等	高
项目审核	对招标项目的审核	中
发标	将招标项目发送供应商，包括函件等	高
应标确认	供应商确认是否应标或拒标	高
提问	供应商对标书有疑问可在线提问	低
答疑	采购员可对供应商的提问进行答疑	低
澄清	采购员可主动发起项目的澄清	低
投标	供应商上传标书，填写报价	高
开技术标	投标时间截止，招标小组开技术标，并进行技术标评标	高
开商务标	招标小组开商务标，并对价格进行分析和对比	高
比价	对供应商报价进行比价分析	中
发起议标	对招标项目发起议标，发送供应商	中
多轮报价	供应商对议标单再次报价	中
定标	根据最终确定的报价结果进行定标	高

第三，业务规则描述。主要是对用例图中的用例存在哪些业务规则进行描述，比如 A 集团的招投标用例的业务规则，包括但不限于以下方面。

❑ 邀请供应商的条件，以及供应商信用评分是否校验合格。
❑ 中标原则、废标原则。
❑ 价格计算得分的规则。
❑ 投保供应商数量异常的规则。

（2）细化用例步骤

基于用例目的，按照实际业务操作流程分析每一个用例并拆分其业务步骤,找出每个步骤中可能的问题或挑战,再推导其解决方案。

围绕 A 集团的招投标流程和用例图,我们对招标立项用例进行分析和拆分业务步骤。招标立项的核心目的是完成项目的立项,如果要完成项目立项,实际业务的流程是什么?这其实也是用户完成一项任务的心理预期。如果是你在进行项目立项,你会先做什么、再做什么,最后做什么?下面给出招标立项的两种顺序的业务步骤,如图 6-55 所示。

图 6-55　招投立项业务步骤

A 顺序是先把标书做好,再制定计划。主要是标书的编写过程耗时耗力,先把准备工作做好,再开始立项,这个顺序看起来没有什么问题。B 顺序是先把计划做好,再制定标书,按计划完成和验收每一个事项,这个顺序也说得过去。具体采用哪一个顺序的步骤为主来设计产品功能呢?其实标书、报价单、立项计划、邀请供应商和招标小组都要落到项目本身,所以首先要建立一个项目。另外,真实的招投标过程是有整体计划的,什么时候截止投标、什么时候开标都是提前拟定好的。这样说来,基于项目先确定计划,再将标书和报价单等信息录入系统,则比较符合用户的操作预期。最终招标立项用例可拆分为项目计划、报价单、标书、邀请供应商和招标小组等步骤,也就是 B 顺序比较合理。这里就不再详解其他用例的拆分,其拆分思路和方法与之相似。基于用例目的按照实际业务操作流程拆分步骤，如表 6-11 所示。

表 6-11 招投标用例步骤细化

用例	业务步骤	重要性
招标立项	第1步：立项计划 第2步：报价单 第3步：标书 第4步：邀请供应商 第5步：招标小组	高
项目审核	明确审批流、审批节点及规则	中
发标	第1步：发标 第2步：邀请函发送	高
应标确认	接受邀请	高
提问	第1步：下载标书 第2步：选择项目或标段 第3步：提问	低
答疑	第1步：选择问题 第2步：答疑	低
澄清	第1步：选择项目 第2步：澄清	低
投标	第1步：下载标书 第2步：报价 第3步：上传供应商标书	高
开技术标	第1步：开技术标 第2步：生成评标任务 第3步：评技术标	高
开商务标	第1步：开商务标 第2步：查看最新报价	高
比价	第1步：选择比价方案 第2步：比价	中
发起议标	第1步：选择标段或标的 第2步：生成议价单 第3步：发送议价单	中
多轮报价	二次报价	中
定标	第1步：定标 第2步：定标结果上传	高

（3）识别步骤问题

围绕用例的业务步骤分析可能面对的问题或挑战。上述的招标用例拆分为立项计划、报价单、标书、邀请供应商和招标小组等业务步骤，分析每个业务步骤可能面临的问题，包括但不限于以下内容。

- 立项计划：立项信息的录入、招标流程节点的确定等。
- 报价单：选择不同报价单、分标段、录入或导入大量标的等。
- 标书：不同文件类型的标书上传、批量上传等。
- 邀请供应商：邀请当前标的的供应商，供应商信用评分和串标校验等。
- 选择招标小组：录入或批量导入招标小组成员等。

汇总其他用例的业务步骤可能会遇到的问题或挑战，形成问题清单，如表 6-12 所示。

表 6-12 招投标用例步骤问题清单

用例	业务步骤	问题
招标立项	第 1 步：立项计划	立项信息录入，招标流程节点确定
	第 2 步：报价单	选择不同报价单，分标段，大量标的录入或导入
	第 3 步：标书	不同文件类型标书上传，批量上传
	第 4 步：邀请供应商	邀请当前标的的供应商，供应商信用评分和串标校验
	第 5 步：招标小组	录入或批量导入招标小组成员
项目审核	明确审批流、审批节点及规则	审批节点和规则
发标	第 1 步：发标	如何查看发标信息
	第 2 步：邀请函发送	确定发送方式和预览
应标确认	接受邀请	接受邀请

（续）

用例	业务步骤	问题
提问	第1步：下载标书	批量下载标书
	第2步：选择项目或标段	针对项目或标段提问
	第3步：提问	
答疑	第1步：选择问题	查看所有问题
	第2步：答疑	发送答疑
澄清	第1步：选择项目	澄清选择项目
	第2步：澄清	明确澄清问题的类型
投标	第1步：下载标书	标书一起下载
	第2步：报价	报价便捷
	第3步：上传供应商标书	快速上传标书
开技术标	第1步：开技术标	没到截止投标时间能开吗
	第2步：生成评标任务	如何生成评标任务
	第3步：评技术标	如何评标和技术分计算
开商务标	第1步：开商务标	商务标开启条件，如何查看最新价格
	第2步：查看最新报价	
比价	第1步：选择比价方案	多个比价方案如何切换，比价模型如何应用
	第2步：比价	
发起议标	第1步：选择标段或标的	如何在线或线下议标
	第2步：生成议价单	
	第3步：发送议价单	
多轮报价	二次报价	二次报价如何更新原始价格
定标	第1步：定标	定标的规则
	第2步：定标结果上传	定标结果如何按格式生成

（4）采用"空·雨·伞"思考方式推导方案

明确了用例可能会遇到的问题或挑战，接下来就可以采用麦肯锡的"空·雨·伞"的思考方式推导出解决方案。"空"是现状或事实，"雨"是这种现状的意义，"伞"是解决方案和对策，也就是以现状、意义和对策为基础进行思考。

功能需求描述系统应该做什么，是产品的实现方案。对功能需求进行分类和组合形成不同模块,最终形成整个产品。围绕招标立项用例的业务步骤所面临的问题,我们采用麦肯锡"空·雨·伞"的思考过程推导功能需求,下面分别阐述。

- 空:立项计划面临的问题是立项信息录入、招标流程节点。
- 雨:信息无法录入、招标流程节点无法确定,意味着项目无法立项以及不能根据招标方式确定不同的招标流程。
- 伞:提供立项单据承载立项信息,招标流程确定不同招标方式的流程节点。

同理,其他用例的业务步骤面临的问题,可以采取相同的思考方式解决。比如,针对报价单面临的问题,系统通过提前配置报价单模板、报价单区分标段,或项目招标、报价单的标的支持批量导入及批量填充功能;针对标书面临的问题,系统支持不同文件类型上传和批量上传;针对邀请供应商面临的问题,系统根据当前标的所属类别过滤出合格供应商,并对接第三方信用评分系统校验供应商的信用分,同时校验供应商之间是否存在相同法人或具有投资关系,避免产生串标风险;针对招标小组面临的问题,系统支持批量导入。最终所有的用例面临的问题汇总成解决方案,如表 6-13 所示。

表 6-13 招投标用例步骤问题的解决方案

用例	业务步骤	问题	解决方案
招标立项	第1步:立项计划	立项信息录入,招标流程节点确定	立项单据,招标流程确定不同流程节点
	第2步:报价单	选择不同报价单,如何分标段,大量的如何录入或导入	配置报价单模板,批量导入标的
	第3步:标书	不同文件类型的标书上传,批量上传	支持不同文件类型、批量上传

（续）

用例	业务步骤	问题	解决方案
招标立项	第4步：邀请供应商	邀请当前标的供应商，供应商信用评分，串标校验	按规则过滤供应商，第三方平台校验信用分，预防串标
	第5步：招标小组	录入或批量导入招标小组成员	批量导入
项目审核	明确审批流、审批节点及规则	审批节点和规则	工作流
发标	第1步：发标	如何查看发标信息	发标预览
	第2步：邀请函发送	发送方式和如何预览	支持不同发送方式和预览
应标确认	接受邀请	如何接受	查看函件再确认
提问	第1步：下载标书	如何批量下载标书	批量下载
	第2步：选择项目或标段	如何针对项目或标段提问	项目清单提问功能入口
	第3步：提问		
答疑	第1步：选择问题	如何查看选择所有问题	提问列表
	第2步：答疑	答疑有针对性对象发送	可选择对象发送
澄清	第1步：选择项目	如何选择项目澄清	项目清单澄清入口
	第2步：澄清	澄清问题的类型	预制问题类型
投标	第1步：下载标书	标书一起下载	批量下载
	第2步：报价	报价便捷	批量报价
	第3步：上传供应商标书	快速上传	批量上传
开技术标	第1步：开技术标	没到截止投标时间能开吗	开标时间控制
	第2步：生成评标任务	如何生成评标任务	按配置规则生成评标任务
	第3步：评技术标	如何评标和技术分计算	按评标人评标打分，按配置规则权重计算分数

（续）

用例	业务步骤	问题	解决方案
开商务标	第1步：开商务标 第2步：查看最新报价	商务标开启条件，如何查看最新价格	最近价格清单
比价	第1步：选择比价方案 第2步：比价	多个比价方案如何切换、比价模型如何应用	比价模型和比价工具
发起议标	第1步：选择标段或标的 第2步：生成议价单 第3步：发送议价单	如何在线或线下议标	议标单或导入议标价格
多轮报价	二次报价	二次报价如何更新原始价格	按标的展示最近价格
定标	第1步：定标 第2步：定标结果上传	定标的规则 定标结果如何按格式生成	定标规则配置化 定标结果生成工具

非功能需求主要分为质量需求和约束需求。质量需求是从系统稳定性、易用性、安全性、可维护性、可移植性等角度考虑系统功能，基本每个系统或功能在设计之初就要考虑系统的各方面要素，以免后续再进行调整。一般的质量需求包括以下方面。

- ❑ 易用性：易学、易用、易访问。
- ❑ 安全性：保密性、完整性、真实性。
- ❑ 可靠性：稳定性、容错性、健壮性。
- ❑ 可维护性：易测试、易分析、易变更。
- ❑ 可移植性：适用性、可安装性、可替代性。
- ❑ 互用性：软件兼容、数据兼容。

A集团的产品功能在设计之初就将这些质量需求考虑在内。比如，招投标过程的功能友好性、供应商报价数据的加密以及对不同浏览器版本的适配等。其他不再举例说明，重要的是过程中要注意这些需求的存在。

约束需求一般是系统功能实现上的约束,包括技术环境约束、使用环境约束等。比如,A集团的SRM系统必须搭建在自有云上,必须采用自有的框架等,SRM系统的使用需要注意内外网的兼容性等。

最后,我们将功能需求和非功能需求整理汇总形成功能清单,其简化版如表6-14所示。

表 6-14 招投标功能清单

模块	功能名称	功能描述	优先级	外围系统
招投标	立项单	立项单包括报价单、采购标书、已邀供应商和招标小组 立项单增删改查	高	
	报价单	报价单模板配置,批量导入标的	高	
	采购标书	支持不同文件类型,批量上传	高	
	邀请供应商	按规则过滤供应商,第三方平台校验信用分和串标	高	供应商信用平台
	招标小组	批量导入	中	
	项目审核	工作流基础功能	高	
	发标	立项单发标信息预览,立项单分拆和发送邀请函	高	
	应标	查看函件,选择接受或拒绝	高	
	答疑澄清	供应商提问,采购答疑或澄清	低	
	投标	采购标书下载,批量报价,供应商标书批量上传	高	
	开技术标	开技术标,评标任务生成和评分,评估方案和规则	高	
	开商务标	开商务标,排名	高	
	比价	比价模型、比价方案和比价工具	中	
	议标	在线议标或线下议标导入	中	
	多轮报价	议标单报价	中	
	定标	定标规则、定标结果	高	

4. 推导数据需求

前面我们分析了用例中的功能,接下来需要思考业务流程中哪些数据需要纳入系统、它们之间的关系如何,以及它们的数据结构是什么样的。数据是系统功能内主要流转的对象,系统功能的操作对象主要也是数据,如图 6-56 所示。

图 6-56 数据流转示意图

针对流程中数据的流向特征,下面主要分 3 步来推导数据需求。

(1) 细化活动步骤

将业务流程中的每个业务活动拆解为按顺序进行的业务步骤,再分析每个业务活动或步骤所涉及的数据实体。围绕 A 集团的招投标业务流程,我们从招标立项开始,依次将业务活动细化到具体工作步骤,直到流程结束。比如,A 集团的招标立项业务活动,我们将其活动细化为如下步骤。

- ❑ 第 1 步:发起立项计划
- ❑ 第 2 步:选择报价单
- ❑ 第 3 步:上传标书
- ❑ 第 4 步:邀请供应商
- ❑ 第 5 步:选择招标小组

其他业务活动的细化方法类似,最终将招投标流程中所有的业务活动细化到具体工作步骤。

（2）识别数据实体

基于业务流程中每个活动或步骤，按照人、事和辅助信息3个方面识别其主要数据实体以及实体之间的关系。比如，A集团的招标立项业务活动，其主要工作步骤包括发起立项计划、选择报价单、上传标书、邀请供应商和选择招标小组，我们分别按人、事和辅助信息识别其数据实体。

- 发起立项计划：人方面，由采购员发起立项，涉及采购员人员，抽象为"角色""员工"数据主体；事方面，采购员发起招标立项，涉及"立项单"数据实体；辅助信息方面，招标立项涉及招标流程，其数据实体为"招标流程"。

- 选择报价单：人方面，由采购员选择报价单，涉及采购员人员，抽象为"角色""员工"数据主体；事方面，采购员选择报价单，填写标的信息，涉及"报价单"数据实体，"报价单"属于招标立项的一部分，"报价单"组成了"立项单"；辅助信息方面，报价单涉及SKU主数据、单位等，其数据实体为"SKU""单位"等。

- 上传标书：人方面，由采购员上传采购标书，涉及采购员人员，抽象为"角色""员工"数据主体；事方面，采购员上传标书，涉及"采购标书"数据实体，"采购标书"属于招标立项的一部分，"采购标书"组成了"立项单"。

- 邀请供应商：人方面，由采购员邀请供应商，涉及采购员人员，抽象为"角色""员工"数据主体；事方面，采购员邀请供应商，涉及"已邀供应商""供应商"数据实体，"已邀供应商"属于招标立项的一部分，"已邀供应商"组成了"立项单"；辅助信息方面，已邀供应商涉及过滤规则、第三方系统调用等,其数据实体为"已邀供应商"。

- 选择招标小组:人方面,由采购员选择招标小组,涉及采购员人员、招标小组,抽象为"角色""员工"数据主体;事方面,采购员选择招标小组成员,涉及"招标小组"数据实体,"招标小组"属于招标立项的一部分,"招标小组"组成了"立项单"。

其他业务活动或步骤参照上述方式识别出主要数据实体,如表6-15所示。

表6-15 招投标数据实体

业务活动	业务步骤	数据实体
招标立项	第1步:发起立项计划 第2步:选择报价单 第3步:上传标书 第4步:邀请供应商 第5步:选择招标小组	立项单(报价单、采购标书、已邀供应商、招标小组)、角色、人员、招标流程、邀请规则、SKU、单位、供应商等
项目审核	明确审批流、审批节点及规则	立项单、角色、员工
发标	第1步:发标 第2步:邀请函发送	投标单(采购标书、供应商标书、报价单)、函件、供应商(供应商联系人)、发送规则
应标确认	接受邀请	函件、供应商
是否答疑	判断是否需要答疑	/
提问	第1步:下载标书 第2步:选择项目或标段 第3步:提问	投标单(采购标书)、提问单
答疑	第1步:选择问题 第2步:答疑	提问单、角色、员工
澄清	第1步:选择项目 第2步:澄清	澄清单、角色、员工、供应商

（续）

业务活动	业务步骤	数据实体
投标	第1步：下载标书 第2步：报价 第3步：上传供应商标书	投标单（供应商标书、报价单）、供应商
开技术标	第1步：开技术标 第2步：生成评标任务 第3步：评技术标	立项单、评标任务、角色、员工、计分规则
开商务标	第1步：开商务标 第2步：查看最新报价	立项单（报价单）、角色、员工
比价	第1步：选择比价方案 第2步：比价	比价方案、角色、员工
发起议标	第1步：选择标段或标的 第2步：生成议标单 第3步：发送议价单	议标单（报价单）、供应商
多轮报价	二次报价	议标单（报价单）、供应商
定标	第1步：定标 第2步：定标结果上传	定标单、角色、员工

（3）分析数据实体

识别了数据实体，接下来就可以将表中的数据实体进行汇总、排重后得到招投标业务流程的数据实体清单，这些数据实体就是系统的数据需求。接下来，针对数据实体分析业务流程的文件和活动描述、表单数据得到数据实体的结构，其结构包括但不限于以下方面。

- ❑ 这些业务数据实体由哪些字段构成？
- ❑ 字段类型、长度、取值范围。
- ❑ 它们是非空、键值吗？
- ❑ 有外键，需要自动编号吗？

有了数据实体，具体方案设计时就可以基于业务流程建立数据实体之间的关系，最终形成数据模型或领域模型。

6.3.5 案例：A集团SRM系统的需求分析

理解了需求的含义，掌握了需求分析4步法。接下来围绕A集团案例，基于前期的流程梳理结果，以及用例技术和RAPS分析法的使用技巧，使用用例技术法将需求管理、合同管理、订单管理、供应商管理和结算管理的用户需求转化为产品需求。这里介绍该过程的用例图和功能清单，包括功能需求和数据需求。

1. 用例图

（1）需求管理

需求管理用例图如图6-57所示。

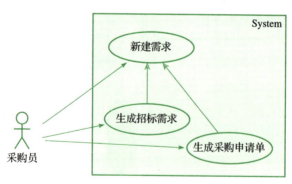

图6-57 需求管理用例图

（2）合同拟制

合同拟制用例图如图6-58所示。

第6章 设计阶段：从产品概念到产品方案

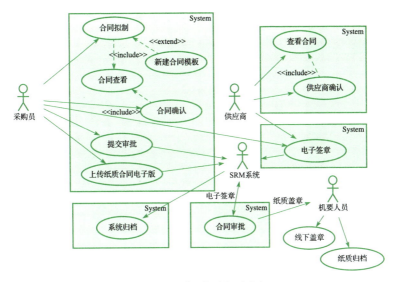

图 6-58 合同拟制用例图

（3）采购订单处理

采购订单处理用例图如图 6-59 所示。

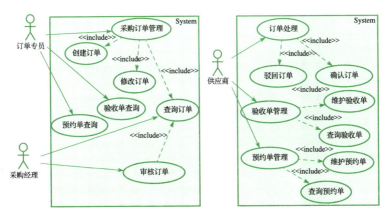

图 6-59 采购订单处理用例图

（4）供应商管理

供应商管理用例图如图 6-60 所示。

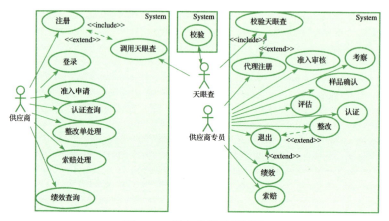

图 6-60　供应商管理用例图

（5）结算管理

结算管理用例图如图 6-61 所示。

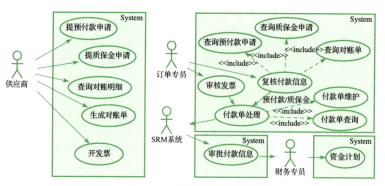

图 6-61　结算管理用例图

2. 功能需求清单

将需求管理、招投标管理、合同管理、订单管理、结算管理和供应商管理的功能需求汇总,如表 6-16 所示。

表 6-16 SRM 功能清单

模块	功能名称	功能描述	优先级	外围系统
需求管理	需求申请单	接收需求部门的需求,包括增删改查以及合并、转单等;合并规则和转单规则	高	
	招标需求	招标需求的修改、关闭,查询、转招投标	高	
	采购申请单	采购申请单的修改、关闭,转采购订单;转采购订单规则、条件配置和校验	高	
招投标管理	立项单	立项单包括报价单、采购标书、已邀供应商和招标小组 立项单增删改查	高	
	报价单	报价单模板配置,批量导入标的	高	
	采购标书	支持不同文件类型,批量上传	高	
	邀请供应商	按规则过滤供应商、第三方平台校验信用分和串标	高	供应商信用平台
	招标小组	批量导入	中	
	项目审核	工作流基础功能	高	
	发标	立项单发标信息预览,立项单拆分和发送邀请函	高	
	应标	查看函件接受或拒绝	高	
	答疑澄清	供应商提问、采购答疑或澄清	低	
	投标	采购标书下载,批量报价,供应商标书批量上传	高	
	开技术标	开技术标,评标任务生成和评分,评估方案和规则	高	
	开商务标	开商务标,排名	高	
	比价	比价模型、比价方案和比价工具	中	
	议标	在线议标或线下议标导入	中	
	多轮报价	议标单报价	中	
	定标	定标规则、定标结果	高	

（续）

模块	功能名称	功能描述	优先级	外围系统
合同管理	合同拟制	合同的创建、修改、确认、审批、电子签章、系统归档、合同查询等 合同拟制规则配置和校验、审批规则	高	OA系统、电子签章系统、归档系统
	合同模板	合同模板增、删、改、查 合同模板变更规则和校验	高	
	合同变更	合同变更单创建、修改、查询、审批、电子签章、系统归档等 合同变更规则配置和校验	高	OA系统、电子签章系统、归档系统
	合同终止	合同终止单创建、修改、查询、审批、电子签章、系统归档等 合同终止规则配置和校验	高	OA系统、电子签章系统、归档系统
订单管理	订单管理	采购订单创建、修改、审批、查询 采购订单创建、修改、审批规则和配置 采购订单确认、驳回及规则和配置	高	
	预约管理	预约单创建、修改、查询 预约单创建、修改规则和配置	高	OMS、WMS
	验收管理	验收单创建、修改、查询 验收单创建、修改规则和配置	高	
结算管理	预付款管理	预付款创建、修改、复核、审批等 预付款处理的规则和配置	高	
	质保金管理	质保金单创建、修改、复核、审批等 质保金处理的规则和配置	高	
	对账单管理	对账单创建、修改、复核、审批 对账单处理的规则和配置	高	
	发票管理	发票创建、复核和审批 发票校验规则和配置	高	财务系统
	付款管理	付款单创建、修改、审批 付款单校验规则和配置	高	OA系统、财务系统

（续）

模块	功能名称	功能描述	优先级	外围系统
供应商管理	注册	注册信息填写、代理注册信息填写、校验天眼查	高	天眼查
	登录	供应商登录、账号体系	高	
	准入申请	准入申请创建、修改、提交、审批 准入申请配置和规则	高	
	供应商考察	供应商考察单创建、修改、审核 供应商考察单配置和规则	高	
	样品确认	样品单创建、修改、审批 样品单配置和规则	高	
	供应商评估	评估单创建、修改、审批 评估单配置和规则	高	
	供应商认证	认证单创建、修改、审批 认证单配置和规则	高	
	供应商整改	整改单创建、修改、审批和供应商处理整改单 整改单结果应用于供应商退出	高	
	供应商索赔	索赔单创建、修改、审批和供应商确认索赔结果	高	
	供应商绩效	绩效指标创建、修改、删除 绩效模板创建、修改、删除 绩效单创建、修改、删除 绩效单配置和计分规则 绩效结果应用于供应商退出 供应商查询绩效结果	高	
	供应商退出	退出单创建、修改、删除 退出单配置和规则 供应商查询退出结果	高	

3. 数据实体清单

将需求管理、招投标管理、合同管理、订单管理、供应商管理和结算管理的主要数据实体汇总，如表6-17所示。

表 6-17　SRM 数据实体清单

模块	功能	数据实体
需求管理	需求申请	需求申请单
	招标需求	招标需求单
	采购申请	采购申请单
招投标管理	招标立项	立项单（报价单、采购标书、已邀供应商、招标小组）
	发标	函件
	答疑澄清	提问单、澄清单
	投标	投标单（采购标书、供应商标书、报价单）
	开技术标	评标任务
	开商务标	比价方案
	议标	议标单（报价单）
	定标	定标单（中标金额单）
合同管理	合同模板	合同模板单
	合同拟制	合同拟制单（基本信息、条款信息、产品信息、财务信息、签约信息）
	合同变更	合同变更单
	合同终止	合同终止单
订单管理	采购订单生成	采购订单（基本信息、采购信息、财务信息和产品信息）
	预约单创建	预约单（基本信息、产品信息）
	验收单创建	验收单（基本信息、产品信息）
结算管理	提交预付款	预付款单申请单（基本信息、预付明细）
	提交质保金	质保金申请单（基本信息、质保明细）
	生成对账单	对账单（基本信息、对账明细）
	开发票	发票单
	生成付款单	付款单
供应商管理	注册	供应商（基本信息、联系人、银行账号、资质文件）
	登录	供应商账户和密码
	准入申请	准入申请单
	供应商考察	供应商考察单（基本信息、考察清单）

（续）

模块	功能	数据实体
供应商管理	样品确认	样品确认单（基本明细、样品明细）
	供应商评估	供应商评估单（基本信息、评估项）
	供应商认证	供应商认证单（考察结果、样品结果、评估结果）
	供应商整改	供应商整改单（基本信息、整改事项）
	供应商索赔	供应商索赔单（基本信息、索赔事项）
	供应商绩效	供应商绩效单（基本信息、绩效方案、绩效结果）
	供应商退出	供应商退出单（基本信息、退出名单）
公共数据	组织架构	行政组织架构、公司代码、采购组织、采购组
	人员	员工
	角色	功能角色、数据角色、管理员
	主数据	SKU、单位、供应商、品类、仓库、币别、税码
配置数据	需求管理	需求类别
	招投标管理	招标流程、招标方式、中标原则、邀请供应商规则、函件、发函规则、技术标评标计分规则、技术标评标方案、比价方案、招标角色、报价单
	合同管理	合同类型、发票类型、付款条件、付款方式、支付方式
	订单管理	订单类型、订单节点、验收类型、款项类型
	结算管理	付款单类型、质保金校验规则、预付款金额校验规则
	供应商管理	供应商认证节点、考察方案、评估方案、指标库、绩效方案
工作流	招投标管理	立项单审批
	合同管理	合同拟制审批
	订单管理	采购订单审核、验收单审核、预约单审核
	结算管理	预付款单审核、质保金单审核、对账单审核、发票审核
	供应商管理	准入申请审核、供应商考察审核、供应商评估审核、供应商认证审核、供应商整改审核、供应商绩效审核、供应商退出审核、样品确认审核

6.4 整体方案设计

方案设计，顾名思义就是对问题输出解决方案。B端产品经理在思考问题的解决方案时，应当采用结构化思维，从上到下、从宏观到微观，设计思路逐步细化。

本节主要从产品方案设计和功能模块方案设计两个方面阐述产品的宏观设计，最后围绕A集团的SRM系统设计整体解决方案。

6.4.1 产品方案设计

产品方案设计是站在整个公司产品矩阵的视角上看待当前要设计的B端产品的定位，并决定设计策略。这要求B端产品经理从整体上构思产品解决方案，把握产品的宏观结构，把控整个产品在落地阶段的方向。下面分两步来思考产品方案。

1. 明确系统在公司产品矩阵的定位和边界

公司内部从无到有、从单一产品到多个产品的演变发展，势必会带来不同产品的定位和分工协同。为了避免重复造轮子，造成资源的浪费，B端产品经理在思考产品整体解决方案时，不能闭门造车，应当从公司的战略发展出发，协同其他产品团队，拉通整个领域的产品规划。比如，国内某厂商在建设云端企业管理平台，分为供应链云、财务云、HR云、协同办公云和渠道云等，其中供应链云又分为采购管理、供应商管理、合同管理、招投标管理、库存管理和销售管理等。这些云端产品同时涉及共同的主数据管理、工作流管理和权限管理等。比如，主数据包括组织架构、人员、SKU、单位、税码、国家/地区、供应商、客户等。为了统一各个产品之间的数据，避免重复建设，该厂商对主数据、工作流和权限进行统一的规划、设计和管理，让它们作为公共服务，各个产品团队只需要建设各自领域的产品功能。

2. 识别系统上下游外围系统

B 端产品经理在设计 B 端产品的时候，需要站在整个业务领域内思考产品所处的业务环节，识别上下游外围系统，共同组成对外服务的能力。该过程主要分两个步骤进行。

（1）识别业务领域

识别要服务的企业客户业务领域。不同业务领域对 B 端产品的需求和上下游紧密度不同，一般各个业务领域越接近，对应的系统之间的数据交互越紧密。比如，供应链领域涉及订单系统、采购系统、仓库系统和物流系统等，财务领域又涉及对账系统、报销系统、支付系统、发票系统、银企直连系统等，人资领域又涉及考勤系统、HR 系统、培训系统、薪酬结算系统等。

（2）识别上下游外围系统

业务领域可能存在多套系统，我们可以基于领域内的核心业务流程识别当前系统的上下游外围系统。比如，对某跨境电商公司的供应链领域，我们要建设一套订单系统。首先梳理用户下单到物流配送的主业务流程，接下来对业务流程上的系统进行识别，发现存在前端商城平台、订单系统、采购系统和 WMS，其中订单系统处在整个流程的中间环节，如图 6-62 所示。

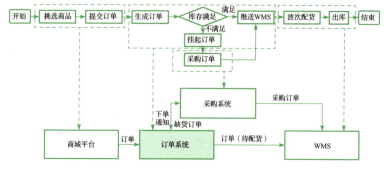

图 6-62 订单系统上下游系统

6.4.2 功能模块方案设计

功能模块方案设计主要是对产品内各个功能模块进行设计。设计功能模块时要基于整个产品方案着手,主要从以下两个方面思考。

1. 梳理功能模块的数据和功能流转顺序

通过前期的业务调研、流程梳理和需求分析,我们基本确定各个模块的主要功能和数据实体,接下来主要基于功能模块的主要目标任务,按流程将数据实体及对应的系统功能流转顺序理顺,同时识别外围系统数据交互。比如,ERP 系统的采购模块,数据实体包括采购合同、采购订单、采购申请单;系统功能主要是采购合同、采购订单、采购申请单的增删改查。该采购模块的主要目标任务是下达采购订单,按业务操作流程应该是先有采购合同,再创建采购申请单,最后创建采购订单,因此数据实体的先后顺序是采购合同、采购申请单到采购订单,其系统功能顺序同数据实体。另外,采购订单下达后,若涉及供应商协同,供应商可创建预约单,仓库系统可根据预约单直接入库,因此,采购模块和外围仓库系统存在数据交互。

2. 设计功能模块数据流，最终实现业务闭环或业务目标

各个功能模块为某一个业务领域提供产品能力或服务，梳理完数据实体的流转顺序，接下来设计相应的系统功能，实现数据实体之间的相互联系、协同和转化，形成模块数据流，最终实现业务闭环或达到业务目标。比如，ERP系统的采购模块包括采购合同、采购订单和采购申请单3个数据实体。其数据实体的流转顺序，先从采购合同开始，再到采购申请单，最后到采购订单。我们设计系统功能时，采购合同自身允许增删改查，采购申请单可多次转采购订单，采购申请单和采购订单自身允许增删改查。同时，采购申请单转采购订单需关联采购合同信息，采购订单里有采购申请单信息。最终设计出ERP系统简化版采购模块如图6-63所示。

图6-63　ERP系统简化版采购模块

6.4.3　案例：A集团SRM系统的整体方案设计

掌握了整体方案设计的思路，接下来围绕A集团的案例，基于前期的需求分析结果，对SRM系统进行产品方案设计和功能模块方案设计。

1. 产品方案设计

A集团的科技公司在不同业务领域有不同的产品，组合成产

品矩阵。SRM系统服务于采购领域，在搭建SRM系统之前，科技公司已经存在不少系统，这也就意味着SRM系统在一定程度上可以复用现有系统或模块功能，减少重复造轮子，加快建设速度。下面简要介绍SRM系统现有的可复用的系统或模块，包括工作流模块、主数据系统、电子签章等。

首先，SRM系统内各个模块具有很多审批的诉求，这些审批的层级往往在部门内部，涉及外部门审批一般是对接外围OA系统的情况。这就要求SRM系统能够支持工作流的配置和审批，在这之前公司内已经有了工作流引擎的模块，此时我们就没必要再重新搭建一套工作流引擎，直接沿用公司原来的工作流引擎。其次，SRM系统是统一的采购平台，必然涉及供应商主数据管理，但目前SRM系统还处于建设阶段，并且SRM系统在全集团各组织、BU内推广使用还需要一定的时间，供应商主数据新增目前阶段还需通过公司原来的主数据管理系统来实现，等到SRM系统全集团推广完毕，供应商主数据自然而然地全部切换到SRM系统上。最后，合同拟制完毕后，需进行电子签章。在这之前，公司人力资源领域的劳动合同管理工作中已经引入了电子签章系统，此时，SRM系统就只要同电子签章系统对接，而不需要单独再设计电子签章系统。

梳理完SRM系统与公司现有系统之间的关系和边界，下面对SRM系统上下游系统进行识别和说明。SRM系统定位为采购平台，其上游有来自各个部门及市场的采购需求，经过中间的采购业务环节，再将购买的商品或物资进行入库及配送给相应的客户，最后进行结算对账。其涉及采购业务闭环和多套系统，结合SRM系统在公司的定位和边界，最终的SRM系统方案如图6-64所示。

第6章 设计阶段：从产品概念到产品方案

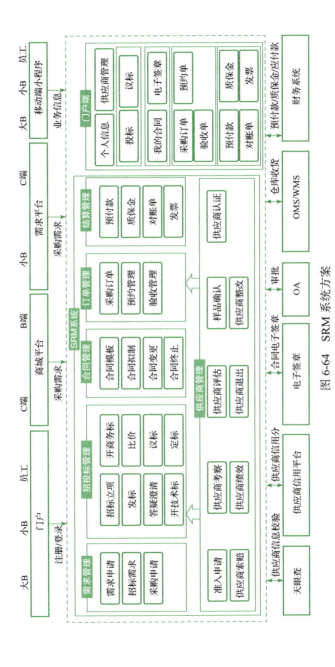

图 6-64 SRM 系统方案

2. 功能模块方案设计

通过前期的需求梳理和分析，SRM系统主要分为需求管理、招投标管理、合同管理、订单管理、结算管理和供应商管理6个模块。对每个模块的数据和功能流转顺序进行梳理，设计模块的解决方案，最终完成业务闭环。下面按各个模块简要说明其方案。

（1）需求管理

需求管理主要是对已承接的需求分类管理。它包括需求申请单、招标需求和采购申请单3类，其中需求申请单承接了前端入口的需求，并对已承接的需求进行合并、转单、关闭等业务处理，将其转化为招标需求和采购申请单，如图6-65所示。

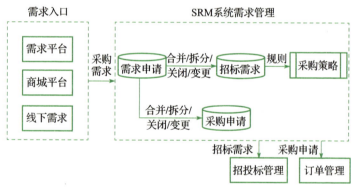

图6-65　需求管理方案

（2）招投标管理

招投标管理主要是线上招标、投标、比价和定标等，有效预防供应商之间串标，确保招投标过程的公平、公正和公开。其解决方案如图6-66所示。

第6章 设计阶段：从产品概念到产品方案

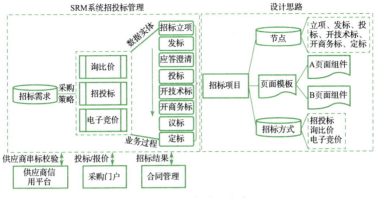

图 6-66 招投标管理方案

（3）合同管理

合同管理主要是对合同生命周期线上化管理，打通与供应商之间协同的合同流程，涉及合同拟制、合同变更和合同终止等一系列功能，如图 6-67 所示。

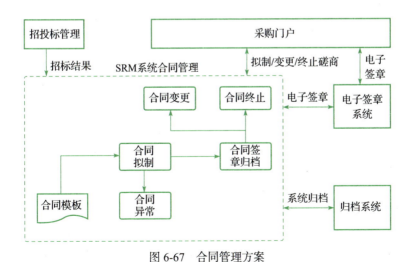

图 6-67 合同管理方案

（4）订单管理

订单管理主要是采购订单和交付管理，包括采购订单的增删改查、预约单和验收单的交付管理，有效使供应商交付流程线上化和可视化，如图 6-68 所示。

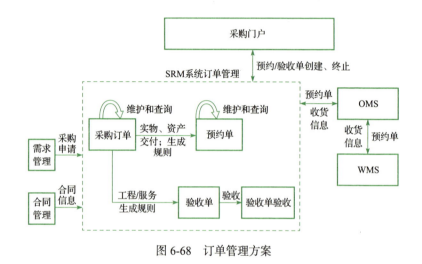

图 6-68　订单管理方案

（5）结算管理

结算管理主要是对预付款、质保金、对账单以及发票校验的管理，实现了付款自动化和银企直连，保障付款准确性，如图 6-69 所示。

（6）供应商管理

供应商管理主要是管理供应商的引入、日常管理、绩效考核和退出等全生命周期，有效建立供应商画像、杜绝供应商风险问题，其解决方案如图 6-70 所示。

第6章 设计阶段：从产品概念到产品方案

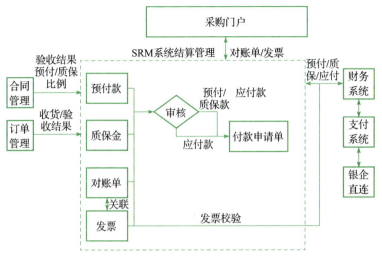

图 6-69 结算管理方案

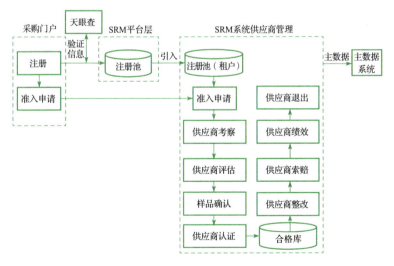

图 6-70 供应商管理方案

6.5 领域建模

领域建模是将领域内的概念建立关系。B端产品经理常用的领域建模主要是指采用 UML 中的类图建立数据实体之间的关系，以可视化的方式呈现领域模型。

本节主要阐述领域建模的相关知识和操作方法，并且围绕 A 集团的案例对 SRM 系统主要数据实体进行领域建模。

6.5.1 类图

类图描述类、接口以及它们之间的关系，用来显示一个具体的业务数据实体。B 端产品经理使用类图主要是为了厘清主要数据实体之间的关系。下面简要介绍类图的要素和类图的关系。

1. 类图要素

类是具有相同或相似性质对象的抽象，包括类名称、属性和方法。类的属性是对象的状态的抽象，用数据结构来描述类的属性；类的操作是对象的行为的抽象，用操作名和实现该操作的方法来描述。在 UML 中，类用矩形来表示，其顶端部分存放类的名称；中间部分存放类的属性；底端部分存放类的方法、方法参数和返回值，如图 6-71 所示。

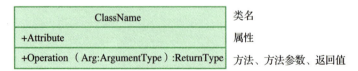

图 6-71　类图结构

- ❑ 每个类必须有名称，一般是一个文本串。
- ❑ 属性描述了类所代表事物的特性，具有可见性、类型、初始值等。可见性包括共有、私有、受保护；类型说明属性的数据类型，常见的类型有整型、字符型、数字型、日期型和布尔型等；初始值可以设置属性的默认值，保护系统的完整性。
- ❑ 方法是对类的对象所能做的事务的抽象，具有可见性、参数列表和返回类型等。可见性包括共有、私有、受保护和包内公有；参数列表是可选的，一般采用"名称：类型"的定义方式，多个参数用逗号隔开；返回类型是可选的，没有返回类型时，一般要用 void 关键字表示无返回值，存在返回类型时，一般只支持一个返回类型。

2. 类图关系

类单独存在的意义不大，更重要的是类与类之间存在协同关系，这种关系真正代表了数据实体之间的流转规则。下面分别说明类图的几种关系。

（1）依赖关系

UML 中，依赖指一个类把另一个类作为方法中的参数，这个类是依赖者，另一个类是提供者。当提供者发生变化时，依赖者的方法也会受到影响。依赖关系一般用从依赖者指向提供者的虚线箭头表示，用关键字来区分种类，如图 6-72 所示。

图 6-72　依赖关系

（2）泛化关系

UML 中，泛化关系表示一种存在于一般元素和特殊元素之间的分类关系，也就是继承关系，一般元素被称为父类或超类，特殊元素被称为子类。比如，苹果、梨子都是水果的一种。其关系一般用一条子类指向父类的实线空心三角箭头表示，如图 6-73 所示。

图 6-73　泛化关系

（3）关联关系

UML 中，关联关系是不同类对象的结构关系，它将多个类的实例连接在一起，用名称、角色、多重性、聚合、组合和导航性 6 种关联关系来修饰。其关系一般用线条将两个类连接，如图 6-74 所示。

图 6-74　关联关系

其中，多重性、聚合和组合是较为常用，下面分别进行介绍。

多重性是指有多少对象参与该关联，多重性可以表达一个取值范围、特定值、无限定范围或一组离散值。在 UML 中，多重性表示为"．．"分隔开的区间，多重语法如下表 6-18 所示。

表 6-18 关联关系多重语法

修饰	含义
0	恰为 0
0..1	0 或 1
0..n	0 或更多
1	恰为 1
1..n	1 或更多
n	0 或更多

聚合是一种特殊类型的关联，表示整体与部分的关联关系。这种关系是弱关系，部分与整体都可以单独存在。比如，对于电脑组装商来说，电脑可以由主机、电源、显示器聚合而成，但电脑、主机、电源和显示器又可以分别售卖。在 UML 中，聚合关系用空心菱形的实线来表示，其中头部指向整体，如图 6-75 所示。

图 6-75 聚合关系

组合是聚合关系中的一种特殊情况，也是整体与部分的关系，但是部分必须被整体包含。比如，对于电脑代理商来说，只售卖电脑，而不会单独售卖主机、电源和显示器，它们是一起售卖的。在 UML 中，组合关系用实心菱形的实线来表示，其中头部指向整体，如图 6-76 所示。

（4）实现关系

UML 中，实现关系指一个类实现另一个类，比如，类和接口的关系。实现关系的符号和泛化关系的符号类似，用一条指向接口的空心三角虚线箭头表示,如图 6-77 所示。

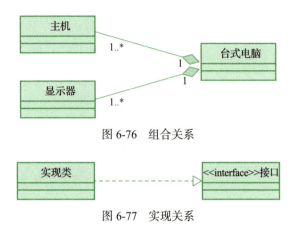

图 6-76　组合关系

图 6-77　实现关系

6.5.2　建立领域模型

掌握了类图的一些基本概念和知识,接下来我们就可以基于前期识别的数据实体来建立数据实体之间的关系,这里建议分两步来建立领域模型。

1. 分析数据实体之间的关系

数据实体的关系主要是类图的 4 种关系。而究竟采用哪种关系取决于当前要解决的问题和业务场景。我们可以沿着业务流程,基于业务场景思考要解决的问题,依次分析各个数据实体之间的关系。

比如,A 集团采购领域的需求管理,包括需求申请、招标需求和采购申请 3 个数据实体,需求申请来源于外部系统或手工录入,它既可以转化为招标需求,也可以转化为采购申请。究竟是生成采购申请还是生成招标需求,依据当前需求申请是否有合同来决定，如果该需求已存在签订的合同，直接生成采购申请；如果属于新需求未签订合同，则生成招标需求进行招投标。依此来看，三者之间存在关联关系。

招投标业务一般采取集中招标的方式，这种方式有利于招标过程中的价格谈判，因此，需要将需求申请进行合并生成招标需求。需求申请生成采购申请时，因每个客户或用户的需求申请相对独立，分别下单和交付，因此需求申请一对一生成采购申请。

综上所述，需求申请与招标需求是多对一的关系，需求申请和采购申请是一对一的关系。另外，需求申请、招标需求、采购申请都包含了明细项，它们组成了需求申请、招标需求和采购申请，因此它们与各自的明细项是组合关系。

2. 绘制数据关系图

分析完各个数据实体之间的关系，接下来就要将它们的关系可视化地展示出来，这里建议采用 UML 中类图的方式进行展示。比如，上述 A 集团采购领域需求管理的需求申请、采购申请和招标需求 3 个数据实体之间的关系如图 6-78 示。

6.5.3 案例：A 集团 SRM 系统的领域建模

掌握了领域建模的基础知识和方法，回到 A 集团 SRM 系统各个模块的领域模型搭建。我们可以基于 6.3 节中需求分析的内容来识别数据实体，采用 UML 类图将 SRM 系统各个模块核心的数据实体进行可视化建模，其他相关数据实体不再阐述。下面分别对招投标管理、合同管理、订单管理、结算管理和供应商管理的数据关系进行可视化建模。

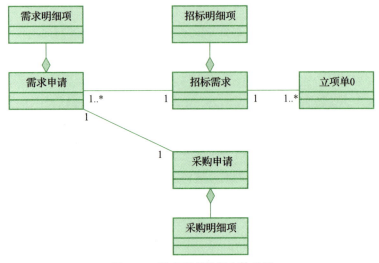

图 6-78　需求管理数据实体关系

1. 招投标管理

招投标管理模块核心的数据实体关系，如图 6-79 所示。

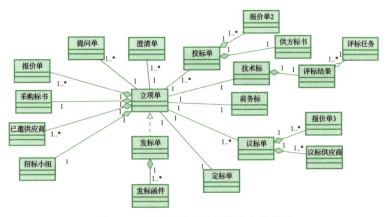

图 6-79　招投标管理核心数据实体关系

2. 合同管理

合同管理模块核心的数据实体关系，如图 6-80 所示。

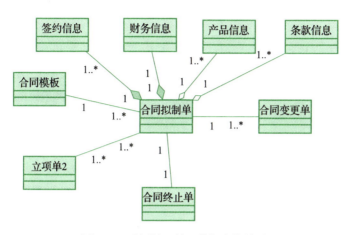

图 6-80　合同管理核心数据实体关系

3. 订单管理

订单管理模块核心的数据实体关系，如图 6-81 所示。

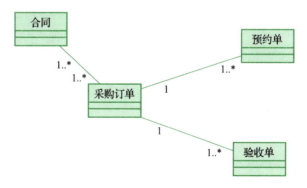

图 6-81　订单管理核心数据实体关系

4. 结算管理

结算管理模块核心的数据实体关系，如图 6-82 所示。

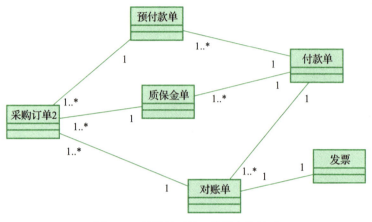

图 6-82　结算管理核心数据实体关系

5. 供应商管理

供应商管理模块核心的数据实体关系，如图 6-83 所示。

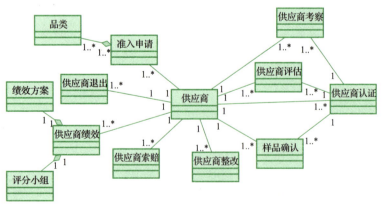

图 6-83　供应商管理核心数据实体关系

6.6 信息架构设计

信息架构是在产品原型设计之前，对信息进行归纳整理的重要工作内容，它告诉用户系统的主要功能是什么，哪些信息是主要的，哪些信息是次要的，以及产品的信息结构层次。信息架构设计是产品成功的重要保障。

本节主要从认识、分析和设计 3 个方面阐述信息架构设计的知识和方法，并在理论讲解过程中给出了 A 集团 SRM 系统信息架构设计的范例。

6.6.1 认识信息架构

信息架构是一门相对成熟的学科，这里说的信息架构主要是指软件领域的信息组织和设计。下面从定义和组成两个方面来认识信息架构。

1. 信息架构定义

信息架构，即 IA（Information Architecture），是对信息的结构化设计，通过合理地组织和设计信息，使得信息在呈现上更加清晰，帮助用户快速地找到想要的信息。其本质是一种设计思路，是"以用户为中心"的思想。信息架构设计是一个基于业务场景，对复杂、散乱的信息进行合理地组织、分类和逻辑归纳，并最终提炼出产品的基础骨架的过程。

2. 信息架构组成

信息架构经过长时间的发展已经相对成熟，《信息架构：超越 Web 设计》一书中将信息架构分为 5 个方面：组织系统、标签系统、导航系统、搜索系统、元数据及受控词，如图 6-84 所示。

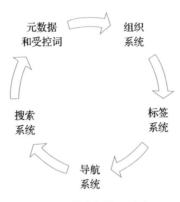

图 6-84　信息架构 5 个方面

这 5 个方面都说明了信息架构设计的思路，如下。

- 组织系统：根据内容选择合适的信息分类及组织方式，比如按时间、字母和地点等。
- 标签系统：对信息加标签，便于快速和便捷地查询。
- 导航系统：设置路径引导用户找到自己想要找的内容。
- 搜索系统：用户清楚地知道自己想要什么信息，可以通过搜索的方式直接搜索。
- 元数据和受控词：元数据用于定义数据，包含描述性信息，用来说明数据的情景，质量和状态；受控词是元数据的集合，用来定义术语之间的等级关系。比如用户围绕"寻源"可能会使用"寻源""招标""招投标""询价""三方比价"等相近或相关的词语。

6.6.2 信息架构设计：123 法则

信息架构设计主要是将混乱无序的信息经过分类整合形成有序的信息，给用户带来价值。在整合信息的过程中 B 端产品经理需要考虑用户目标、用户群体、业务流程、业务场景和产品定位等，应该始终坚持"123 法则"来组织和设计信息架构。下面简要说明"123 法则"。

1. 1 个中心

1 个中心是指"以用户为中心"。在产品信息架构的梳理和设计中，信息的分类应该遵循以用户为中心的基本原则。一步到位设计出完全符合用户需求的信息架构并不太容易，有必要站在用户视角审视和分析信息架构。可以让用户参与前期的信息架构规划，充分听取用户的反馈和意见，也可以借助一些原型草图，让用户参与梳理和验证。通过信息架构的呈现和一些场景的草图原型，用户对产品的内容和形态会有一个具象化的认识，就可以知道产品有哪些功能模块，它们的信息架构层次，解决场景中的哪些问题，这个过程对于产品设计是十分有益的。

2. 2 个分析

组织和设计信息架构之前，需要先做好 2 个分析，即用户分析和信息分析。

（1）用户分析

这里的用户分析不是规划阶段的用户痛点和需求分析，而是分析用户对信息的需求、使用习惯等，包括如下方面。

- 用户需要什么信息？
- 用户处理信息的步骤。
- 用户在哪里使用信息？
- 用户如何描述信息？

通过前期的业务调研和需求分析，我们已经知道了具体的业务流程、角色、活动和任务步骤等4个方面内容。用户分析就是围绕业务流程中不同角色，分析其执行活动或任务步骤的习惯、操作路径和专业术语等内容。

比如，在招投标业务流程中，采购员在执行招标立项活动时，我们可将其拆分为制定立项计划、选择报价单、上传采购标书、邀请供应商和确定招标小组5个任务步骤，这5个任务步骤就是采购员这个角色需要的操作路径；而报价单、采购标书、标的等词汇则是业务中的专业术语；用户在录入报价单标的时，既可以采取新增的方式单个录入，也可以采取批量导入的方式，大部分情况下用户都在Excel表格中先整理了标的信息，习惯性采取导入的方式，这就是用户的使用习惯。B端产品经理通过调研和分析业务流程、角色、活动和任务步骤4个方面内容，可以很好地了解用户的操作习惯。

（2）信息分析

信息分析是对用户在业务流程中为了完成业务目标，对执行业务活动或任务步骤所需的信息进行分析，包括信息内容形式和优先级。

信息内容形式是指页面的信息结构层次以及信息展示形式，其中，页面信息结构层次包括一级菜单、二级菜单、三级菜单的分类和展示；信息展示形式包括文字、图片、表格、视频和音频等。比如，A集团的招投标业务所涉及的页面信息主要是文字、表格、压缩文件等，抖音所涉及的信息包括文字、图片、视频等，微信所涉及的信息包括文字、图片、语音、视频等。

信息优先级是指页面信息展示的先后顺序和重要程度。一般情况下流程中主任务的核心信息优先级最高，非核心信息的优先级次高，其他相关任务信息的优先级最低。比如，A集团的招投标业务中的立项单，其立项基本信息、报价单、采购标书、邀请供应商为优先级最高的信息，其他创建人、修改人、创建时间等信息优先级次高，优先级最低的系统字段用于业务逻辑判断等。

3. 3个思路

信息架构设计的3个核心思路是从《信息架构：超越Web设计》中的信息架构5个方面衍生而来，其核心思想还是对信息的组织、分类和整理，便于快速找到所需的信息。下面分别说明这3个思路。

（1）组织信息

根据要展示的信息内容形式，依托产品的定位和目标，选择合适的顺序，包括时间顺序、地点顺序、空间顺序和关系相近顺序等，采取金字塔形组织和展示信息。B端产品的信息组织不同C端产品，其为了更好地支撑用户完成业务操作，信息层级自上而下分别展示系统、模块、功能；每个功能又包括列表页、详情页和表单页；列表页展示了查询条件和查询反馈的数据列表；表单页和详情页又包含了不同控件类型组成的字段信息，包括文本、数字、日期、下拉框和附件控件等；这些字段信息又进一步分别整理为基本信息、业务信息和其他信息等内容区。除此之外，列表页、表单页和详情页都有其对应的按钮和内容区，如图 6-85 所示。

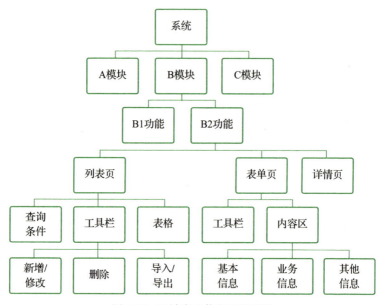

图 6-85　B 端产品信息组织层级

围绕 A 集团的 SRM 系统，我们按关系相近顺序，可以将采购领域分为需求管理、招投标管理、合同管理、订单管理、结算管理和供应商管理 6 个模块；其中，每个模块又可以根据数据实体的关系相近顺序分为不同的功能，比如，招投标管理模块按照数据实体的关系相近顺序，又可以分为招标立项、发标、答疑澄清、投标、开技术标、开商务标、议标和定标等功能；每个功能又可以分为列表页、表单页和详情页等；列表页的工具栏操作又包括新增、修改、查询、删除、提交、审核等，列表表格包括招标立项、招标名称、当前节点、招标方式、单据状态、创建时间和创建人等信息；表单页的工具栏操作项包括保存、提交、审核等，内容区包括基本信息、报价单、采购标书、邀请供应商和招标小组信息；详情页的按钮操作项包括撤销、撤销审核、关闭等，内容区包括基本信息、报价单、采购标书、邀请供应商和招标小组信息。

综合上述方法，结合需求分析以及数据实体分析的结果，最终汇总得到初步的招投标管理模块的信息组织，如图 6-86 所示。其他模块的信息架构设计结构类似，不再详解。

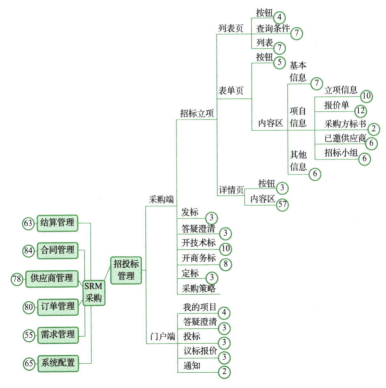

图 6-86　SRM 系统招投标管理模块信息组织

（2）导航路径

导航路径相当于地图路线，便于用户快速找到所需的信息。B端产品的操作复杂度往往同业务流程的活动顺序紧密相关，设计符合终端用户思维习惯的操作路径能够降低用户的学习成本和加快熟悉的速度。下面列举一些常见的导航类型。

- 横向导航：一般位于页面顶端，适用于一级项目数量有限、一级项目名称较短、页面内容空间大等场景。
- 纵向导航：一般位于页面的左边或右边，适应于一级项目较多、一级项目经常会增加等场景。
- 倒 L 形导航：横向导航和纵向导航相结合的一种形式，一般横向导航作为主导航，在各页面保持一致；纵向导航根据不同横向导航及自身页面内容的变化而发生变化。
- 下拉式导航：一级分类是横向导航，当鼠标移动到横向导航时，二级分类以下拉菜单的形式出现，适应的场景一般是一级项目数量有限、二级或三级项目较多，且页面内容的空间较大的场景。
- 面包屑导航：可告知访问者目前所处的位置，以及如何返回导航，会显示页面的所有层级，一般位于内容之上。

回到 A 集团的 SRM 系统，因为涉及 6 个模块，每个模块的功能又不一样，为了便于直观地看到功能入口，我们采用了倒 L 形导航类型，如图 6-87 所示。

（3）搜索信息

搜索信息时用户录入关键词，系统根据关键词精确或模糊地搜索相关信息并呈现给用户结果,包括全局搜索和局部搜索。全局搜索主要是在整个系统内根据关键词进行搜索,而局部搜索是在某一个功能内根据关键词进行搜索。一般情况下,全局搜索较为复杂,搜索更多的是单据信息,比如搜索某个功能;局部搜索是针对具体功能内业务数据对象搜索,一般按单据编号、单据名称和创建人搜索等。

图 6-87　SRM 系统导航路径

6.7　原型设计

产品原型设计是产品有效的可视化方式之一,一图胜千言。一张好的原型图能够准确地传达需求,并描述出待开发功能的样貌。画好原型图除了要对原型工具使用熟练,更重要的是要理解原型的本质,基于原型目的、作用和设计规范进行设计。

本节主要从定义和方法两方面来阐述原型设计,并结合 A 集团的 SRM 系统画出主要产品原型。

6.7.1 认识原型设计

在进行原型设计之前，B 端产品经理有必要对原型有一定理解和认识，这里主要从原型的定义和类型两个方面进行说明。

1. 原型定义

对于数字化软件产品，原型是指软件产品上线之前所依据的样图；对于建筑物，原型是建筑的设计图稿；对于新房，原型是新房的户型平面图。每个人对于原型的定义可能会不同：开发人员可能认为原型必须以代码形式生成，设计师可能认为原型是 Axure 设计的可交互的模型，客户可能认为原型是一个简单的 DEMO 演示。无论如何，原型都可以被认为是解决方案的简单实验模型，用于快速、低成本地测试或验证产品概念。这种验证过程一直都在进行和持续，从基础的草图到线框图再到可交互的高保真原型，直到我们判断已满足客户诉求，并规避了大部分问题，才会正式进入需求评审和研发阶段。

2. 原型类型

原型类型一般按保真度分为低保真原型、中保真原型和高保真原型。保真度意味着原型的外观和行为与最终产品的相似程度。原型设计选择哪种原型类型？通常情况是基于原型要达到的目的来确定，常规做法是从低保真开始，逐渐提高到高保真的水平，直到大部分假设都经过验证和修正。下面分别对 3 种原型类型进行说明。

（1）低保真原型

低保真原型呈现的是产品的初步概念和想法，可以使用不同的媒介和拥有不同尺寸的原型界面。这种原型是最简单和便宜的，更换成本最低，它可以包括草图和线框图等。

草图是最初的设计或假设，我们基于业务流程和结合信息架构，将核心的用户操作界面在白板或纸上绘制出原型。这种方法可快速地验证原型设计思路的正确性和可行性，一旦草图原型获得通过，大的方向和思路基本无问题，接下来只要细化具体的界面字段和交互。草图的样式如图 6-88 所示。

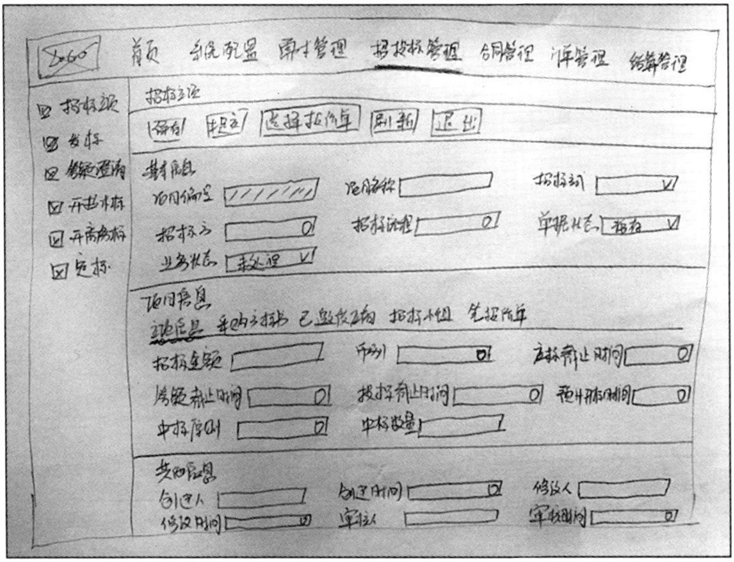

图 6-88　招投标管理立项草图

线框图是静态的原型页面，一般是采用控件元素画出静态界面，大多数情况下用黑、白、灰来突出不同控件元素的重要性，使用占位符来占据某些内容的位置，页面或控件之间交互也相对简单。线框图的样式如图 6-89 所示。

图 6-89　招投标管理立项线框图

（2）中保真原型

中保真原型是将视觉、交互和展示媒介结合在一起，构建更高保真度的视觉效果和交互体验，以便更好地完成方案或想法的测试和验证。这种原型需要产品经理具备熟练设计原型的技能，一般输出动态可交互的原型界面，用户通过原型界面的交互能够完成工作任务，如图 6-90 所示。

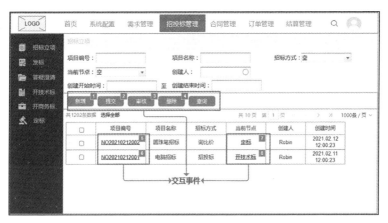

图 6-90　招投标管理立项中保真原型图

(3) 高保真原型

高保真原型同产品真实体验相差无几，追求完美的视觉设计、高度仿真的数据，具备交互和动画效果。这种原型需要花费大量的时间和精力去设计，实际设计 B 端产品原型时，我们较少采用这种类型。

6.7.2　原型设计 5 步法

针对软件产品，虽然原型设计的目的不同，选择的原型类型也会不同，但原型设计的流程应该大致相同。下面分别阐述原型设计 5 步法中的每一步要点，如图 6-91 所示。

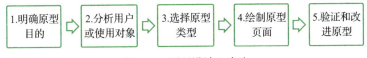

图 6-91　原型设计 5 步法

1. 明确原型目的

绘制原型之前，先明确原型设计的目的是什么。基于原型设计的目的，采取合适的方式，尽量做到花费最少的代价得到最好的结果。一般设计原型的目的主要包括明确产品方向和探索解决方案。

- ❏ 明确产品方向：主要是在新建 B 端产品面向客户时，采取 MVP（最小可用原型）的方式，基于实际业务操作流程，搭建简易原型界面，让用户使用原型完成工作任务的闭环，从而验证和改进原型。
- ❏ 探索解决方案：主要是基于问题探索解决方案，可以设计多个解决方案并对每个方案的优劣势和价值进行评估、排序，制作简易的原型，让用户测试和验证，最终找出最佳的解决方案。

2. 分析用户或使用对象

明确了原型设计的目的，下面就要分析用户和原型的使用对象。不同背景的用户对原型的认知和认可度不一样，同理，不同使用对象也不相同。比如，你的产品原型面向采购领域的用户时，这些用户在领域内是相对专业的，使用系统的熟练程度各不相同，而且还会受到之前经验的限制，这时设计的产品原型就要符合他们实际业务的操作过程；当你的产品原型面向团队内部人员时，比如 UI 设计师、开发人员和测试人员等，就要同时满足他们对原型的诉求。

3. 选择原型类型

基于原型设计的目的、用户和使用对象不同，我们需要选择合适保真度的原型类型。表 6-19 给出选择原型类型的一般建议，具体以各自实际情况为准。

表 6-19　原型类型选择依据

维度/保真度	低保真原型	中保真原型	高保真原型
原型目的	明确方向	探索解决方案	细化解决方案
面向群体	利益相关者	外部客户或用户、UI 设计师、开发人员、测试人员和产品经理等	UI 设计师、开发人员、测试人员和产品经理等
优点	快速调整，成本低	时间和质量折中、相对清晰的原型	高度清晰原型，需求清晰
缺点	沟通成本高，各方理解不一致	沟通成本适中，制作时间长	最费时间和精力

4.绘制原型页面

明确了原型目的、用户和使用对象以及原型类型,接下来就要进一步绘制具体的原型页面,绘制原型页面主要包括 3 步,如图 6-92 所示。

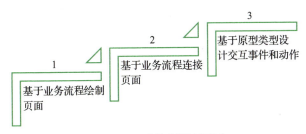

图 6-92　3 步绘制原型页面

(1) 基于业务流程绘制页面

经过前面的需求分析,我们已经知道业务流程中的业务活动和数据实体,通过信息架构的分析和设计,明确了组织方式和导航模式,接下来就以原型页面的方式来承载业务流程中每个数据实体的组成信息。我们根据每一个业务流程从开始到结束的节点,将数据实体、业务活动依次绘制成原型页面的数据信息和操作功能,其中,数据信息分为结构化信息和非结构化信息。非结构化信息包括视频信息、音频信息、图片、附件等。操作功能包括新增、修改、查询、删除、导入和导出等。最终将数据信息和操作功能呈现在原型页面内,分为列表页、表单页、详情页和工作台等。

列表页是展示具体单据的列表,包括列表查询条件、列表操作、列表表格数据、数据排序、数据翻页和数据字段等。它能够通过不同的查询条件过滤出不同数据信息,也可以通过列表操作进行单据的新增、提交、审核、导入和导出等工作，如图 6-93 所示。

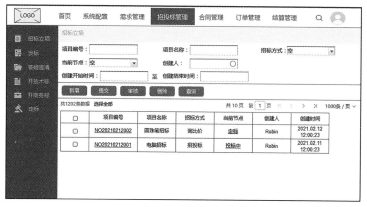

图 6-93　列表页样式

表单页是用户编辑数据、保存数据和提交数据的具体单据页面，一般是用户需要新增或编辑某个业务单据时，表单展示相关的业务数据字段，同时校验填写字段的业务逻辑和必填信息等，如图 6-94 所示。

在表单页面进行新增或编辑时，至少需考虑以下问题。

❑ 如何让界面展示更简单、字段更少？

❑ 用户自己能否顺利完成单据填写？

❑ 怎样才能让用户填写更少信息？

❑ 是否可避免大量机械化信息录入？

❑ 怎么能让用户尽量少犯错？

❑ 如何帮助用户提高录入效率和准确性？

详情页展示的是单据的详细信息，包括单据业务信息和其他辅助信息等，一般是在单据查询状态下展示这些信息，如图 6-95 所示。

图 6-94　表单页样式

图 6-95　详情页样式

查询单据详情时,至少需考虑以下问题。

- 哪些角色会查询该单据?
- 什么场景下使用单据?
- 他们主要完成哪些任务?
- 他们关心哪些信息?使用哪些功能?

工作台是对系统数据的汇总展示,包括数据统计看板、审批流、工作任务和消息通知等信息。它是用户登录系统的着陆页,能够让用户清晰地知道自身的任务统计情况,如图6-96所示。

图6-96 工作台样式

(2)基于业务流程连接页面

基于业务流程的工作任务闭环,将涉及的原型页面以连线方式连接起来形成初步的页面流转图,如图6-97所示。通过各个页面之间的连线可以很清晰地知道具体工作任务流程和原型页面,到此就基本将功能需求转化为了原型页面。

(3)基于原型类型设计交互事件和动作

不同原型类型的交互事件不同。涉及中保真或高保真原型时,需将页面、按钮和控件添加对应的交互事件,以便输出保真度更高的原型。常见的交互事件包括单击、双击、右击、鼠标移动、按键按下、按键松开等,涉及的交互动作包括链接的打开和关闭、元件的隐藏和显示、控件的设置、全局变量、中继器等。具体的交互事件和动作可参考 Axure 软件中的列表,如图 6-98 所示。

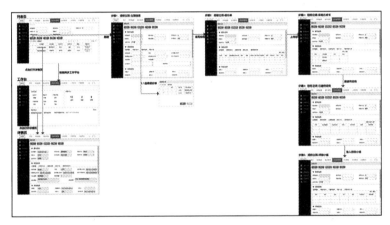

图 6-97　页面流转图样式

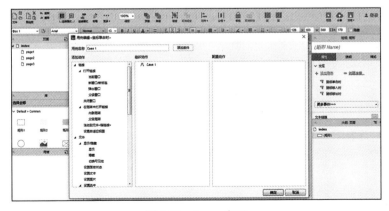

图 6-98　Axure 交互

5. 验证和改进原型

将原型页面呈现给利益相关方、客户和团队内部进行评审，收集和改进原型页面，保证原型页面符合用户所需，各方满意，就可以进入 UI 设计和开发阶段，直到测试和上线发布。发布后，我们又会接收其他的反馈和需求，新一轮的原型设计和验证又开始了。

6.7.3 原型设计误区和原则

掌握了原型设计 5 步法，原型设计的过程应当遵循一些设计原则，避免一些误区，下面对常见误区进行说明。

1. 原型设计误区

在实际原型设计过程中，因产品经理工作背景不同、业务场景不同以及技能不同，可能对原型设计没有足够的重视，甚至存在如下所示的常见误区。

- ❑ 认为不需要信息架构，直接画原型：没有经过前期的信息组织和分类的过程，画出的原型往往不是用户最想要的，需要经过多轮的修改和调整。
- ❑ 过分追求完美的原型：不注重产品阶段、不关注受众，花大力气将原型的细节都描绘得十分清楚，在这种情况下一旦没有抓住用户需求，就需要耗时耗力调整。
- ❑ 认为画原型浪费时间：没有原型，团队成员之间无法协同，每个人都有自己脑中的图，彼此设想的图未必一致，最后还得进行调整。
- ❑ 认为原型随便画一画就行，不需要按规范来：有些产品经理不讲究原型规范性，画出的原型丑陋不堪，虽然在一定程度上不会影响工作结果，但良好的工作习惯更能体现你的专业性。

2. 原型设计原则

原型设计过程中遵循一些设计原则是很有必要的，《写给大家看的设计书》认为设计遵循对比、重复、对齐和亲密性4大原则，下面分别进行说明。

- 对比：基本思想是要避免页面上的元素太过相似，如果不限制元素（字体、颜色、大小、线宽、形状和空间等）必须相同，那么就干脆让它们截然不同，让页面引人注目。对比通常是最重要的一个原则。
- 重复：指设计中视觉要素要在整个产品中重复出现，可以重复颜色、形状、空间、线宽、字体、大小和图片，以此增加条理性和统一性。
- 对齐：任何元素都不能在页面上随意安放，每个元素都应当与页面上的另一个元素有某种视觉联系，这样能建立一种清晰、精巧而且清爽的外观。
- 亲密性：彼此相关的项应当靠近，归组在一起，如果多项之间存在亲密性，它们就会成为一个视觉单元，而不是多个孤立的元素，这有助于组织信息、减少混乱、呈现清晰的结构。

6.8 交互设计

交互设计是用户和产品之间的人机交互关系，包括交互和设计两个方面。交互指的是用户与产品的交流和互动，设计主要是以解决问题、满足用户交流和互动为目的。

本节主要从认识交互设计和交互设计原则两个方面阐述交互设计相关知识。

6.8.1 认识交互设计

交互设计是一门学科体系，覆盖的领域和范围非常广。这里主要从定义和目标认识交互设计。

1. 定义

什么是交互设计？《About Face 4：交互设计精髓》一书中将交互设计定义为"设计可互动的数字产品、环境、系统和服务的实践"，设计对象包括数字产品、环境、系统和服务等。这里说的交互设计，简单来说就是人机交互，也就是针对数字产品的交互设计，通过对产品界面和行为进行交互设计，让用户按照设置好的路径完成对应的任务目标。数字产品包括网站、移动 App 等产品。

2. 目标

交互设计要以解决用户问题为中心进行思考和设计。要解决用户问题，实现产品目标，先要明确问题是什么，把要解决的问题用设计目标确定下来。设计目标是对设计方案达到期望效果的总结，它既要实现用户的诉求，也要实现产品的诉求，需要平衡用户诉求和产品诉求。

6.8.2 交互设计原则

B 端产品经理在进行原型设计时,涉及交互设计部分,需要以相关的交互设计原则为基准,这样才能更好地符合用户的心智模型,帮助用户高效快速完成工作任务。常见的交互设计原则包括尼尔森十大交互原则和易用性原则,下面分别进行说明。

1. 尼尔森十大交互原则

雅各布·尼尔森在 1994 年发表了《十大可用性原则》,该原则广泛应用于产品设计领域,包括 PC 端和 App 端产品。这些设计原则,有助于统一产品交互设计标准,提升用户对产品的整体认知,具体原则如下。

(1)状态可感知原则

指让用户知道系统目前状态,包括结果、状态和操作反馈等。比如,对于 A 集团的 SRM 系统,在设计用户点击"招投标管理"按钮时,该按钮的底色呈现蓝色,来反馈用户当前所在的模块或界面,如图 6-99 所示。

图 6-99 "招投标管理"按钮状态感知

(2)贴近用户认知原则

指将现实场景搬到线上,实现用户体验无感知。这就要求产品经理或设计师以用户的视角和语言进行描述，使产品尽可能贴近用户认知。比如，某软件公司推出合同在线编辑功能，提供了类似Word中编辑合同文本的体验，如图6-100所示。

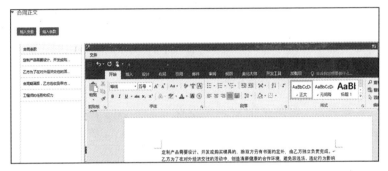

图6-100　合同在线编辑

（3）操作可控性原则

指对用户的操作及时反馈，给用户可控的感觉。比如，SRM系统的招标立项在列表页删除立项单时，弹窗提示用户"是否删除立项单"，如图6-101所示。

图6-101　弹窗"确认是否删除立项单"

(4) 一致性原则

指在产品的交互设计中遵循统一的产品设计规范和标准，视觉、交互、文字样式，文字大小等需要保持一致。比如，SRM系统的按钮形状、字体大小和颜色以及菜单字体和大小都遵循统一的规范和标准，如图6-102所示。

图6-102　按钮、字体、颜色一致性

(5) 防错性原则

指对用户容易出错的地方提供防错机制，防止用户出错。比如，业务流程未到当前节点，相应的按钮位置是灰色的；或者在用户输入信息时，校验数据的准确性和规范性等，如图6-103所示。

图6-103　防错性原则

(6) 识别好过回忆原则

指在界面设计中，给予用户想要的信息，减少用户回忆。比如，在用户删除多张单据时，通过列表提示用户删除了哪些单据；用户在搜索时输入部分文字，后续文字可以自动联想，如图 6-104 所示。

图 6-104　历史搜索记录自动联想

（7）灵活高效原则

指让用户高效获取信息，包括优化操作路径、减少页面跳转和提供搜索功能等。比如，通过查询条件、状态过滤、批量操作、全局搜索、字段过滤等一系列手段，帮助用户高效获取信息，如图 6-105 所示。

（8）审美和极简原则

指设计时追求产品简洁和美观，减少不必要的干扰信息，只放主要和优先级高的信息。

图 6-105　全局搜索和批量处理

（9）容错性原则

指用户在操作过程中遇到问题时，系统及时告知用户问题原因，让用户快速解决，完成操作。比如，用户在数字类型字段输入文本信息，系统及时反馈用户不可输入文本，只能输入数字。

（10）人性化帮助原则

指用户在操作过程中遇到问题需要帮助的时候，系统需提供一些帮助。比如，用户多次登录系统失败，系统指引用户找回密码等。

2. 易用性原则

易用性原则要求产品简单、快速、易上手。这就要求产品信息架构合理、界面清晰易理解、操作简单可见，符合用户心智模型，减少用户认知成本，提升产品体验。

对易用性原则，要遵循以下几条规律。

- 能减少用户操作路径的，就要减少用户操作路径。
- 能减少页面跳转的，就要减少页面跳转。
- 能批量高效处理的数据，就要提供高效能工具。
- 能明确场景路径的，就要让操作路径可视化。
- 遵循界面美观和简约，坚持对齐、重复、留白。

6.9 权限设计

B 端产品的企业客户由于内部管理的诉求，不同部门、不同岗位的权限天然就需要隔离。这就要求 B 端产品经理在设计每个功能的时候，都需要考虑用户的权限诉求，容不得马虎。

本节主要阐述权限设计的理论和方法，包括对 RBAC 模型的详细讲解，最后围绕 A 集团的 SRM 系统设计了通用的权限管理。

6.9.1 认识 RBAC 模型

权限设计的模型很多，这里主要介绍目前比较流行的 RBAC 模型。下面分别从定义、分类和权限机制 3 个方面介绍该模型。

1. 定义

前文提到，RBAC 模型是一种基于角色的权限管理模型，通过角色关联用户、角色关联权限的方式间接赋予用户权限。在 RBAC 模型中，权限与角色关联，用户通过分配角色从而得到角色的权限，通过这种方式我们只需要对角色进行管理，在用户需要权限的时候，分配合适的角色即可令其获得相应的权限，如图 6-106 所示。

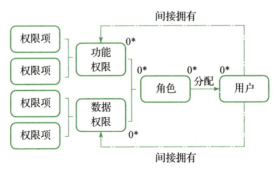

图 6-106 RBAC 模型

我们发现，一个角色可以分配给多个用户，一个用户也可以有多个角色。RBAC 模型就是通过角色这个概念来连接用户和权限的，角色的重要性不言而喻。倘若没有角色这一层，那么权限设计和管理将会极其复杂。比如，在招投标管理的业务中，采购员进行招标立项后，需要采购经理进行审批，假设采购经理是用户 B、用户 C 和用户 D，在没有角色之前，将立项单的审批权限直接赋予用户 B、用户 C 和用户 D，如图 6-107 所示。

图 6-107　直接向用户赋予权限

我们知道用户 B、用户 C 和用户 D 能够审批招标立项，是因为他们担任了采购经理。假如用户 B、用户 C 不再担任采购经理，此时我们需要分别将用户 B 和用户 C 的审批招标立项的权限项去掉。实际情况中采购经理不仅仅只有审批招标立项这一个权限项，还可能拥有众多的其他权限项。此时，针对用户 B 和用户 C 需要重复去掉采购经理所有的权限项，其维护难度和复杂度骤然加大。在这种情况下，引入角色就可以很好地解决这个问题，用户有什么权限，不取决他是谁，而取决于他担任什么样的角色，角色决定了权限项的集合。赋予权限，只需要对用户 B、用户 C 和用户 D 分配角色即可,当他们不再担任采购经理需要解除权限时,只需要将用户与角色的关系断掉即可,大大简化了权限维护和管理工作,如图 6-108 所示。

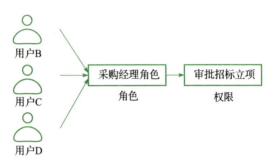

图 6-108　向用户赋予角色

2. 分类

RBAC 模型是最基本的模型,根据复杂度由简单到复杂,我们又可以将其分为 RBAC-0、RBAC-1、RBAC-2、RBAC-3 模型。

(1) RBAC-0

RBAC-0 是最简单的一种模型,也就是用户与角色关联,角色与权限项关联,体现为如下两种关联关系。

- 用户与角色是多对多关系:一个用户有多个角色;一个角色可以分配多个用户。
- 角色与权限是多对多关系:一个角色有多个权限;一个权限可以被多个角色拥有。

(2) RBAC-1

RBAC-1 是基于 RBAC-0 的发展而来的,增加了角色继承的概念。角色继承是指一个角色可以继承另一个角色的权限,同时继承角色又可以添加其他与被继承角色不同的权限项。比如，采购员和采购经理既有共同的权限项，又有不同的权限项，我们可以将共同的权限项集合设为通用角色，采购员和采购经理角色继承通用角色，同时又添加各自的权限项，如图 6-109 所示。

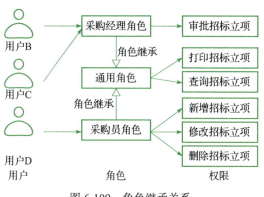

图 6-109　角色继承关系

（3）RBAC-2

RBAC-2 在用户角色分配过程中了增加一些限制条件，避免用户权限过大。比如，权限项新增和审批不能同时被一个角色拥有，当给采购员分配了带有新增权限项的采购员角色，再给他分配带有审批权限项的采购经理角色时，权限分配会出现互斥的现象，如图 6-110 所示。

（4）RBAC-3

RBAC-3 是最全面的权限管理，包含了 RBAC-0、RBAC-1、RBAC-2 所有的特点。这种模型既要维护好角色间的继承关系，又要处理角色间的责任分离。

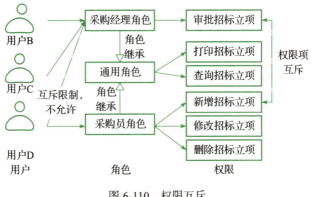

图 6-110　权限互斥

3. RBAC 模型权限机制

RBAC 模型经过发展形成了众多的权限机制，其中常见的权限机制如下。

- 继承：父级可以拥有子级的权限，依托于组织架构或角色层级结构实现这种机制。
- 互斥：该机制是用户责任的强制分离，同一个角色不能既是"运动员"又是"裁判"，防止权限过大，包括静态互斥和动态互斥。静态互斥指一个用户不能同时拥有两个互斥角色，比如既是合同创建者，又是合同审批者；动态互斥是指用户可以拥有两个角色，但是在运行时只能有一个角色激活。
- 先决条件：比如采购助理想成为采购经理，必须先成为采购员。
- 基数限制：一个用户拥有的角色数量受限、一个角色拥有的权限数量受限、一个角色被分配的用户数受限。

❑ 授予机制：用户可以将自己的权限授予给其他用户。

6.9.2 如何设计权限

权限设计模型很多，这里主要介绍基于RBAC模型的权限设计，主要从权限和角色两个方面进行设计。

1. 权限

权限可以细分为功能权限和数据权限。

（1）功能权限

功能权限主要是将业务对象所涉及的操作项设计为对应的权限项，以及将菜单所涉及的业务单据设计为对应的页面。其中权限项包括新增、修改、删除、查询、保存、提交、撤销、审核、反审核、导入、导出、打印、刷新和退出等。一般这些权限项都会归到某一个业务对象对应的单据上，单据又会对应到具体的功能模块，功能模块又会对应到具体的系统，从而形成一个自下而上的树状结构。

（2）数据权限

数据权限主要是能够查询的业务数据范围，包括行数据权限、列数据权限和特殊数据权限等。

行数据权限是指系统根据权限查询对应的数据行。常见的行数据权限可以根据组织架构、自定义字段和插件代码来设计，它能够灵活满足各种业务场景。数据权限范围依据组织架构自上而下，用户账号能够查询组织架构中当前节点和下级所有子节点的数据。比如，A集团的组织架构从上到下如图6-111所示。

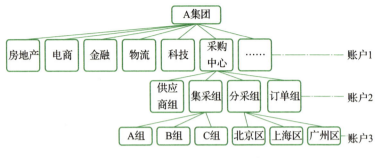

图 6-111　A 集团的组织架构树

通过组织架构限定数据范围，我们可以设计采购中心的账户 1 具备采购中心和下级所有子节点的数据查询权限，包括供应商组、集采组、分采组和订单组所有数据；账户 2 具备查询当前节点和下级所有子节点数据，比如集采组可以查看集采组和 A 组、B 组和 C 组所有数据；账户 3 只能查询当前节点的数据，比如 A 组只能查看 A 组的数据。

列数据权限是依据规则或参数设置用户能够查看或编辑的数据字段的权限。比如，列数据权限的业务对象字段可以设置"禁止查看"和"禁止编辑"。

特殊数据权限可对具体业务对象单据设置单个或多个条件规则来分配相关操作权限，包括查询、提交、审核、导入和导出等。最后，将特殊数据权限分配给用户或角色。

2. 角色

角色是用户和权限的连接点，是一系列权限项的集合。角色一般包括继承关系和聚合关系。继承关系是一个角色继承了另一个角色的权限项，继承角色又可以有自己特殊的权限项；聚合关系是将多个角色聚合成一个复合角色，每个角色又可以单独使用和分配。角色的继承关系和聚合关系，如图 6-112 所示。

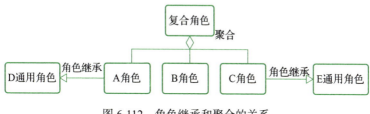

图 6-112　角色继承和聚合的关系

明确了角色的概念，如何定义角色？一般情况下，可以有以下两种方法。

- ❑ 按岗位：可以按企业内各组织的岗位来定义角色，组织的岗位本身分工不同，拥有的权限也不同，将岗位设置为角色可以解决实际的权限问题。
- ❑ 按功能操作项：可以按业务功能的操作项来定义角色，将维护的操作项和查询的操作项分别定义为角色，再根据实际需要进行角色分配。

定义角色时需要考虑角色的职责、权限是否清晰明了，把握角色的颗粒度大小。颗粒度越大，角色的管理越粗放，但随着业务的变化，不一定能满足客户对权限的管控诉求，需要随时进行角色权限的调整；颗粒度越小管理越精细化，遇到业务变化时，只需调整用户和角色的关系，但管理角色的成本会加大。对于 B 端产品来说，提供对用户 – 角色 – 权限三者之间关系的管理功能，实际的角色定义由具体企业根据实际情况来确定。

6.9.3 案例：基于 RBAC 模型的权限设计

掌握了 RBAC 模型和权限设计的方法后，对 A 集团的 SRM 系统基于 RBAC 模型进行角色和权限的设计。SRM 系统将功能权限、数据权限和字段权限都关联到通用角色上，对于用户的个性化数据权限需求，通过特殊数据权限满足，最终将通用角色、特殊数据权限分配给用户，实现用户 – 角色 – 权限三者的权限管理，下面分别进行说明。

1. 通用角色

通用角色的颗粒度可根据企业客户具体的权限管控诉求来定，创建通用角色一般情况下需关联权限项，SRM 系统将通用角色和功能权限、数据权限以及字段权限进行关联。通用角色的列表页如图 6-113 所示。

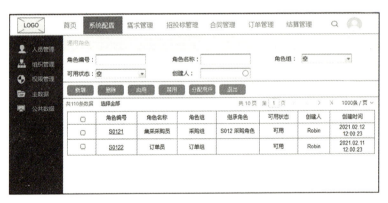

图 6-113　通用角色维护列表页

列表页可以对通用角色进行新增、删除、启用、禁用和分配用户等操作,这里主要用它来说明通用角色和权限的关联。下面分别对通用角色关联的功能权限、数据权限和字段权限进行说明。

(1)功能权限

新建通用角色后,即可进行功能权限分配。应用、模块、单据和具体的操作项均可直接参与分配,勾选上级节点默认下级节点的操作项均被分配,如图6-114所示

图6-114 功能权限维护

功能权限主要包括操作权限、菜单权限,涉及用户可操作和可见菜单路径等。

（2）数据权限

在新建通用角色的同时可以分配数据权限，数据权限主要从组织架构层面进行数据隔离，如图 6-115 所示。

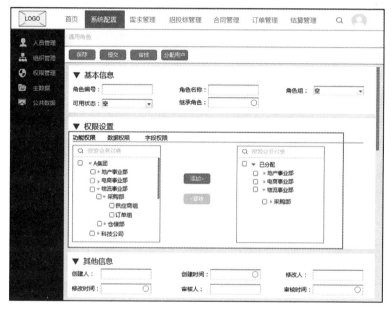

图 6-115　数据权限维护

组织架构的当前节点和下级节点的所有数据均可进行查询，同时数据权限也会同字段权限一起进行最终的权限校验。

（3）字段权限

字段权限主要是对具体业务单据的字段进行查看、编辑和控制，对同一个单据，不同角色看到的字段不同，并与通用角色一起进行维护，如图 6-116 所示。

字段权限的控制操作一般比较特殊，主要是跨部门或跨团队查看单据时涉及一些敏感字段需要隐藏，以使数据不泄密。

图 6-116　字段权限维护

2. 特殊数据权限

企业客户的管控诉求不同，对权限的要求也不同，特别是数据权限就更加个性化，为了满足不同组织的数据权限管控诉求，通过特殊数据权限将数据权限的设置进行规则化和可配置化，如图 6-117 所示。

特殊数据权限可以对每张业务单据的具体操作按条件进行设置，并分配给指定用户、角色，或在分配时排除某些用户、角色，从而达到对权限的个性化管理。

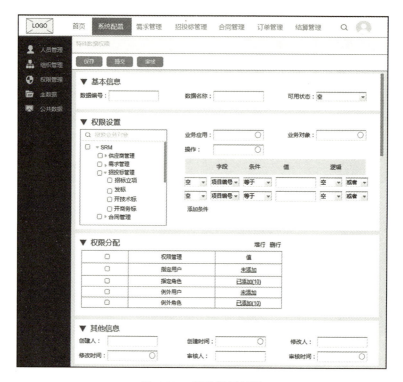

图 6-117 特殊数据权限

6.10 编写产品需求文档

产品需求文档用来记录产品从需求描述到原型和方案设计的过程，以便团队内部查阅、沟通、确认和沉淀等。

本节主要介绍产品需求文档的模板和写法，以便大家对产品需求文档有一个直观的认识。

6.10.1 产品需求文档模板

产品需求文档是为了把需求和方案描述清楚,以便传达给开发人员、UI设计师、测试人员和项目经理等团队成员。产品需求文档模板会因不同公司不同团队,甚至同一个公司不同团队而存在差异,没有标准的产品需求文档模板,适合自己团队的模板才是最好的。这里提供一个产品需求文档模板作为参考,如图6-118所示。

图6-118 产品需求文档模板

6.10.2 如何写产品需求文档

明确了产品需求文档模板,接下来就要进行产品需求文档的撰写。我们综合前面从业务调研到权限设计的整个过程的结果,最终输出一份产品需求文档。下面依据产品需求文档模板对每部分内容进行说明。

1. 前言

前言部分包括目的、术语和缩写语。

（1）目的

目的部分说明编写这份产品需求文档的目的，明确系统范围、与其他系统的接口及面向用户的各种功能、界面等。

（2）术语和缩写语

术语和缩写语部分解释产品需求文档中的术语和缩写语的概念，其列表格式如表 6-20 所示。

表 6-20 术语和缩写语

术语、缩写语	解释

2. 总业务流程图

绘制产品的总业务流程图并将其放入产品需求文档中，以便读者能够整体了解业务全流程。比如，A 集团采购领域的总业务流程图如图 6-119 所示。

3. 系统概述

系统概述包括产品概述和产品功能。

（1）产品概述

产品概述部分描述软件产品的定位、主要功能模块以及应用领域和价值，可使用一张结构图来说明该产品的组成，以及该产品同其他各部分的联系和接口。比如，A 集团的整体方案结构图，如图 6-120 所示

第6章 设计阶段：从产品概念到产品方案

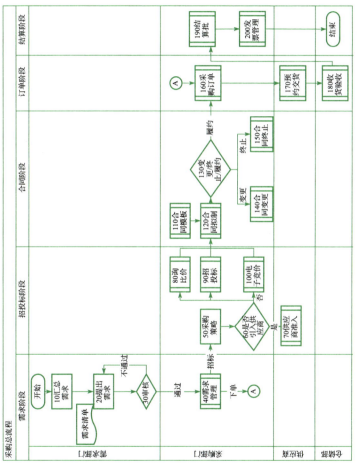

图 6-119 总业务流程图

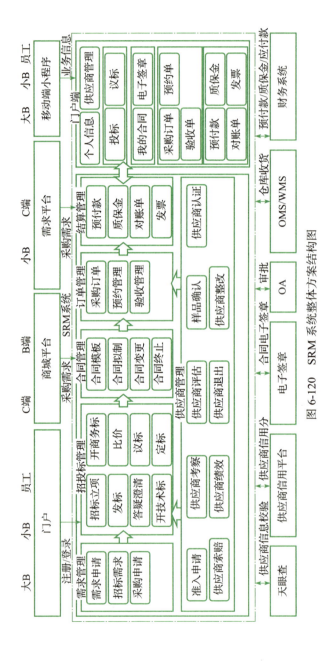

图 6-120 SRM 系统整体方案结构图

(2)产品功能

产品功能部分描述产品或模块的功能点以及功能点的概要描述,如表 6-21 所示。

表 6-21 产品功能列表

模块	功能	功能描述

产品功能的概要描述主要是介绍该模块具体的功能,这里不再赘述,读者可参考 6.3.5 节。

4. 功能性需求

功能性需求主要是描述产品功能,包括需求描述、业务流程、原型界面交互及逻辑和字段说明。

(1)需求描述

描述该功能的主要需求、业务场景、价值目标和应用场景等。比如 A 集团 SRM 系统的招投标管理模块的招标立项功能主要实现用户对招标项目立项、上传采购方标书、录入报价明细,以及邀请相关的供应商进行投标等一系列操作。它是招投标流程中的第一项工作,是整个招投标线上化的第一步,也是整个招投标策略落地的重要环节。

(2)业务流程

描述该功能或模块涉及的子流程,通常以流程图的形式呈现,若没有,可以不放流程图。

(3)原型界面交互及逻辑

描述功能或模块的原型界面、交互逻辑和业务逻辑等,包括原型界面、交互逻辑、操作功能及业务逻辑说明、状态说明和权限说明等。

将功能或模块的原型界面粘贴到产品需求文档中,以便团队成员清晰地知道功能对应的原型界面,若有多个原型界面,可按交互顺序依次粘贴。

交互逻辑描述原型页面的跳转、界面的显示和隐藏、弹窗交互、按钮交互等,可以基于用户完成工作任务的流程进行描述。

操作功能及业务逻辑描述功能或模块包含哪些操作功能,这些操作功能的用途、详细业务逻辑和数据校验规则等。

状态说明描述单据的具体流转的状态,以及对外围系统接口的调用或回调的状态。

权限说明描述功能模块中的用户角色涉及的功能权限和数据权限,如图 6-121 所示。

岗位角色	系统	功能模块	单据类型	单据名称	功能权限项								数据权限		特殊数据权限
					新增	保存	审核	反审核	修改	删除	导出	打印	查看	组织权限	字段权限	
采购员	SRM	招投标管理	单据	招投立项	√	√	√		√		√		√	所属组织及下级节点		本人及上级可审核和查看
采购经理	SRM	招投标管理	单据	招投立项		√	√	√			√		√	所属组织及下级节点	/	
招标小组																

图 6-121 用户角色各功能模块的权限说明

(4)字段说明

描述功能或单据涉及的具体字段,并对字段类型、是否必填、取值规则等内容进行整理和说明,如表 6-22 所示。

表 6-22 字段说明

字段名	字段类型	字段属性	是否必填	录入规则	取值规则
UserId	用户 ID	文本	Y		

（续）

字段名	字段类型	字段属性	是否必填	录入规则	取值规则
UserName	用户姓名	文本	Y		
UserType	用户类型	下拉框	Y		

5. 非功能性需求

描述功能或模块的非功能性需求，包括性能、友好性、安全性、可维护性和可移植性等，同时描述系统运行环境、起始运行时间、结束运行时间等。

6. 一般约束

描述影响系统开发或功能实现的约束项。

7. 接口说明

接口主要包括外部接口和内部接口。外部接口部分描述当前系统与外围系统的接口，以及入参和出参；内部接口部分描述系统内各个模块或单据之间的内部接口。

8. E-R 图

描述系统或功能涉及的数据实体，以及各个实体之间的关系。

9. 数据字典

描述系统中相关数据实体的属性，将属性汇总整理形成数据字典。数据字典可以作为后继开发过程中数据结构设计和数据库表结构设计的参考，如表6-23所示。

表 6-23 数据字典表结构样例

字段名称	是否必填	字段类型	含义	备注
需求编号	Y	文本	需求申请单的需求编号，唯一	
需求名称	Y	文本	需求申请单的需求名称	

6.11 UI 设计

"UI 设计不就是对原型进行美化吗？""UI 设计师跟美工有什么区别？""对于 B 端产品来说，按钮是圆角和方角有什么关系，只要能帮助用户完成工作任务即可。"这些想法和认知导致很多 B 端产品经理不注重 UI 设计，使产品传达给用户的印象是界面比较丑。B 端产品要不要设计精美的界面，这是一个平衡用户体验与成本的问题。大部分 B 端产品是用来帮助用户完成工作任务，界面的美观与否对任务的完成影响不会太大，但是会影响用户的满意度和评价。

本节主要阐述 UI 设计的相关工作内容，帮助 B 端产品经理学习和了解 UI 设计，以便更好地提升产品的美观度。

6.11.1 认识 UI 设计

UI 设计领域涌现了很多的优秀作品，特别是在 C 端产品中，大量的优秀设计作品进入我们眼中，让我们对美有了进一步地认识。下面主要从定义和分类两个方面来说明 UI 设计。

1. 定义

人与机器互动的界面都属于 UI（User Interface，用户界面）

的范畴。在 20 世纪，UI 设计仅仅是在工业领域中应用，随着移动互联网兴起，UI 设计开始在软件领域广泛应用，并且随着技术的发展，变得越来越专业化和规范化。这里说的 UI 设计多指软件产品的 UI 视觉设计，主要是界面设计（包括 Web、App、H5 等页面的布局、按钮、图标、字体、图片及色彩方面的设计工作）交互设计和用户体验设计 3 方面的工作。

2. 分类

UI 设计主要分为 PC 端设计和移动端设计。PC 端设计主要包括各大网站、客户端软件的界面设计，如电脑版微信、设计软件、游戏软件等；移动端设计主要是各种 App 的界面设计，如手机版微信、微信读书、京东、淘宝和手游等。

6.11.2 UI 设计的内容

UI 设计内容主要包括文字、图标、图片和色彩的搭配等，设计师将相应的界面元素制作成切图，交付给前端开发工程师。

1. 文字设计

文字是界面不可或缺的元素，包括字体、字号和字体颜色 3 个方面。通过 UI 设计师的设计，文字可以呈现得更加美观和适配产品风格。文字设计上要避免字体样式很多、与产品主色调相冲突的情况，否则会给用户凌乱的感觉。

2. 图标设计

图标设计是 UI 设计中的一项重点工作，扁平化风格和线性风格是相对流行的风格，优秀设计的图标与我们日常见到的事物紧密相关。比如，相机、计算器、时钟、日历等与现实中的事物很相似，让人一见就知道其代表的功能。

3. 图片设计

图片的设计包括图片位置摆放、图片的数量、图片的面积大小以及图片的组合等。B端产品中直接使用图片的地方相对不多，更多的是文字、表格等内容形式，涉及图片的地方还是要考虑以下注意事项。

- 图片位置：图片在界面放置的位置不受局限，但是要考虑到界面布局。
- 图片数量：根据PC端和移动端的特性以及产品内容来定确定图片的数量。
- 图片面积：面积大小影响版面的视觉效果和情感表达，大图片一般反映具有个性特征的物品或局部特写，小图片简洁精致。
- 图片组合：将图片组合成块状或散点。块状组合通过水平或垂直方式有序地排列成块，具有严肃感、秩序感；散点组合将图片分散排列在版面各个部位，具有自由、轻快的感觉。

4. 色彩设计

在UI界面设计中，掌握好色彩是设计的关键，色彩搭配的效果直接影响产品美观评价。B端产品经理有必要学习和了解色彩相关的知识。下面简要地描述一些色彩相关知识。

（1）色彩三要素

人的肉眼可以分辨颜色多达1000多种，但是要在产品上细分却十分困难。因此，将色彩划分为3个不同属性，包括色相、明度和饱和度。

- ❏ 色相：就是我们常说的颜色，红、橙、黄、绿、蓝、紫为基本色相。
- ❏ 明度：指色彩的明暗程度，即色彩的亮度和深浅程度。混入白色越多，明度越高；混入黑色越多，明度越低。
- ❏ 饱和度：指色彩的鲜艳程度，可以通过加白、加黑、加灰、加互补色来影响饱和度。

（2）色彩的情感

色彩传递情感的能力远超文字和图像，不同颜色所传递的情感也会不同。下面分别阐述冷色系、暖色系和中间系色彩带来的情感表达。

冷色系主要包括蓝色、紫色和绿色等色彩，它们带来的情感分别如下。

- ❏ 蓝色：冰冷、孤独、冷静和理智的感觉。
- ❏ 紫色：神秘、温和、浪漫和高端的感觉。
- ❏ 绿色：清新、自然、舒畅和和平的感觉。

暖色系主要包括红色、橙色、黄色和粉色等色彩，它们带来的情感分别如下。

- ❏ 红色：视觉效果最强，代表着喜庆、性感、热烈的感觉。
- ❏ 橙色：明度柔和，温柔明快的感觉。
- ❏ 黄色：明度极高的颜色，代表信心、希望、快乐的感觉。

- 粉色：甜美、温柔、纯真的感觉。

中间系主要包括黑色、白色和灰色色彩，它们带来的情感分别如下。

- 黑色：代表高贵、霸气、神秘和深不可测。
- 白色：代表明快、冰雪和纯洁。
- 灰色：代表素雅、纯朴和冷淡。

（3）色彩的搭配

色彩的搭配一般可以从色相差和对比配色两个方面入手。

- 色相差：这种配色方式由一种色相支配，统一画面的配色，如果不是同一种色相，色环上相邻的类似色也可以形成相近的配色效果。
- 对比配色：对比色可以分为互补色或相反色，其搭配的色相具有对比效果，包括由白色、黑色等明度差异构成的明度对比效果，以及由饱和度差异构成的饱和度对比效果。

6.12 本章小结

本章主要阐述了B端产品从概念到产品方案落地的设计过程，涉及业务调研、流程梳理、需求分析、整体方案设计、领域建模、信息架构、原型设计、交互设计、权限设计、产品需求文档编写和UI设计等事项，内容多而广，需要多花时间去了解和学习。总结一些注意事项，如下。

- 业务调研方法根据调研目的和对象灵活选择，调研过程采用描述性语言记录用户的描述，第一手资料比第二手资料真实度更高。
- ❏ 掌握流程梳理的技巧和方法很有必要，一切以流程的效率、价值最高化为基准。
- ❏ 需求分析转化的结果包括功能需求、非功能需求、数据需求、约束和规则等。
- ❏ 整体方案设计从宏观上构思和评估方案的可行性，这一事项不可缺少。
- ❏ 数据模型是梳理核心数据实体之间关系的必备工具。
- ❏ 信息架构决定了信息的导航类型、展示方式和优先级。
- ❏ 原型是产品方案的雏形，具体选择哪种保真度，以团队实际需求为准。
- ❏ 交互设计和 UI 设计是用户体验的保障。
- ❏ 权限设计中的数据权限最容易产生差异性，产品设计的是权限配置的工具。

B 端产品设计后，输出产品需求文档，接下来就要开展需求评审，需求评审可以先进行客户的业务方评审，再进行科技方团队内部评审。评审通过后，就进入产品实现阶段，在这个阶段里，产品落地诞生，新产品上线发布。

| 第 7 章 | CHAPTER

实现阶段：产品落地

产品设计完成后，就开始进入产品落地阶段。产品能否按预期的设计目标落地，不仅考验 B 端产品经理前期的需求分析和产品设计能力，还考验他在产品落地过程中的需求沟通、问题处理和项目管理能力。在这个阶段，B 端产品经理要了解技术，跟进开发，参与验证测试，以及组织协调各方面资源，确保产品顺利上线。

本章介绍 "4+X" 模型阶段三——实现阶段，分别从思维和知识、软件架构设计、软件开发、软件测试、上线准备和产品上线发布 6 个方面阐述了 B 端产品的研发落地，并围绕 A 集团的 SRM 产品建设案例阐述具体实现过程。

7.1 思维和知识

本节主要从技术思维和产品思维、七类技术知识两个方面阐述 B 端产品经理应该了解和掌握的产品和技术思维模式差异及相关技术知识。

7.1.1 技术思维和产品思维

产品思维侧重于用户和商业视角,技术思维侧重于技术实现和系统架构。通常情况下,产品经理需要思考产品的使用场景,通过产品功能完善业务闭环或满足业务诉求;同时还要考虑产品承载的商业价值,属于产品思维。开发人员从技术的角度去思考问题,更多会看到产品功能背后的技术架构和实现方式,以及开发成本,属于技术思维。产品思维和技术思维的共同落点是产品的需求、设计和功能。

对于产品经理来说,掌握技术思维,懂得一些技术知识,学会从技术视角看待产品设计,能够在一定程度上评估技术可行性和工期合理性,有助于提升整个团队的沟通效率,推动产品需求的落地和实现。

7.1.2 7 类技术知识

技术知识种类繁多,B 端产品经理不一定需要掌握和了解所有的知识,但是常用的技术知识可以了解。下面分别从技术名词、编程语言、框架、中间件、模式、存储和架构 7 个方面进行说明,如图 7-1 所示。

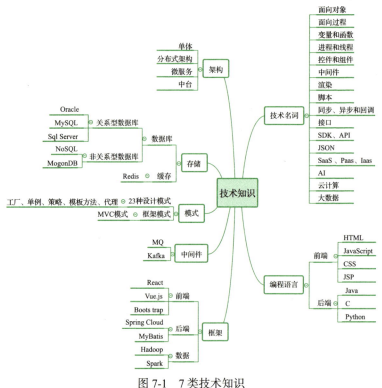

图 7-1　7 类技术知识

1. 技术名词

这部分对一些常用的技术概念进行解释和说明。

（1）面向对象

"面向对象"的思想认为,一切都是对象,对象再抽象为类,类又包含多个属性。整个软件系统由一个个类组成,最小的程序单元就是类,这些类可以生成系统中的多个对象。这些对象反映了客观世界的各种事物,对象之间相互调用,从而完成整个软件系统功能,如图 7-2 所示。

图 7-2 面向对象

（2）面向过程

"面向过程"的思想认为，一切都是函数，整个软件系统由一个个函数组成，最小的程序单元是函数，程序入口是主函数，主函数依次调用其他普通函数，普通函数之间再依次调用，从而完成整个软件系统功能，如图 7-3 所示。

图 7-3 面向过程

（3）变量和函数

变量和函数是软件代码的主要组成部分。

在程序的世界里，变量是存储计算结果或表示值的抽象概念。比如，变量就像表达式中的一个个数字，而函数则好比操作这些数字的运算逻辑。变量在使用前必须在代码中声明，也就是创建该变量。声明变量的时候，可指定变量类型、变量名和变量长度。比如，Java 语言中，变量名必须是一个以字母开头并由字母或数字构成的序列。变量类型包括基本变量类型和引用变量类型，其中引用变量类型一般包括类、接口和数组等，基本变量类型如表 7-1 所示。

表 7-1 Java 中的基本变量类型

数据类型	默认值	长度
byte	0	8
short	0	16
int	0	32
long	0L	64
float	0.0f	32
double	0.0d	64
char	u0000	16
boolean	false	1

函数是解决一类问题的步骤的有序组合，函数里可以有一些逻辑和运算的操作。比如，Java 中的函数包含于类或对象中，函数在程序中被创建，在其他地方被引用；C 语言中的函数是一个个独立部分，由 main() 主函数发起调用。

下面以 Java 语言为例，函数命名的第一个单词应以小写字母开头，后面的单词则用大写字母开头，不使用连接符，比如 addPerson()；函数参数可以声明形参，调用方法时必须给形参指定参数值，形参包括基本数据类型和引用数据类型，比如，addPerson（String name）或 addPerson（Person p）。

程序员每天的工作主要是定义变量、编写函数，然后运行由函数和变量组成的程序，看程序运行的结果是否符合预期。

（4）进程和线程

进程和线程都是操作系统执行的单元。进程是一个具有独立功能的程序，是关于某个数据集合的一次运行活动，是操作系统动态执行的基本单元，需要为其分配内存、CPU 等资源。线程是操作系统进行运算调度的最小单元，它被包含在进程中，是进程的实际运作单元。这些线程共享进程资源，并且按照程序的指定逻辑完成既定的任务。比如，我们启动一个 App，App 程序就会创建一个进程，进程创建后，系统就会通过进程加载程序的逻辑和数据，并分配内存、CPU；该进程又包含多个线程，每个线程完成一个程序的任务，比如，启动闪屏和首页加载由两个线程同步进行。

（5）控件和组件

控件和组件是从不同颗粒度来说的。控件表示程序设计中最小粒度的、可复用、可编程的部件，比如 Axure 中常见的输入框、按钮、下拉框和复选框等。组件可以理解为多个功能组合的控件，比如，以企业法人为主体的组件由法人编码、法人名称的输入框、法人银行的下拉框一起组合而成。

（6）脚本

脚本是使用特定语言描述的可执行的文件。比如，SQL 脚本、JavaScript 脚本、批处理 .bat 脚本等。不同语言编写的脚本需要在特定的环境中运行，比如，JavaScript 脚本运行在浏览器的场景中，SQL 脚本运行在数据库的场景中，而 Python 脚本用在机器学习场景中。

（7）同步、异步和回调

同步、异步和回调是两个系统接口之间常用的概念。同步是指 A 系统发出一个调用时 B 系统应该同步反馈结果，否则，调用就不成功。异步是指当 A 系统发出异步过程调用后，调用者不能立刻得到结果，而需等 B 系统实际处理完成这个调用的部件，通过状态、通知和回调来告知 A 系统调用者。回调是被调用者找到调用者并告知它，一般在异步调用时使用。

(8) 接口

接口是提供具体能力的标准和抽象，包括如下三层含义。

- 定义了一组能力。
- 有定义者和实现者。
- 定义一般是抽象的，不包括具体的实现。

接口一般提供能力，调用者并不需要关注具体细节，只需要关注接口暴露出来的能力，传相应入参，即可获得回参。

(9) JSON

JSON（JavaScript Object Notation）是 JavaScript 的对象标记法，它把要传输的对象格式化，把每一个变量变成了 key-value 的形式，写成字符串，然后用大括号把它们括起来，在网络上传输。客户端收到这个 JSON 字符串之后，再对它进行解析，取出里面的 key-Value，包装成一个对象。

(10) IaaS、PaaS、SaaS

IaaS、PaaS 和 SaaS 体现了从硬件、平台到软件的服务化，下面分别进行说明。

IaaS，Infrastructure as a Service，基础设施即服务，通过虚拟化技术为组织提供云计算基础架构，包括服务器、网络、虚拟化和存储等。这样组织无须购买物理上的硬件，并对其进行维护和管理，通过 IaaS 服务上的云中"虚拟数据中心"即可完成一切。

PaaS，Platform as a Service，平台即服务，为软件提供云组件。PaaS 为开发人员提供了一个框架，让他们可以在这个框架上开发应用程序。PaaS 平台类操作系统如 Google App Engine。

SaaS，即 Software as a Service，软件即服务，也就是云应用程

序服务。SaaS 利用互联网向用户提供应用程序，用户直接在 Web 浏览器上使用，不需要下载或安装软件。SaaS 软件类似电脑里的各种软件，只是它云化了，常见的 SaaS 软件如 Salesforce、Dropbox 等。

2. 编程语言

编程语言简单来说就是人和机器都能识别的语言，包括机器语言、汇编语言和高级语言。这里介绍的编程语言主要是高级编程语言，分为前端和后端开发语言。常见的高级编程语言如表 7-2 所示。

表 7-2　常见的高级编程语言

前后端	编程语言	语言描述
前端	HTML	全称 Hyper Text Markup Language，是一组标签和文本的组合，是搭建 Web 的基础语言
	CSS	叠层样式表，能够对网页中元素位置的排版进行像素级精确控制，支持几乎所有的字体、字号样式，拥有对网页对象和模型样式编辑的能力
	JavaScript	一种脚本语言，通过嵌入到 HTML 中，使网页拥有更加炫酷的交互，增加网页的动态功能，可以在多种操作系统中运行，比如 Windows、Linux 等
后端	Java	通过类和对象的调用来实现对业务逻辑的处理，具有面向对象、分布式、健壮性、安全性、平台独立、可移植性、多线程和动态性等特点
	C	通过函数之间的相互调用实现业务逻辑，具有可读性好、易于修改、调试和移植等特点

3. 框架

简单来说，框架是提供基础功能的软件产品。软件发展多年，期间涌现了非常多优秀的框架。这里列举了一些常见的软件框架，如表 7-3 所示。

表 7-3 常见软件框架

前后端	框架	框架描述
前端	Vue.js	Vue.js 是一套构建用户界面的渐进式框架。与其他重量级框架不同的是，Vue 采用自底向上增量开发的设计。Vue 的核心库只关注视图层，非常容易与其他库或已有项目整合
	React	React 用于构建用户界面的 JavaScript 库，可以给它传递多种参数类型，如声明代码、静态的 HTML DOM 元素、动态变量，甚至可交互的应用组件
后端	Spring Cloud	Spring Cloud 是一系列框架的有序集合，利用 Spring Boot 的开发便利性巧妙地简化了分布式系统基础设施的开发，在服务发现注册、配置中心、消息总线、负载均衡、断路器、数据监控等方面都可以用 Spring Boot 的开发风格做到一键启动和部署
	MyBatis	MyBatis 是支持定制化 SQL、存储过程以及高级映射的优秀的持久层框架，避免了几乎所有的 JDBC 代码，以及手动设置参数和获取结果集

4. 中间件

中间件产品种类很多，这里主要介绍一下 MQ（Message Queue，消息队列）。它是基础数据结构中"先进先出"的一种数据结构，指把要传输的数据（消息）放在队列中，用队列机制来实现消息传递。生产者产生消息并把消息放入队列，然后由消费者去处理，消费者可以到指定队列拉取消息，或者订阅相应的队列，由 MQ 服务端给其推送消息。消息队列中间件是分布式系统中重要的组件，主要解决应用解耦、异步消息、流量削峰等问题，实现高性能、高可用、可伸缩和最终一致性架构。

5. 模式

软件开发遵循一定的规范和设计模式，这里主要介绍经典的 MVC 模式和 23 种设计模式。

（1）MVC 模式

经典的模式如 MVC 模式，包括业务模型层（Model，M）、视图层（View，V）和控制层（Controller，C）。它们之间的关系如图 7-4 所示。

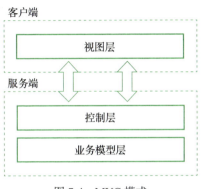

图 7-4　MVC 模式

- 视图层：指用户能在前端看到并与之交互的界面，可以实现一些简单的校验逻辑。
- 控制层：负责接收前端用户请求并调用相应模型进行处理，以及返回处理结果给指定的视图。
- 业务模型层：负责处理业务逻辑、封装业务模型，它与具体的数据无关，可以满足不同视图的请求，从而实现代码复用。

（2）23 种设计模式

面向对象的设计语言提倡 23 种设计模式，常用的如工厂模式、单例模式和策略模式等。推荐读者阅读机械工业出版社出版的《设计模式：可复用面向对象软件的基础》一书，其中详细介绍了 23 种模式。

6. 存储

数据存储的产品种类繁多,这里主要介绍关系型数据库和非关系型数据库。

关系型数据库主要以二维表格的方式进行数据存储,常见的数据库产品包括 Oracle、MySQL、SQL Server 等。这些产品对数据进行行和列的存储,非常便于查询和使用。查询数据库中的数据,有必要了解 SQL 语言。

SQL(Structured Query Language,结构化查询语言)是一种数据库查询和程序设计语言,用于存取数据以及查询、更新和管理关系数据库系统。统计常见的 SQL 指令如表 7-4 所示,具体 SQL 语句的用法可参考相关资料。

表 7-4 SQL 指令

类别	指令	说明
DDL:创建或删除数据库及一级数据库中的表对象	CREATE DROP ALTER	CREATE:创建数据库和表对象 DROP:删除数据库和表对象 ALTER:修改数据库和表对象
DML:查询或变更表中的记录	SELECT INSERT UPDATE DELETE	SELECT:查询表中数据 INSERT:向表中插入数据 UPDATE:更新表中数据 DELETE:删除表中数据
DCL:确认或取消对数据库的数据所做的变更	COMMIT ROLLBACK GRANT REVOKE	COMMIT:确认对数据库中数据进行变更 ROLLBACK:取消对数据库中数据进行的变更 GRANT:赋予用户操作权限 REVOKE:取消用户的操作权限

非关系型数据库主要用来存储其他众多格式的软件产品,包括但不限于以下类型。

❑ 键值对数据库:典型的如 Redis 和 Memcached 等,通过 key-value 实现数据的存储。

- ❏ 列存储数据库：如 HBase，通过列的方式进行数据存储。
- ❏ 面向文件数据库：如 MongoDB，支持的数据结构类似 JSON 格式，可以存储复杂数据类型。

7. 架构

经过多年的发展，软件架构逐步发展到单体架构、分布式架构、微服务和中台。

单体架构是将所有的功能模块打包到一起并放在一个 Web 容器中运行。这种架构的缺点是无法前后端单独部署，系统的性能、存储和通信等会遇到瓶颈。

分布式架构将原来不同的功能模块、前后端、数据库打包到不同的 Web 容器中运行。将系统业务服务化，并完善服务治理功能，搭建系统架构就如同搭积木，可以构建高内聚低耦合的业务系统，同时引入缓存、消息队列、ESB 和 Hadoop 大数据处理平台，有效提高整个系统架构的性能和效率。

微服务也是一种服务化架构方式，相比 SOA 架构更松耦合，协议更轻量级，更高度自治。这种小而巧的架构模式可以让每个微服务的技术异构化，实现独立部署，快速响应业务诉求。

中台作为一种架构设计思路，是站在企业级视角提供共享服务能力，将各个业务领域中相同的诉求和场景进行复用，实现服务化和共享化。其核心概念就是标准化、共享化服务能力，大大减少软件重复开发和信息孤岛问题。

7.2 软件架构设计

关于软件架构是什么，不同角色有不同的看法和不同的视角。B端产品经理虽然不用直接写代码或搭建软件架构,但是了解软件架构的知识对于产品设计和落地还是很有用的。

本节主要从定义和设计思路两个方面阐述软件架构设计,让我们更好地理解软件架构,最后阐述A集团SRM系统软件架构设计的一些思考。

7.2.1 软件架构的定义

软件架构是什么?目前来看没有统一的标准看法。IT界有两大理论体系解释了软件架构的定义,分别是架构组成论和架构决策论。

1. 架构组成论

该理论先关注系统的主要构成部分以及它们相互之间的关系,然后进一步挖掘每个构成部分的细节,以便确定模块、组件和接口等元素,最终完成软件架构的设计。简单来说,架构=构件+交互,构件指一系列构成部分,包括框架、子系统、模块和类等不同粒度的软件单元。最典型的架构组成的例子是前文介绍的MVC模式的软件架构,其中视图层创建控制层后,控制层会根据用户交互调用业务模型层的相应服务,而业务模型层会将自身的改变通知视图层,视图层会读取业务模型层的信息以更新自身,如图7-5所示。

图 7-5 MVC 模式构件之间的交互

2. 架构决策论

决策论的典型代表是 RUP（Rational Unified Process，统一软件过程）。该理论关注架构实践主体——人，以人的决策为描述对象。架构决策不仅包括软件系统的组织、元素、子系统和架构风格等，还包括非功能性需求的决策，通过一系列的决策最终形成完整的系统架构。比如，当设计一款 B/S 产品并进行技术选型时，你可能会做出如下选择。

- 编程语言：前端采用 HTML、JavaScript，后端采用 Java 语言。
- 开发框架：前端采用 Vue.js 框架，后端采用 Spring Cloud、MyBatis 框架。
- 中间件：采用 MQ 通信、Redis 缓存。
- 数据库：采用结构化数据库 MySQL。

将以上的决策过程整理后，如图 7-6 所示。

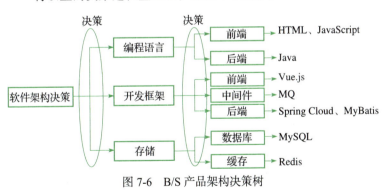

图 7-6　B/S 产品架构决策树

7.2.2　软件架构设计的 3 个思路

通过目前软件架构的两大理论，我们可以简单地理解软件架构其实是一种架构思路和架构思想。比如，建筑师设计房屋时，必须提前考虑好楼层高度、户型、方位、电梯井位置、油烟机的出风口位置和厕所下水道位置等,避免房屋发生缺少进水管道的类似错误。同理,一个软件里有处理数据、处理业务逻辑、处理页面交互、处理软件部署和处理系统安全的部分,软件架构就是基于一种架构思想将这些处理逻辑区分开,再用接口和协议将它们结合在一起,形成职责清晰的软件结构。

如何设计软件架构?B端产品经理并不需要直接去搭建软件架构,但是了解架构师如何搭建软件架构,以及自己负责的产品的架构体系都包括哪些框架、中间件、存储方式、开发语言等,还是非常有用的。B端产品经理可以从以下3个方面着手了解软件架构设计。

1. 业务架构桥梁

软件架构设计必须基于业务需求,没有业务需求的软件架构设计就如"无源之水,无本之木",连接软件架构和业务需求的就是我们常说的业务架构,它起到一个桥梁作用,如图7-7所示。

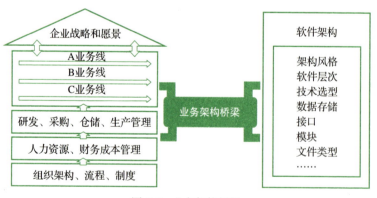

图 7-7 业务架构桥梁

B端产品经理在调研完业务就可以同业务团队一起搭建业务

架构,业务架构描述了业务领域主要的业务模块和结构,它对于软件搭建起着非常重要的作用。在深度理解业务的基础上,我们将业务抽象为各式各样的模板,再通过组合各种模板来满足不同的复杂需求,这就是业务架构的作用。我们在思考软件架构设计的时候,就可以从业务架构上着手。比如,某房地产集团准备搭建一款企业级电子合同系统,将集团各个组织、BU 的合同纳入系统进行管理,由它向其他外围系统输出合同数据。显然,该集团将电子合同系统定位为企业级系统,统一管控所有的合同,并进行数据分发,这就要求软件架构的设计者基于电子合同系统的定位以及业务架构进行软件架构选型。

2. 软件架构宏观视角

软件架构宏观视角就是从高层来思考软件架构的设计,使该设计具备方向性和宏观性,包括软件架构风格选型、软件层次结构和开发技术选型等。

(1) 软件架构风格选型

架构风格描述某一特定应用领域中系统组织和表现的惯用方式,就像建筑领域的欧洲风格、中式风格和美式风格。常见的架构风格如分布式架构、事件驱动架构和管道-过滤器架构等,软件的架构风格选型取决于具体场景。

这里简要介绍分布式架构。分布式架构作为一种基础的架构风格,为不同系统之间的交互提供通信范式,从而有效屏蔽底层平台细节,主要体现以下方面。

❑ 消息传递:通过消息传递的相互作用可以实现分布式,客户端和服务端分别作为消息的发送者和接收者进行数据的生产和消费。

- 发布-订阅：通过异步交换事件来提供分布式架构所需实现的交互功能，事件是整个结构能够运行所依赖的基本数据模型，围绕事件存在两个角色（发布者和订阅者）。
- Broker：分布式系统之间通过 Broker 进行远程过程调用实现相互作用。

B 端产品经理如果暂时不理解这些晦涩的概念，那就先从简单的软件 B/S 模式（浏览器模式）和 C/S 模式（客户端模式）去看待产品表现的形式。比如，用户已经习惯使用 Web 操作，而且还不想安装客户端，那么开发 B/S 模式产品会更合适；当然，在某些情况下，C/S 模式也是必要的，像杀毒软件、输入法软件、Axure 软件、Office 软件等，客户端使用起来更顺畅。

（2）软件层次结构

思考待开发产品的软件层次结构，包括基于什么原因和场景选择这种结构，有没有哪些业务场景是无法支持的，每个层次对应的内容是什么，用到哪些技术、框架、中间件和存储方式等。常见的软件层次结构分为展示层、业务逻辑层和数据层，也就是我们常说的 MVC 模式，展示层可以单独部署为前端，后端包括业务逻辑处理和数据存储，如图 7-8 所示。

图 7-8　软件层次结构

（3）开发技术选型

技术选型包括选择什么编程语言、框架、中间件、数据库等，要基于团队的技术实力、框架开源性、公司的技术储备等情况进行选择。比如，常见的编程语言有 Java、C、PHP、HTML、JavaScript、Python 等，常见的框架有 Vue.js、Spring Cloud、MyBatis 等，中间件有 MQ，常见的数据库有 MySQL、Oracle 等。B 端产品经理通过考虑自身产品所用到的开发语言、框架、中间件和数据库，进一步对比它们与同类产品的优劣势，加深自己对相关技术的理解。

3. 软件架构微观视角

《软件架构设计》一书中提到 5 个设计视图，软件架构的设计可以从这 5 个视图开始考虑，包括逻辑视图、物理视图、开发视图、运行视图和数据视图，如图 7-9 所示。

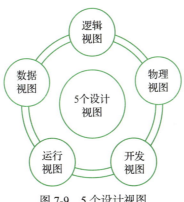

图 7-9　5 个设计视图

- 逻辑视图：主要是划分系统模块，进行接口定义和领域模型细化，使用 UML 来描述，包括类图、对象图、时序图、协作图、活动图和状态图等。

- 物理视图：主要是物理节点拓扑结构和连接方式，包括系统的硬件分布平台和软件部署方式。
- 开发视图：主要是开发技术选型、程序单元划分和单元之间编译依赖关系，包括选择前后端开发语言、开发工具和框架。
- 运行视图：主要是系统运行时的控制流组织，包括多线程技术和中断服务等，具体应用时需要考虑线程和进程的用法。
- 数据视图：主要是数据持久化方式选择，包括数据库选型、文件存储和对象存储等。常见的数据库有关系型数据库和非结构化数据库，存储格式包括文件、视频、图片和结构化数据。

7.2.3 案例：A 集团 SRM 系统的软件架构

理解了软件架构的定义和设计思路后，我们围绕 A 集团的 SRM 系统来思考如何搭建软件架构。

1. 架构风格

SRM 系统是服务集团内部各业务线、BU 以及外部客户的采购平台，其软件架构风格采用了常见的分布式架构，由于用户习惯通过 Web 进行操作，且为了便于向外界推广产品，SRM 系统本身是 B/S 模式的软件。

2. 软件层次结构

考虑到 SRM 系统的复杂性和业务需求的多样化，直接采用典型的 MVC 模式将前后端应用程序分离，分别进行部署和开发。其中，后端应用程序采取微服务形式，将不同模块的能力服务化、抽象化，从而实现代码的复用；前端应用程序由独立团队开发和部署，通过前后交互的形式进行前后端通信。

3. 技术选型

基于团队成员的技术能力，选择 Java 作为后端开发语言，选择开源的 MySQL 作为数据库，框架则选择 Spring Cloud、MyBatis、Vue.js，中间件选择 Redis、Kafka、ZooKeeper 等。

7.3 软件开发

软件开发主要是编程工作，由开发人员完成。但是产品经理不是无事可做，而是要沟通和澄清大量的内容。B 端产品经理需要明白不同开发岗位的具体分工和职责，以便在产品开发过程中进行高效沟通。

本节主要从技术团队、客户端和服务端交互过程、编程开发事项 3 个方面来阐述 B 端产品经理在软件开发过程中需要处理的工作。

7.3.1 了解技术团队

在如今万物互联的时代，人员分工和岗位职责越来越精细化和专业化，岗位之间的协同也越来越重要。术业有专攻，明白不同技术岗位的工作职责，有助于产品经理日常的高效沟通和问题解决。下面我们就来了解一下技术团队。

1. 技术分工

在技术实现阶段，技术人员会全面介入需求开发中，不同的技术岗位负责不同的工作职责。

软件架构设计，主要由软件架构师牵头，其他团队人员配合。在开始编程之前进行一系列的需求分析、技术选型、架构模式选型、数据库选型等工作，软件产品的架构设计就好比房屋的建筑设计，一旦确立施工后，越到后面替换的成本越高，甚至可能导致推倒重来的结局。

编程设计，主要由开发工程师完成。这个过程是真正的代码编写过程，也会有不同的分工，有的人负责前端开发，有的人负责后端开发，有的人负责大数据开发等，他们之间所需掌握的技术技能也是不同的，这就是术业有专攻。编程的过程有两点需要特别强调，第一是代码的规范性，比如要有明确的代码注释等；第二是代码的美感，比如在代码中应用设计模式和遵循设计原则等。

软件测试，主要由测试工程师完成。这个过程是对产品的一次诊断，包括功能测试、性能测试以及安全测试等。B端产品经理日常更多是对功能进行黑盒测试、白盒测试以及业务场景测试，验证产品的功能是否符合实际的产品设计要求和业务诉求。对一些数据量较大或安全系数较高的产品，还会进行批量数据的性能测试和安全测试，保障产品的健康度。

上述的架构师、开发工程师、测试工程师是B端产品经理日常接触的几个技术岗位，此外还有数据库工程师、运维工程师等，这些岗位所负责的事项都是为了确保系统能够正常运转。

2.两个核心开发岗位

产品开发过程中，B端产品经理要密切接触的两个开发岗位分别是前端开发工程师和后端开发工程师，其中，前端开发包括对浏览器端和客户端产品的开发。

（1）前后端开发

前端是用户界面和交互的相关内容，包括字体、布局、页面大小、图片、控件以及动态交互效果等，这些视觉上能够看到的东西都属于前端。后端是业务逻辑处理和数据库交互相关内容，包括业务逻辑处理、数据的增删改查以及平台稳定性和性能等，这些用户看不到的东西都属于后端。

（2）前后端技术应用

前端开发工程师需要精通 HTML 5、JavaScript、CSS 3 等核心技术，具备交互设计能力，熟悉后端服务器运行环境和数据通信协议。他们通常需要掌握的前端技术框架包括 Vue.js、React 等 JavaScript 框架，以及 Bootstrap 等 CSS 框架。后端开发涉及的开发语言较多，包括 Java、C、PHP 等。以主流常用的 Java 为例，后端开发工程师需要掌握 Java 的编码规范、语法规则，Spring Cloud、MyBatis、Tomcat、Jetty、ZooKeeper、MQ、Redis、SQL 等技术。

（3）前后端岗位职责

前端开发工程师主要是基于浏览器或客户端进行功能开发和实现后端数据通信，其中客户端包括 Android 和 iOS 移动端以及 iPad 平板端。后端开发工程师主要负责业务逻辑的实现、接口定义、维护系统性能和稳定性，以及前端数据通信等工作。相对前端来说，后端功能逻辑复杂、技术知识点多、对工程师的技术能力要求高。

7.3.2 客户端和服务端交互

软件产品在运行时，前端页面填充的数据大部分来自服务端，网页在加载或运行过程中，会发送 HTTP 请求到服务端，服务端接收客户端请求后，会连接数据库对请求数据进行处理后返回给客户端。客户端和服务端交互过程如图 7-10 所示。

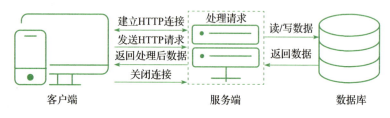

图 7-10 客户端和服务端交互过程

- 建立客户端和服务端的连接通道。
- 客户端和服务端连接成功后，客户端发送 HTTP 请求到服务端。
- 服务端接收到客户端发送的 HTTP 请求进行业务逻辑处理，并请求数据库进行读/写操作。
- 数据库返回数据给服务端。
- 服务端将处理后的数据返回给客户端。
- 客户端关闭与服务端的连接。

7.3.3 编程开发跟进事项

编程开发是一项专业性的工作，需要极强的耐心和逻辑思维。相信技术人员更能体会开发过程中的酸甜苦辣，有时候为了找一个小小的 Bug，反复 Debug（调试代码）。所以在编程的过程中，产品经理需要及时跟进相关事项，如图 7-11 所示。

图 7-11　编程开发跟进事项

1. 澄清需求细节

对于 B 端产品复杂的应用场景来说,需求评审阶段只是做到了对主流程、主界面和核心业务逻辑的评审,而对于细节的逻辑或需求,开发人员并不一定能吃透。如果碰到开发人员不熟悉的领域,开发难度就更大了。面对这种情况,B 端产品经理要与开发人员保持高效沟通,可以采用"每日站会"的形式同步信息,确保双方对需求的理解一致。当然,在开发的过程中,开发人员也会发现原先需求不合理的地方,或者需求描述错误的地方,双方可以进一步澄清,讨论是否需要变更需求。对于中途变更的需求,产品经理要充分把握变更的成本,确保产品朝目标前进。

2. 掌握开发进度

对于需求的开发进度,B 端产品经理要关注什么时候开发完成,什么时候进行系统测试,什么时候进行用户测试,以及计划采用哪个版本上线等。常用的进度管控工具包括 JIRA、周会和看板等,都可以有效地监控需求的开发进度。对于进度有延迟的工作项，需要查明是什么原因导致的、具体的风险是什么，同时给出对应的解决措施，确保开发工作的正常开展。

3. 协调各方团队

B端产品经理是一个信息中枢，也是推动任务的角色。在开发过程中，涉及各方面团队的沟通和配合，包括开发人员、UI设计师、测试人员，以及业务团队的工作人员或老板等。此时，产品经理的沟通协调工作必不可少，必要时需要解决团队内部以及团队之间的矛盾和冲突，使全体成员团结一致，朝着共同的目标前进。比如，你要做一个合同签章的功能，但是电子盖章系统是单独的产品，就需要协调电子签章系统的团队为我们提供电子签章方案，此时你可能遇到对方资源不足、排期跟不上等各种问题，这就需要你具备高超的沟通技术推动各方落实电子签章方案。

4. 积极参与验证

"过程好了，结果大概率是好的；过程不好，结果不一定好。"软件开发的过程本身就是多团队协作过程，信息在传达中会出现失真的情况。比如，从用户需求到产品需求，需求信息本身已经被处理过，从产品需求到产品功能，信息面临再次处理，其中的需求信息失真的程度不得而知。该过程考验的是B端产品经理对需求和业务的理解能力。

B端产品经理在产品开发过程中，要时刻关注功能的开发情况，并对已完成的功能进行初步验证，确保产品功能在该阶段处于正确的道路上，这对避免后续返工或推倒重来有极大的帮助。验证本身就是一种早期介入的手段，能确保产品朝正确的方向前进，避免大家做出的产品偏离实际太远，产品经理在该阶段应该发挥重要作用。

7.4 软件测试

在产品投入市场或提供给用户使用之前,测试人员会对软件产品进行一次全面的诊断和验证,以确保发布出去的产品是健壮的。这个过程产品经理也可以参与进来,对产品进行验证,判断产品是否符合当初的设计规划。如果可以,B 端产品经理应该尽早介入测试,早发现问题、早调整,避免产品开发完成之后出现致命的错误,这个时候再对产品进行大的调整,代价非常高。

本节主要从认识软件测试、软件测试方法和原则、软件测试流程这 3 个方面阐述软件测试相关知识,帮助 B 端产品经理理解和掌握测试工作。

7.4.1 认识软件测试

软件测试的主体是软件产品,软件产品有其固有的特性和生命周期,每一个软件产品都会经过测试才会投入使用,这里主要了解软件测试相关知识。

1. 软件测试定义

测试是为了检测特定的功能是否符合标准而采用专用的工具或者方法进行验证,并输出测试结果的过程,包括硬件测试、软件测试和其他测试等。软件测试则是针对软件产品而言,在有限的时间内对软件产品采取各种方法和工具进行验证,保障软件产品质量。软件产品几乎涵盖了代码编写的所有应用,包括移动端 App、PC 端各种应用等。

2. 软件测试分类

软件从编程到上线需要经过一系列测试验证,软件测试目前已经发展为一门独立的学科和体系,各个企业根据实际情况选取不同的测试方法和工具,从不同角度对软件产品进行测试。下面主要对常用的软件测试类型进行说明,如图 7-12 所示。

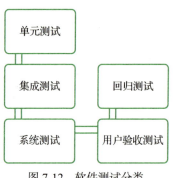

图 7-12 软件测试分类

(1)单元测试

单元测试主要是对软件基本单元(类、方法、对象等)或代码进行测试,查看其是否符合需求和设计要求,这个过程主要由开发人员完成。当开发人员写完一段代码后,即可验证该代码是否有效或满足设计要求,只有通过了测试才会将其合并到更大的功能模块中。

(2)集成测试

集成测试主要是将多个软件基本单元拼成一个大的功能模块进行测试,或与外围系统进行接口调试,这个过程主要由开发人员完成。当开发人员完成一个功能模块的测试后,就会将该功能模块合并到更大的系统中，以便将来对系统整体进行测试。

（3）系统测试

系统测试主要对整个系统或某一个功能模块进行全面的测试，包括功能测试、性能测试、安全测试、压力测试和兼容性测试等，以确保系统满足需求说明。不同软件产品对测试的要求不同，测试的重点也会不同。功能测试几乎是所有软件系统必须进行的测试；对于高并发量的系统，性能和压力测试也是必要的；对于涉及敏感性数据的系统，比如银行系统，安全性测试是必要的。

（4）用户验收测试

用户验收测试，也称为 UAT 测试，主要是邀请用户基于场景进行测试。它是系统功能部署的最后一个测试环节，开发人员和测试人员也会参加并提供相应的支持。用户基于业务场景在前端界面输入数据，查看和分析输出结果是否符合自身需求。对在这个过程中发现的测试问题或 Bug，开发人员和测试人员可以第一时间进行修复和验证，以确保用户测试顺利完成。

（5）回归测试

回归测试主要是指对软件在测试或其他活动中发现的缺陷经过修改后重新进行软件测试，目的是检验修改后的缺陷是否得到了正确的修复，同时关注是否引入了新的缺陷。是否进行回归测试取决于修复的问题或新上线功能的影响面有多大，每个团队可根据自身的情况来确定。

7.4.2 方法和原则

软件测试发展到现在出现了很多方法，也形成了一些基本原则。我们不一定需要掌握全部方法和原则,但要了解常用的方法和重要的原则。

1. 软件测试方法

软件测试的方法很多,常用的方法包括白盒测试、黑盒测试和自动化测试等。

(1) 白盒测试

白盒测试主要是检查产品内部结构是否按照设计规格正常运行,如图 7-13 所示。它是基于代码的测试,也是可视化测试,能够观察到系统内部是如何运转的,这对测试人员的要求相对较高,一般由开发人员在单元测试或集成测试环节自行进行。

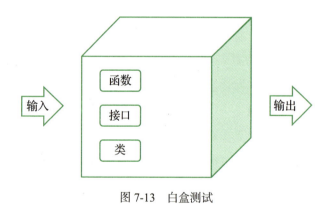

图 7-13　白盒测试

(2) 黑盒测试

黑盒测试通常把软件看作一个不能打开的黑盒子,在完全不考虑内部结构的情况下对程序或接口进行检查,验证每个功能是否能正常使用和满足需求。这种测试也是目前大量使用的测试方法，如图 7-14 所示。

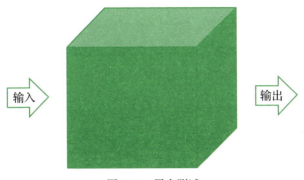

图 7-14 黑盒测试

（3）自动化测试

自动化测试往往借助自动化脚本、自动化测试工具来完成。虽然需要一定人工参与，但是测试人员将执行的测试代码或流程写成脚本之后，执行脚本就可以完成测试。这种测试方法可以用到一些重复性劳动的测试上，比如某些场景的回归测试等。

2. 软件测试原则

软件测试过程中遵循一些原则有利于提高测试工作的效率和质量，B 端产品经理可以了解测试原则并在这些原则的指导下参与测试工作。主要的测试原则如下。

- ❏ 基于产品需求文档测试：所有的测试工作都应该先考虑用户的真实需求，再基于产品需求文档进行测试，确保软件产品是用户想要的，也可以有效避免产品需求文档的不足之处带来的影响。
- ❏ 尽早介入测试：在软件开发的生命周期中各个阶段，尽早介入测试，这样能够尽早地发现和预防错误，降低修复错误的成本和提高测试效率。
- ❏ 不可能穷尽测试场景：由于时间和资源的限制，完全穷尽各种场景进行测试是不可能的，我们需要依据测试优先级和风险等级来确定测试的关注点。
- ❏ 没有完美的测试：通过测试可以发现并修复缺陷，但即使测试没有发现任何缺陷，也不能证明软件或系统是完全无缺陷的，我们需要确保核心流程和业务的正常流转。

7.4.3 软件测试的流程

测试人员不同，制定测试计划的方式和方法也会不同。常说的软件测试流程主要是测试人员进行的系统测试和用户进行的 UAT 测试。它们同软件开发一样，也有具体的流程可遵循，虽然不同类型软件的测试方法和重点可能不一样，测试流程允许存在差异，但其测试的主体流程是相对通用的，适用于各种软件的测试过程。测试主体流程如图 7-15 所示。

图 7-15　软件测试的主体流程

1. 制定测试计划

测试计划是指导整个测试工作有条不紊进行的重要保障，涉及人员、工具、数据、时间和场地等方面的准备工作，包括如下事项。

- ❑ 明确测试范围：明确需要测试的场景或功能范围。
- ❑ 制定测试策略：哪些功能重点测试、哪些功能简单测试；采用什么测试方法，如黑盒测试、白盒测试和自动化测试等。
- ❑ 安排测试资源：衡量测试难度、时间和工作量，进行资源的合理调配，包括人、工具、数据和场地等。
- ❑ 制定测试计划：结合开发进度或测试进度，合理安排场景和功能的测试计划，预留缓冲时间。
- ❑ 制定风险应对措施：识别测试过程的风险，并制定应对措施。

因测试人员和测试对象不同，一般会对软件产品分别进行系统测试和 UAT 测试，其测试计划模板如图 7-16 所示。

工作事项	状态	负责人	计划开始时间	计划结束时间	实际开始时间	实际结束时间	备注
测试范围							
1. 测试准备							
1.1 搭建测试环境							
1.2 准备测试用例							
1.3 测试用例评审							
1.4 准备测试数据							
2. 功能/场景测试							
2.1 XX功能/业务场景							
2.2 XX功能/业务场景							
3. 非功能测试							
3.1 性能测试							
3.2 安全性测试							
3.3 压力测试							
4. 编写测试报告							
4.1 编写功能测试报告							
4.2 编写非功能测试报告							
4.3 编写用户测试报告							

XX公司XX产品测试计划

测试计划更新时间：202X-XX-

图 7-16　测试计划模板

2. 编写测试用例

测试用例是一套详细的测试方案，包括测试环境、测试场景、测试步骤、测试数据、预期结果和测试者等。测试人员和用户进行测试的测试用例并不相同。其中，测试人员的系统测试用例涉及系统功能、性能、安全性等维度，如图 7-17 所示。

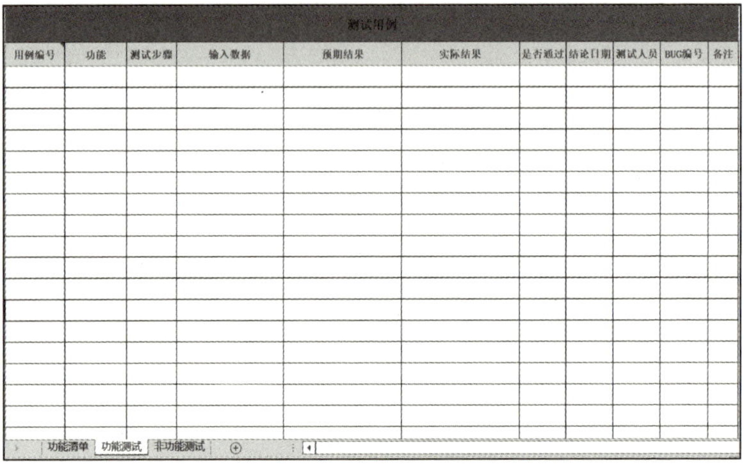
测试用例

用例编号	功能	测试步骤	输入数据	预期结果	实际结果	是否通过	结论日期	测试人员	BUG编号	备注

图 7-17　系统测试的测试用例

用户的 UAT 测试用例是从业务场景的维度进行测试，覆盖主要业务场景和次要业务场景，依照业务场景对应的业务流程依次描述业务操作和步骤，并输出每个业务场景的测试结果，如图 7-18 所示。

3. 评审测试用例

正式进行测试之前，需对测试用例进行测试用例评审，评审的目的是确保测试用例尽可能多地覆盖测试场景，区分关键重要和次级重要的测试场景。测试用例评审会议一般由测试人员发起，相关的产品经理、开发人员、UI 设计师等都会参加，时间长度视具体的需求复杂度而定，对于复杂的需求有可能进行多次用例评审。产品经理在测试用例评审阶段可以进一步澄清需求，检查测试用例的遗漏部分，调配相关测试资源等。

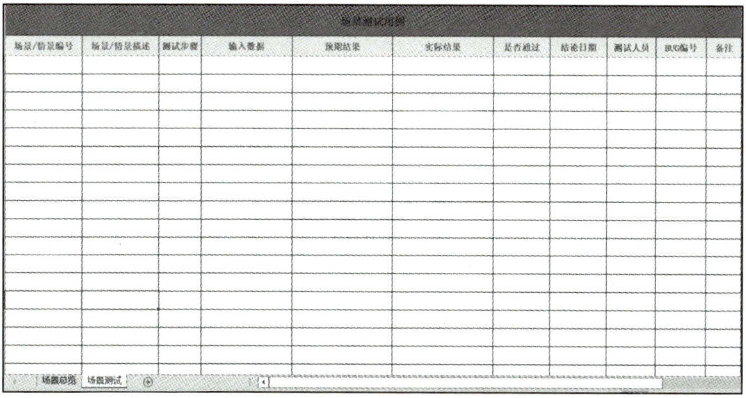

图 7-18　UAT 测试的测试用例

4. 执行测试

执行测试是根据测试计划对测试用例逐步进行测试的过程。产品经理参与测试，可以更好地从产品角度或用户角度出发使用产品，从而发现新的问题，继而推动解决问题，保障产品在前期就满足用户需求，令产品性能可靠。在测试的过程中，每个测试用例都会发现缺陷和问题，需要记录和跟踪缺陷的修复情况，缺陷修复后还需要进行回归测试，确保不会引起其他的缺陷和问题。在需求迭代过程中，团队一般会使用 JIRA 之类的工具，在测试时将每个需求的缺陷直接记录在工具里，或者采用表格的方式进行记录，如图 7-19 所示。

问题跟踪清单

问题状态解释：①待优化-新建/未解决的问题；②已优化-问题已在开发环境优化，待部署至UAT；③待UAT验证-问题已在测试环境修复，待UAT验证；④待部署PRD-问题已在测

序号	项目阶段	功能模块	问题描述	环境	问题类型	优先级	状态	解决方案	关闭日期	责任人	提出人	提出时间	备注
1	系统实现			测试	BUG	高	待优化					2021/3/28	
2													
3													
4													
5													

图 7-19　测试缺陷问题记录

需要注意的是，在 UAT 测试时，主要是用户参与测试，产品经理要避免与用户发生冲突，不管用户提的需求是否合理，是否对原先需求持否认态度。此时，产品经理应当保持开放的心态与用户沟通，当场记录问题，确保 UAT 测试的顺利结束。在 UAT 测试结束后，对于用户提出的问题，产品经理需要充分评估和给予回复，比如，向用户说明这些问题是在当前版本解决还是在下个版本解决，或者无须解决，并给予具体理由。

5. 编写和发布测试报告

测试报告是对测试活动的总结，包括对软件产品测试过程中的问题进行统计，对测试质量进行客观评价并提出改善建议等，如图 7-20 所示。

- ❑ 前言：主要描述测试目的、背景和参考资料。
- ❑ 测试环境和方法：描述测试的软件环境和硬件要求，以及采取的测试方法是什么。
- ❑ 测试结果：本次测试的情况记录（包括测试轮次、测试人员、测试时间和测试版本等），功能测试情况，非功能测试情况，功能覆盖率，不同维度的缺陷统计和分析等。
- ❑ 测试分析：围绕测试结果分析本次测试的功能是否达到

标准，缺陷率是否低于标准，非功能测试是否通过等；统计本次测试所发现的缺陷数量、类型，分析缺陷产生的原因，给出规避措施。
- ❑ 测试结论与建议：从功能满足度、性能指标等多个维度进行质量总体评价，给出测试是否通过的明确结论，提供当前测试版本发布意见，明确同意发布或不同意发布。

目录

1. 前言 ··4
   1.1 测试目的 ···4
   1.2 背景 ··4
   1.3 系统简介 ···4
   1.4 参考文档 ···4
2. 测试环境和方法 ···4
   2.1 测试环境 ···4
   2.2 测试方法 ···4
3. 测试结果 ··5
   3.1 测试情况记录 ···5
   3.2 功能测试情况 ···5
   3.3 非功能测试情况 ···5
   3.4 测试覆盖率 ···6
   3.5 缺陷的统计与分析 ··6
      3.5.1 按缺陷状态统计 ··6
      3.5.2 按缺陷类型统计 ··6
      3.5.3 按缺陷严重程度统计 ···6
      3.5.4 按缺陷处理优先级统计 ··7
      3.5.5 按模块缺陷统计（按照缺陷）···································7
4. 测试分析 ··7
5. 测试结论与建议 ···7

图 7-20 测试报告模板

7.5 上线准备

软件产品经过测试和用户验证后,就可以进入发布阶段。在产品正式发布之前,还有一系列事项需要提前准备,以便能够顺利跟进产品发布后的工作。

本节主要从产品材料、用户培训和配置参数 3 个方面重点阐述上线前的准备工作。

7.5.1 准备产品材料

产品发布给用户使用之前,通常需要先制作产品相关材料,包括产品培训文档、操作手册和 FQA 等。

1. 产品培训文档

产品培训文档主要是讲解各个模块的业务流程、核心功能等,用于对用户进行培训或用户自行学习,其内容应当简明扼要、重点突出。产品培训文档制作完成后可上传至企业官网首页的指定下载区,供用户下载使用,其主要内容包括课程目标、术语和名词解释、业务流程、产品方案及产品演示等。

2. 操作手册

操作手册主要是对核心功能的操作步骤进行说明,便于用户在日常工作中查询。操作手册制作完成后也可上传至首页的指定下载区,但需要定期进行文档的更新,以便用户了解最新的操作步骤。常见的操作手册目录结构如图 7-21 所示。

```
目录
1. 总览 ············································· 4
   1.1  目的 ········································ 4
   1.2  总体描述 ···································· 4
   1.3  系统介绍 ···································· 4
2. 运行环境 ········································ 4
   2.1  硬件环境 ···································· 4
   2.2  软件环境 ···································· 4
3. 操作步骤及注意事项 ······························ 5
   3.1  XX功能 ······································ 5
   3.2  XX功能 ······································ 5
4. 常见错误处理方法 ································ 5
5. 附录 ············································ 5
6. 其他注意事项 ···································· 5
```

图 7-21 操作手册模板

3. FAQ

FAQ 指常见问题及解答,预先设计用户操作产品时可能遇到的问题并进行回答。这种方式在一定程度上能够让用户在遇到问题时先自行解决,释放产品团队工作人员的工作量。各个团队可根据自身产品的情况设计各自的 FAQ。

7.5.2 用户培训

B 端产品往往涉及复杂的业务场景,通常需要对目标企业用户开展培训工作,让用户理解和接受产品。做好用户培训可以从下面 3 个方面着手。

1. 制定培训计划

用户培训需要提前制定培训计划,通知相关用户,也就是学员,关于培训主题、时间、地点、培训方式、培训时长和培训要求等信息,如图 7-22 所示。培训方式可以采取现场或远程视频培训等方式,具体依据不同客户或用户的要求。

XX公司XX产品用户培训计划												
模块	课程代码	课程名称	培训日期	培训时间	课时	培训对象	培训地点	授课讲师	参加人员名单	参加人数	状态	备注

图 7-22 用户培训计划

需要注意的是,要提前与被培训方的对接人制定好计划,并且提前通知相关人员,这样学员可以提前做好工作上的安排,培训讲师可以提前准备好培训材料。

2. 执行培训

培训是一项专业的技能,讲师需要经历多次的讲课才能具备足够的思路和临场技巧,将学员带入课堂和活跃气氛,这里简单从培训讲师的角度说下注意事项。

- ❑ 注意开场白和结尾。
- ❑ 注意与学员互动,提高其课程参与度。
- ❑ 注意控制现场氛围。
- ❑ 临场应变,回答学员疑问。
- ❑ 以平等、开放的心态面对所有的学员及其问题。

每次培训内容讲解完成后,可以预留时间让学员进行提问,讲师解答学员问题,了解学员的掌握情况,思考后续的讲解过程。同时,可以组织学员参与系统练习,加深他们对培训内容的理解。最后,在每次培训完成后,可组织学员对讲师授课的过程进行评分,帮助讲师更好地发现自身问题,以便讲师在下次讲得更好。

需要重点关注的是，每次培训都要注重效率，让学员学有所得，而不是流于形式，否则势必会给后续带来不小的重复解答的工作量。

3. 培训总结

培训结束后，讲师需要及时总结培训中的反馈，包括授课实用性、学员问题、学员需求等，对问题和需求进行回复，对培训过程进行迭代优化，提升授课能力。

如果是对外部客户，用户培训的工作很可能会由实施人员完成。对某些重点客户，产品经理也会到现场进行讲解，获取用户的产品需求；如果是对内部客户，这项工作一般由产品经理和业务人员共同完成。

7.5.3 准备配置参数

B端产品往往比较复杂，涉及较多的初始化参数配置，包括各模块基础数据配置、业务规则配置、后台任务配置和接口参数配置等。

1. 基础数据配置

基础数据配置包括支撑模块功能运转的基础数据和参数配置数据等。

- ❑ 基础数据：初始化的基础数据包括公共数据和功能模块系统预制的数据等。其中，公共数据包括国家/地区、税码、币别和计量单位等；功能模块系统预制的数据包括招投标类型、合同类型、订单类型等。

- ❑ 参数配置数据：包括界面布局视图、预警参数值和模板数据等，界面布局视图可以先预制好标准视图；预警参数值可以是一些提前预设的参数值，比如采购提前期默认为 X 天；模板数据主要是提前预制的标准模板，比如函件模板、报价单模板、合同模板和绩效模板等。

2. 业务规则配置

业务规则配置包括系统内单据字段之间的业务规则配置，以及单据与单据之间的字段映射规则等。比如，系统单据标准字段的必填、可见；A 单据转换为 B 单据的标准化字段映射等。初始化的业务规则根据具体产品的情况而定。

3. 后台任务配置

很多单据之间的调用是由后台定期执行的，这时就需要系统预制后台调度任务，定时进行调用，需要在任务上线时配置启动并设置执行的时间周期。比如，设置单据任务到期发出预警消息等。

4. 接口参数配置

企业的产品不可避免地涉及与多个外围系统之间的交互，系统提前预制一些标准 API 供外围系统调用，此时需提前配置一些相应的参数，比如 URL 请求地址、特殊标识符、关键码等。

需要注意的是，具体哪些参数需要配置，在不同的产品中是不相同的。上述内容只是对配置参数进行简单分类，帮助 B 端产品经理了解上线流程中的事项，避免遗漏。

7.6 产品上线

产品发布上线是产品正式面向客户及用户的时候，也是整个团队最期待的一刻。该过程仍涉及一系列事项需要产品经理统筹协调。确保各方面都已准备妥当，才能真正让用户参与使用。B 端产品经理在整个产品上线过程中都要全力推进各项事项，确保上线成功。

本节主要从上线策略制定、产品部署和产品上线 3 个方面来阐述 B 端产品的上线过程。

7.6.1 上线策略制定

产品发布，策略先行。做好发布计划和资源协调才能保障产品顺利发布，这部分工作包括上线策略和计划制定，以及上线计划注意事项。

1. 上线策略和计划制定

上线策略是指为了确保系统功能正常发布和运行而采取的一系列策略手段，包括客户准备、软硬件环境搭建顺序、功能发布顺序、数据初始化顺序、灰度发布的范围、正式发布的时间点和范围等方面。同时，基于产品发布策略制定上线计划表，在产品正式上线阶段，参照计划表逐项检查事项的完成状态，确保产品发布成功。常见的上线策略和计划如图 7-23 所示。

2. 上线计划注意事项

上线计划罗列了事项清单、完成日期、配合团队、负责人等，在制定上线计划时需要注意如下事项。

- ❑ 上线计划是一份从上到下按顺序执行和检查的清单。
- ❑ 计划的开始日期和结束日期需考虑其他团队的配合时间。
- ❑ 产品材料、参数配置数据和用户培训均已完成。

XX公司XX产品上线策略和计划							
工作事项	状态	负责人	计划开始时间	计划结束时间	实际开始时间	实际结束时间	备注
上线范围							
1. 系统准备							
1.1 搭建正式环境							
1.2 应用程序准备							
1.3 接口准备							
1.4 异常机制准备							
2. 客户沟通							
2.1 内部客户沟通							
2.2 外部客户沟通							
3. 数据准备							
3.1 初始化基础配置准备							
3.2 公共数据							
3.3 初始化业务数据准备							
4. 产品部署和初始化							
4.1 应用程序部署							
4.2 基础配置初始化							
4.3 公共数据初始化							
4.4 业务数据初始化							
5. 产品正式发布							
5.1 产品正式发布							
5.2 发布监控和问题收集							

上线计划更新时间：202X-XX-XX

图 7-23　上线策略和计划

- ❑ 各项测试均已通过。
- ❑ 上线发布日期要避开业务高峰期，比如淘宝双 11、京东 618 等活动日期。
- ❑ 明确是否需要灰度发布，以及灰度发布的用户范围和时间。
- ❑ 注意上线过程的风险识别及其应对方案。

7.6.2　产品部署

制定完上线策略和计划，接下来就要按计划进行产品上线工作，产品部署是产品上线必经的一个环节，包括环境部署和应用程序部署等。

1. 环境部署

环境部署主要包括硬件环境和软件环境。硬件环境包括服务器、PC 机、交换机、网络设备等硬件机房主要配备（IaaS 层）；

软件环境主要包括运行应用程序所需的软件,比如操作系统、数据库、Kubernetes、Docker、Jetty、Nginx、缓存等(PaaS 层)。环境部署的工作主要由开发人员和运维工程师一起调试和部署,一般情况下包括开发、测试和生产 3 种环境。生产环境的部署在产品计划发布之前就要准备好,测试环境的部署是进入测试之前就要做好,开发环境的部署是进入开发流程之前就要做好。每种环境的部署完成情况都会直接影响系统是否可用,这些是在产品的设计和实现阶段就要并行执行的工作。

2. 应用程序部署

应用程序部署主要涉及产品本身的代码包以及相关的服务部署。在分布式架构、微服务、前后端分离以及云化理念的影响下,应用程序的部署也较之前复杂,既可以是私有化部署,也可以是公有化部署。目前看来,在一些中大型企业中,出于对数据安全性问题考虑,企业更愿意对业务系统进行私有化部署。但这种趋势随着近些年 SaaS 的崛起而有所改变。不管是私有化部署还是公有化部署,产品的正常上线使用都需要经过一系列应用程序部署和服务注册等操作。

3. 部署注意事项

软硬件环境部署以及应用程序部署都需要关注部署是否成功,部署的软件或应用是否符合企业部署要求,符合统一标准协议等。新产品部署前后,一些需要注意的事项如下。

- ❏ 提前通知相关人员:产品涉及的人员包括开发工程师、测试工程师、产品经理、运维工程师和数据库工程师等。
- ❏ 选择部署的方式:分批部署或者整体部署。

- ❑ 选择部署的时间：一般选择晚上的时间段部署，产品部署后立即初始化数据并验证部署是否有问题，只有一切顺利才会交付用户使用。
- ❑ 避开业务高峰期：不同的行业或企业有其不同的业务高峰期，尽量避开高峰期，避免部署后用户在使用上不习惯，影响业务运营。
- ❑ 确保用户对新产品的平滑切换：如果用户原先是线下作业或者用旧系统作业，切换为新产品势必有"阵痛期"，确保用户平稳过渡到新产品。
- ❑ 确保相关系统部署：产品功能部署需要协调相关联的其他系统一起进行，这样整个业务闭环才能顺利运转。

7.6.3 产品上线发布

此时一切准备就绪，就等最后的产品上线发布。产品上线前，产品经理需要协调相关人员及其他各部门人力和资源，共同为上线做最后一搏，主要工作包括产品初始化、正式上线、检查上线清单、监控上线数据和问题。

1. 产品初始化

产品部署完成后，就可以进行初始化工作。初始化的事项或数据来源于配置参数的准备工作，包括基础数据、业务规则、后台任务和接口参数等。这些需要初始化的数据一般都可以通过脚本批量导入，也可以用手工录入的方式完成，需要提前准备好初始化的工具。

2. 检查上线清单

上线清单会将需要跟进的事项逐一列出，针对每个事项均有状态和指定责任人，检查上线清单主要是核对上线事项是否均已完成。针对没有完成的事项，重点关注其未完成的原因和风险，如果是必须完成的事项，则需高度重视并着力解决，确保产品能够正常上线。对于一些异常业务场景或逆向业务场景需要的数据，评估后认为无须初始化或延后初始化，这也是正常的。每次上线不一定百分之百完美，因此需要我们在实际上线发布过程中抓主要矛盾、抓关键点，明确每个事项的优先级，确保上线后业务能够正常运转。

3. 产品正式发布

正式上线对于产品经理及团队来说意味着新产品落地，产品迭代、运营和数据分析将要开始。产品正式上线后，记得发送全体感谢信，让每一位成员都能感受到自己的付出有所收获，增加成员的认同感和成就感。同时要为团队成员争取功劳，将项目取得的成果和成员付出的努力及时向老板汇报，获得老板的认同和支持。

4. 监控上线数据和问题

产品上线发布后，若有客户使用产品，团队可以监控线上数据，收集并处理用户反馈的问题或需求，在这个时间段会检验产品是否真正符合用户需求，以及系统的性能和稳定性。

（1）监控数据

监控数据主要是监控系统上线后是否满足业务场景，系统是否稳定性，系统性能如何。监控指标包括但不限于业务数据的数据量、数据并发量、接口传输数据量和系统性能稳定性等，分别介绍如下。

- 业务数据量：业务每小时的单据量或每天的单据量。
- 数据并发量：同一个请求的并发量是多少，判断系统是否可能无法支撑。
- 接口传输量：业务系统可能与外围系统打通接口，通过接口传输的数据量是多少，会不会出现阻塞等情况。
- 系统性能稳定性：用户发起的请求对内存、CPU 的使用率如何，是否可能出现宕机、无法访问等情况。

（2）收集用户反馈的问题或需求

产品上线发布后，需要为用户提供反馈问题或需求的路径或渠道，比如，令用户线上提交问题或 Bug、建立产品问题反馈群等。对用户提交的问题或 Bug，要做到专人负责对应模块，及时跟进和处理，处理后及时反馈给用户。这样有助于在上线后及时发现并修复产品的问题，也能进一步验证产品的可行性及明确产品的优化方向等。等到系统基本稳定，接下来需要考虑产品的迭代机制、需求管理以及产品运营和数据运营等事项。

7.7 本章小结

本章主要阐述了产品的落地过程，主要涉及开发和测试领域。在掌握本章要点之外，我们还需要注意如下几点。

- 关于 B 端产品经理要不要懂技术，仁者见仁，智者见智。前文也提到，懂技术是 6 项核心技能之一。

- ❑ 技术知识不限于本章所列的知识点，而且技术知识更新迭代速度快。
- ❑ 懂架构、懂产品的 B 端产品经理优势会很明显。
- ❑ 软件编程不一定需要掌握，但 MVC 模式要掌握。
- ❑ 尽早介入测试，可以早发现、早解决问题。
- ❑ 上线准备依据具体客户情况而定，建议列出准备事项清单。
- ❑ 产品的环境搭建依次为开发环境、测试环境和生产环境，每个环境的搭建时间节点不同，不要影响正常的工作进度即可。
- ❑ 产品上线发布时要注意各事项之间的依赖关系，进行多团队协作。

产品上线发布后，就进入产品迭代阶段，这是很多 B 端产品从 1 到 N 发展过程的起点。在下一章，我们就来看看 B 端产品经理在产品迭代阶段一般都需要做什么工作。

第 8 章 | CHAPTER

迭代阶段：新历程

用户开始使用产品后，产品就进入了迭代阶段。这是产品生命周期的开始，产品经理将进入一个全新的工作阶段。在这个阶段，B 端产品经理就要做好 B 端产品从 1 到 N 的成长。

本章介绍"4+X"模型的阶段四——迭代阶段。本章分别从需求管理和迭代管理两个方面阐述 B 端产品迭代过程，并围绕 A 集团的 SRM 系统阐述进行需求管理和迭代管理的具体方法和技巧。

8.1 需求管理

简单来说，需求管理就是不断地收集、挖掘和管理需求。B

端产品经理想要有效地管理需求，进行需求的迭代，持续地打磨产品，就需要进行长期的修炼。

本节主要从构建需求池、管理需求池和分析需求池3个方面来阐述日常的需求管理和分析过程，有助于B端产品经理完成需求的闭环管理。

8.1.1 构建需求池

需求池是用户需求的集合，包括用户需求描述、用户需求优先级、相关责任人、需求计划日期以及用户需求的价值等，是产品经理管理需求和迭代产品的工具。在构建需求池的过程中，我们需要思考以下问题。

- 如何有效地建立需求来源渠道？
- 采用哪些方法收集需求？
- 如何对需求进行完整性描述？
- 如何判定一个需求是否值得做？
- 如何判定一个需求优先级顺序？

基于以上问题，构建需求池可以从识别需求来源、需求收集和需求描述3个方面着手，下面分别进行说明。

1. 识别需求来源

需求来源有很多，常见的包括市场、客户、竞品和内部等，如图8-1所示。

- 市场：市场宏观政策环境变化及技术的发展和突破，都会影响产品规划和设计。比如，在数字化采购市场中，政府发布了一系列政策文件大力支持数字化采购转型，促使众多企业入局；大数据、AI、区块链、5G和云计算等技术的发展和成熟，使众多产品进行创新，催生了 SaaS 化产品、大数据分析和智能 AI 客服等。

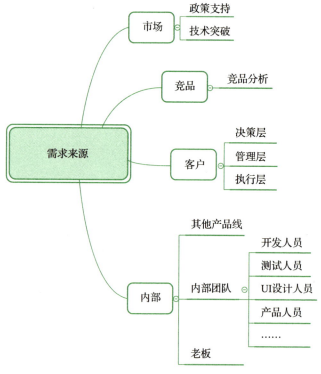

图 8-1 需求来源

- 竞品：各种直接竞品、间接竞品、潜在竞品的发展动向都会直接或间接地影响我们的产品设计以及客户的诉求。
- 客户：产品服务的内部客户和外部客户会提出各种诉求，从来源对象上，这些诉求又区分决策层、管理层和执行层的诉求，我们在处理时要有针对性。
- 内部：这部分需求主要来自团队成员、其他产品线和老板。他们都会提出对产品的需求和期望，我们需要做好产品的需求归类和整理，特别是老板的诉求要最高优先级响应。

2. 需求收集

需求收集本身是日常工作的一部分，B端产品经理建立科学的需求收集方法是很有必要的，它能够让产品经理直达需求目标。常见的需求收集方法如图 8-2 所示。

图 8-2 需求收集方法

- 用户访谈：通过与用户直接访谈的方式获取需求，可以是一对一、一对多的形式。
- 问卷调查：当面向用户群体较广时，可通过问卷调研的方式收集大家的意见和反馈，问卷具体内容要根据实际的产品和业务情况来设计。
- 行业分析：通过对行业的政策、技术发展趋势、其他公司案例以及相关竞品进行分析来获取需求，这要求产品经理时刻保持开放的心态。
- 数据分析：通过对产品数据或业务数据进行分析，发现问题，驱动产品设计和创新。
- 头脑风暴：定期组织团队成员进行头脑风暴，发现产品问题和收获创意，继而得到产品解决方案。

详细的需求收集的方法可参考第 6 章或者查阅相关资料。

3. 需求描述

要清晰地描述出从各种渠道收集来的需求。成功描述一个需求或问题的关键在于 2 个要点：业务语言和客观性。

- 从业务角度清晰地描述该问题或需求。
- 客观描述该问题或需求为谁带来什么样的利益，或产生什么负面影响。

一些产品经理是从技术岗位转型的，或者是从技术专业毕业的，对需求进行描述时容易陷入技术细节。比如"在招投标管理模块的采购报价单中，只能选择一个报价维度让供应商进行报价"，这句话是从系统角度来描述的。换个角度，用业务语言描述，就应该是"当前招投标流程中，供应商报价时只能按业务区进行报价，报价方式单一，不能满足业务多场景报价诉求"。

再比如，将上述例子用业务语言从客观性角度进行描述，如表 8-1 所示。

表 8-1 需求描述范例

问题编号	001
问题描述	当前的招投标流程中，供应商报价时只能按业务区进行报价，报价方式单一，不能满足业务多场景报价诉求
影响了谁	采购员、供应商
带来的影响	采购员：无法让供应商按多方式报价，造成报价数据无法线上化，采购员无法线上对供应商报价数据进行比价和分析 供应商：无法按多方式报价，需线下报价，以及澄清、沟通，交易成本高

我们对收集到的需求进行相应的描述和整理后，可以得到需求跟踪矩阵，也就是需求矩阵清单，如图 8-3 所示。

需求跟踪矩阵

问题状态解释：①待优化-新建/未解决的问题；②已优化-问题已在开发环境优化，待部署至UAT；③待UAT验证-问题已在测试环境修复，待UAT验证；④待部署PRD-问题已在测试环境验证通过；⑤已完成-问题已在正式环

序号	系统	功能模块	功能单元	需求描述	需求类型	优先级	业务价值	版本	状态	解决方案	需求人天(D)	开发人天(D)	测试人天(D)	负责产品	负责开发	负责测试	需求初稿完成时间	需求评审完成时间	需求终稿完成时间	预计开发完成时间	预计测试完成时间	上线时间	提出人	提出时间	备注
1					新需求	高			待优化															2021/3/28	
2																									
3																									
4																									
5																									

图 8-3　需求矩阵清单

8.1.2　管理需求池

识别和收集了需求后，需要对需求池进行统一管理和定期回顾。管理需求池包括理解需求池内容，掌握需求池管理工具，评估需求，更新及回顾需求。

1. 理解需求池内容

需求池是用来记录、归集和整合用户需求的。为了便于管理和理解需求，我们常常对一个需求进行多个属性的记录，包括需求编号、需求描述、状态、责任人、计划时间和提出时间等。B端产品经理需要理解需求池中这些属性的含义和用法，才能更好地管理和分析需求。下面基于图 8-3 所示的需求清单，依次对每个属性进行说明（其中“人天”即“人天工时”，表示一个人一天的工作量，为评估成员在一定时间内工作量的指标）。

- 序号：主要用于指定需求编号。
- 系统：描述需求所属的系统，比如 SRM 系统、CRM 系统等。
- 功能模块：描述指定系统的特定功能模块，比如 SRM 系统的合同管理模块。

- 功能单元：描述特定模块里的某一个功能，比如合同管理模块的合同拟制功能。
- 需求描述：对用户需求的详细描述，遵循业务语言和客观性的要点。
- 需求类型：描述需求所属的类别，便于管理和统计分析，常见的类别包括新需求、优化需求和其他等。
- 优先级：描述需求的优先级，包括高、中和低。
- 业务价值：描述需求业务价值的高低，包括高、中和低。
- 版本：需求计划发布的迭代版本。
- 状态：描述需求当前所属的状态，包括待讨论、暂缓、关闭、需求中、待评审、待开发、开发中、待测试、测试中、待 PM 验收、待 UAT 测试、已上线、需求延期和开发延期等。
- 解决方案：针对用户需求所采取的初步产品解决方案。
- 需求人天：预计进行需求分析的人天。
- 开发人天：预计开发的人天。
- 测试人天：预计测试的人天。
- 负责产品：描述负责需求的产品人员。
- 负责开发：描述负责需求的开发人员。
- 负责测试：描述负责需求的测试人员。
- 上线时间：需求的上线时间。
- 提出人：需求的提出人，可能是客户、产品经理、测试工程师和老板等。
- 提出日期：需求的提出日期。
- 备注：其他需要备注的信息。

2. 掌握需求池管理工具

需求要被统一汇总管理，以便做到整体的布局和规划。日常工作中我们常用的需求池管理工具主要包括 Excel 表格、在线协同文档以及 JIRA 工具等。

- Excel 表格：团队用 Excel 表格进行需求池管理和团队内部协同，优点是方便快捷和有效，缺点是缺少必要的分析看板且多方协同性差。
- 在线协同文档：将 Excel 表格在线化，优点是团队成员可以在线编辑文档且实时更新，缺点是需要自行设计需求分析看板。
- JIRA：一个需求管理工具，功能强大，且所有人都能在线管理需求。优点是方便团队协同；缺点是功能相对较多，复杂度高，还有很多功能基本用不到。

利用好这些需求池管理工具，能够让 B 端产品经理对日常需求有一个整体上的把握，提高需求的处理效率。特别是当产品团队人数较多时，作为产品负责人，B 端产品经理需要知道每个功能模块的需求数量、进度以及人员的需求量等情况，需求池搭建了很好的数据底盘。

3. 评估需求

B 端产品经理需要对需求做一轮筛选，判定哪些是真需求，哪些是伪需求，哪些需求必须做，哪些需求可以不用做，哪些需求先做，哪些需求后做，这个过程就是评估需求。它主要包括需求筛选、需求评估和需求优先级判定。

(1) 需求筛选

拿到用户需求后,先对需求进行初步的筛选,排除干扰性需求。需求筛选的标准包括真伪、价值和可行性。

- ❏ 真伪:判别需求是否符合真实的业务场景,不能是伪需求;区别该需求属于需求管理问题,还是属于操作问题。
- ❏ 价值:该需求能够让企业降本提效吗?能否实现全链条价值最大化?该需求不能降低了上游的成本,却提高了下游的成本。比如,采购谈判只顾价格最低,不顾商品质量,导致经常换货和退货,带来下游质量成本和操作成本增高等。
- ❏ 可行性:当前技术或客观环境能够达到需求的目标吗?现有的人力、物力、财力资源能够实现目标吗?

(2) 需求评估

经过初步的需求筛选后,对剩下来的需求就可以进一步评估。评估的方法包括价值法、定位法、场景法和 KANO 模型等,如图 8-4 所示。

图 8-4 需求评估方法

- 价值法：评估需求实现的成本和产出，若"价值（提效或降本）– 替换成本 >0"，则该需求值得做。
- 定位法：评估需求是否符合产品定位。
- 场景法：评估需求是否属于当前业务领域的问题，具体属于业务流程中哪个业务场景。
- KANO 模型：将需求划分为基本需求、期望需求、魅力需求、反向需求和无差异需求，采用 KANO 模型的应用方法对需求进行评估。

（3）需求优先级判定

根据企业战略要求、产品规划、业务价值，对需求进行优先级排序。需求优先级排序的依据包括业务价值大小、重要紧急程度和 KANO 模型。

- 业务价值大小：对能够量化价值的需求，金额大的需求优先级最高，效率提升百分比大的需求优先级次高；对不能量化价值的需求，通过业务战略和重要紧急程度判定。
- 重要紧急程度：以重要性和紧急性为坐标轴，划分为四个象限，查看需求对应分布在哪个象限，重要紧急 > 紧急不重要 > 重要不紧急 > 不重要不紧急。
- KANO 模型：将需求划分为 5 个类型，按基本需求 > 期望需求 > 魅力需求进行优先级排序。优先满足必备的基本需求，这类需求是用户完成工作任务的核心流程；其次考虑用户的期望需求，提升用户的体验；最后才考虑魅力需求，这是给用户的意外惊喜，提升客户满意度；至于反向需求和无差异需求，基本不会考虑。

4. 更新及回顾需求

需求池是动态变化的，B端产品经理需要定期更新和维护，以便能够相对准确地了解需求的情况。一般可以从以下几个方面着手。

- ❏ 需求池及时更新：及时录入新增需求，随时更新现有需求的状态、计划时间、责任人、需求优先级等信息。
- ❏ 需求池回顾会议：一般情况下可以每周开一次回顾会议，看看每周的需求进展情况以及新增的需求，同时识别资源情况、问题和风险等。
- ❏ 需求池同步：将需求池进度同步给相关人员，包括客户、内部团队和老板等。
- ❏ 需求池分析：定期进行需求池分析，有助于产品经理更好地把控需求。

8.1.3 分析需求池

需求池分析是从统计分析的角度分析需求池中的需求。作为B端产品经理，了解需求的状态，对整个需求池做到心中有数，可以更好地规划和设计产品。需求分析的维度多种多样，具体要依据每个团队自身的需求来定制统计分析看板。这里列举几个我们团队常用的统计分析看板，包括责任人需求分布情况、需求状态分布情况和需求版本分布情况等。

1. 责任人需求分布情况

按责任人统计和查看需求数量和工作人天等，可以根据实际需要从产品、开发和测试人员的维度进行统计和分析。这里统计了产品人员的需求分布情况，如图8-5所示。通过对每个责任人的需求量进行评估，可以有效地进行工作分配和判断资源紧缺情况并进行补充。

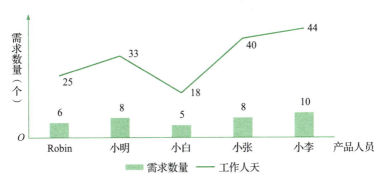

图 8-5 按责任人统计分析需求数量和工作人天

2. 需求状态分布情况

按需求状态统计和查看需求数量，了解需求的进度等情况，以便及早发现整个开发流程的阻塞环节，从而尽快采取解决措施。这里从需求矩阵表中统计需求状态的分布情况，如图 8-6 所示。

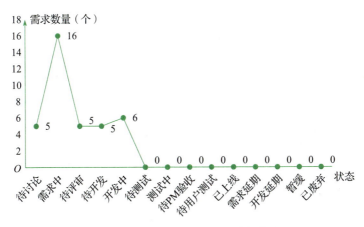

图 8-6 按需求状态统计分析需求数量

3. 需求版本分布情况

按需求迭代版本统计和查看不同版本的需求数量和工作人天，有利于了解每个版本的需求完成数量和完成的工作量。统计了产品版本从 V1.0 到 V6.0 的需求分布情况，如图 8-7 所示。

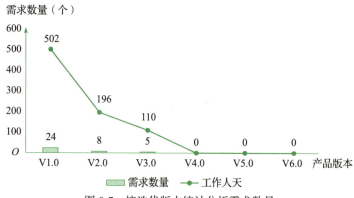

图 8-7　按迭代版本统计分析需求数量

统计分析看板可以以表格的形式或者图形的形式展示，且统计维度也可以多样化，只要展示的样式和维度能够帮助产品经理进行日常的需求管理，提高需求的处理效率，这就是一个有效的统计分析看板。

8.2　迭代管理

迭代管理是按照版本迭代计划，对需求池中的需求进行开发，使产品迭代优化和上线。很多 B 端产品经理的工作都是对产品进行迭代升级，从而完成产品不同阶段的目标。产品迭代过程中，不仅进行产品设计和开发实现，还要进行市场分析、客户分析、竞品分析、产品规划等一系列工作。

本节主要从迭代模式类型和如何选择迭代模式两个方面来阐述迭代管理的相关知识。最后，围绕 A 集团的 SRM 产品案例，对团队所采取的迭代模式进行说明。

8.2.1 迭代模式

产品的迭代开发过程中，有两种经典的迭代模式：瀑布模式和敏捷模式。它们各有优劣。在实际的迭代过程中选择瀑布模式还是敏捷模式，不同的团队有不同的做法。

1. 瀑布模式

瀑布模式是一种项目开发架构，其核心思想是按工序将问题简化，将功能实现与设计分开，便于分工协作。它将软件生命周期划分为需求分析、软件设计、程序编码、软件测试和运行维护 5 个基本活动，这些活动按序展开形如瀑布流水，如图 8-8 所示。

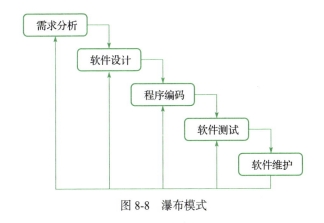

图 8-8　瀑布模式

瀑布模式是从上到下、瀑布流式地推动开发实现，有自己的优劣势和适用场景,下面分别说明。

(1)瀑布模式的优势

- 为项目提供了按阶段划分的检查点。
- 当前一阶段完成后,团队成员只需要去关注后续阶段。
- 让团队成员按计划和实现步骤按部就班地工作,减少不必要的沟通。

(2)瀑布模式的劣势

- 各个阶段划分完全固定,阶段之间产生大量文档,极大地增加工作量。
- 由于开发模式是线性的,用户只有等到整个过程的末期才能见到开发成果,从而增加了开发风险。
- 不能适应用户需求的变化,这一点非常突出。

(3)适用场景

综上所述,瀑布模式遵循从上到下的顺序来实现,开发模式是线性的,各个阶段完全固定,面对快速的变化无法做出迅速调整。但该模式在不少行业或产品设计中仍然很受欢迎,这些行业主要集中在传统企业,传统企业的业务模式稳定,瀑布模式适合对这种明确的需求进行开发和交付。比如,某房地产集团上线一套ERP系统,一般就会严格按照瀑布模式,从需求分析到上线发布。

2. 敏捷模式

敏捷原本是一种思维方式和做事习惯,推崇自组织和自管理,最关注交付价值,强调快速灵活、轻量级和可视化。应用在软件产品上,就是一组应对快速变化的软件开发方法,它的关键词是迭代和增量。敏捷的核心思想是关注价值、拥抱变化、快速交付和持续改进。对于要不要选择敏捷模式，我们可以思考下面几个问题。

- ❏ 项目是否总不能按时发布？
- ❏ 产品是否无法跟随需求的变化进行调整？
- ❏ 是否允许产品瑕疵功能上线以快速支撑支持业务？

如果我们对以上问题的回答都是肯定的，那么团队就可以去践行敏捷模式。

在敏捷领域里，有一个经典的 Scrum 敏捷框架。这个框架也是目前很多团队在使用的框架。Scrum 框架的设计初衷是管理软件和产品开发，它不是一个方法，也不是一套工程实践，而是一个轻量级框架。在这套框架中，你可以使用各种技术来有效解决复杂的问题，并交付最大化价值的产品，如图 8-9 所示。

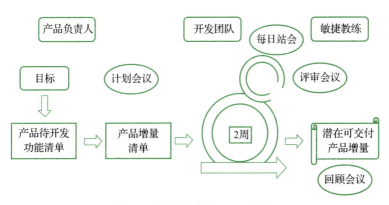

图 8-9　敏捷模式的 Scrum 框架

根据产品目标，制定产品待开发功能清单（product backlog），并按照某种优先级评审和制定下一个冲刺周期（也称为迭代周期，sprint）内可交付的产品增量清单（sprint backlog）。每个迭代周期一般在 1～4 周，常见的一般是 2 周，在产品迭代期间进行每日站会，每日站会时间在 15 分钟左右。当一个迭代周期结束后，团队发起评审会议向干系人演示已完成的潜在可交付的产品增量，同时接受干系人的检视和审查，以便对后续项目执行策略做出调整。最后，开展回顾会议对当前冲刺周期进行回顾，以便做好下一个冲刺周期。

8.2.2 如何选择迭代模式

B 端产品在迭代实现过程中选择传统瀑布模式还是敏捷模式？这取决于团队自身情况，两种模式各有优劣，不同团队有不同选择。选择迭代模式可以重点考虑以下两方面。

1. 业务稳定性 / 需求变化频繁度

业务是快速发展业务、成熟业务还是变革中的业务？业务稳定性不同，选择的迭代模式也会有差异。一般情况下，业务稳定性越好，越偏向瀑布模式；业务稳定性越差，越偏向敏捷模式。业务稳定性在某种程度上也会影响需求变化的频繁度，相对来说，业务稳定性强，需求变化频繁度低；业务稳定性差，需求变化频繁度高。对于团队来说，根据业务稳定性选择执行效率高、团队能力范围内能够快速交付的模式来执行。

2. 产品快速交付影响度 / 期望值

产品快速交付影响度 / 期望值是产品影响业务运营或客户满意度的判定标准，一般情况下，影响度越大或期望值越大，就越要快速交付，偏向敏捷模式；影响度越小或期望值越小，交付就可以慢一些，偏向瀑布模式。B端产品经理要评估和分析自身产品所服务的业务领域在企业价值链中的地位和价值大小，根据团队自身能力范围选择合适的模式来执行，尽可能快速地满足客户诉求。

是不是一定要在瀑布模式和敏捷模式中二选一呢？不是的。我们也可以将两种模式根据团队的实际情况进行相应的调整。这是因为B端产品服务的客户群体的业务属性不同，需求变化程度也不同，频繁的业务变化或需求变化，都会对原计划和工作节奏造成影响。比如，B端产品服务传统制造业，业务变革少、需求变化少，此时采用瀑布模式可以很好地交付客户产品；B端产品服务互联网、电商或物流等行业，业务调整快、需求变化快，若采用敏捷模式也能进行迭代管理，但完全遵循敏捷的规范和标准，团队成员需要达成一致的共识，此时可以在敏捷模式的基础上进行变种，以便更好、更快速地调整业务和产品。因此，某些团队甚至将瀑布模式和敏捷模式结合一起，来设计适合自己团队的模式，这也就不足为奇了。

8.2.3 案例：A集团SRM团队的迭代模式

了解了两种常见的迭代模式，A集团的SRM团队在敏捷模式的基础上结合自身情况，由单周敏捷迭代模式发展成了双周敏捷迭代的开发模式。虽然如此，迭代过程中还是存在不足之处，下面详细进行说明。

1. 单周敏捷迭代模式

产品上线发布之初，由于有较多的问题、优化需求以及新需求需要及时处理和发布上线,整个团队几乎有半年时间采用单周敏捷模式开发,每周的发版时间固定在周四,依据每个需求的工作量大小决定是在本周还是下周上线。

2. 双周敏捷迭代模式

经历了单周的敏捷开发模式后,团队逐步掌握了产品的迭代节奏,采取了双周的迭代模式。双周迭代模式将需求分析和产品开发错开,每2周交替进行迭代,滚动向前推进,如图8-10所示。

W1					W2				W3					W4				W5				
D1	D2	D3	D4	D5	D1	D2	D3	D4	D1	D2	D3	D4	D5	D1	D2	D3	D4	D1	D2	D3	D4	D5
需求分析、文档编写和评审					会议				需求分析、文档编写和评审					会议				需求分析、文档编写和评审				
					发布	回顾			开发和测试					发布	回顾			开发和测试				

图 8-10 双周敏捷开发

W 表示周,W1 表示第 1 周、W2 表示第 2 周,以此类推,W5 表示第 5 周;D 表示天,D1 表示第 1 天、D2 表示第 2 天,以此类推,D5 表示第 5 天,那么,W1D1 表示第 1 周的第 1 天,同样以此类推。

所以,梳理双周敏捷迭代模式的过程是:W1 和 W2 两周做需求分析,W3 和 W4 两周对 W1 和 W2 这两周的需求进行开发和实现;W3 和 W4 两周做需求分析,W5 和 W6 两周对 W3 和 W4 两周的需求进行开发和实现。

其中 W3 和 W4 两周出现重叠,既可以做需求分析,也可以进行开发和测试,这样就保证了需求和开发的交替进行。

围绕双周敏捷迭代模式,下面分别介绍其具体工作内容。

（1）需求分析、文档编写和评审

每个迭代周期内（W1D1 至 W2D4）都可以进行需求分析、文档编写和需求评审，具体每个需求的节奏根据实际情况把控，评审过程可以澄清需求和调整需求方案等，评审通过的需求则进入下个迭代计划的产品增量。

（2）会议

每个迭代周期中后一周的周五（即 W2D5 或 W4D5）对需求池清单进行回顾，确认下个迭代周期的产品增量，以及总结和回顾当前迭代周期已发布的需求，对于测试有问题或未能发布的需求，要顺延到下个迭代周期中。

（3）开发和测试

在这个阶段（W1D1 到 W2D3，W3D1 到 W4D3），对确认的需求进行迭代开发和测试。开发人员要按时完成开发任务，同时需要预留测试时间以及 Bug 修复时间。同时，对于某些需求，还需要用户参与验证，才能最终确定上线。这个阶段相对来说是很紧凑的，也是一个迭代冲刺周期。在开发过程中，产品经理、开发人员和测试人员根据实际需要召开简短的每日站会，进行需求、问题的澄清和方案的决策。

（4）发布

每个迭代周期的后一周的周四（W2D4 或 W4D4）进行产品发布，一般是在晚上。这次发布是将当前迭代周期已经完成的需求，也就是可交付的产品增量，进行发布。对于测试有问题或未能发布的需求，要顺延到下个迭代周期。发布当天，产品经理、测试人员和开发人员都需要在岗。在发布之前，产品经理可对需求进行最后验证，确认是否可发布。

（5）回顾

每个迭代周期的后一周的周五（W2D5 或 W4D5），一般对产品发布后的情况进行回顾，产品经理、开发人员和测试人员可以根据发布后的用户实际使用和反馈情况，决定是否展开回顾。回顾的内容一般包括总结本次发版的问题、做得好的地方、做得不好的地方，以及后续如何规避和改进等。

3. 敏捷迭代工具

对团队来说，敏捷迭代模式是一种理念和运作机制。一般，团队中的每个成员在前期都要经过沟通和磨合，才能逐步适应这种方式。并且，这种模式需要借用工具，才能让整个团队高效运转。常见的工具是 JIRA，这是很多公司都在采用的工具。但 A 集团的 SRM 团队使用旗下科技公司自行研发的工具，简称"产品敏捷迭代平台"。下面对其进行简要说明。

（1）4 个工件

产品敏捷迭代平台通过用户需求、系统需求、工作任务和缺陷 4 个工件完成了从用户需求到产品功能的转化，它们之间关系如图 8-11 所示。

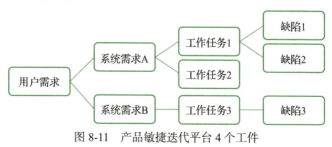

图 8-11　产品敏捷迭代平台 4 个工件

用户提交用户需求，产品经理接收用户需求进行澄清、完善、调研、设计和预排期；开发负责人对产品经理预排期的用户需求进行版本调整、拆分为系统需求和工作任务、分配开发责任人、分配测试责任人等；开发责任人将系统需求拆分为多个工作任务；测试责任人安排测试工作并记录发现的缺陷；开发责任人对缺陷完成修复；测试责任人完成对系统需求的测试，将其转变为潜在可交付的产品增量。整个平台将用户需求的开发流程直接采取双周迭代模式，进行线上化管理，大大提高了整个产品的交付流程。

（2）产品待开发功能清单

产品敏捷迭代平台提供了产品待开发功能清单，便于产品负责人管控整体需求，并对需求进行责任人分配和管理等。在迭代周期开始之前，各个产品经理可以从产品待开发功能清单中挑选合适的需求，使其进入下一个双周迭代的冲刺周期，形成产品增量清单。

（3）看板

对每个迭代周期的需求进行可视化看板管理，产品经理、开发人员和测试人员可直接采用拖、拉、拽的方式改变需求或研发任务的状态，如图8-12所示。

图8-12　看板

(4）数据分析

产品敏捷迭代平台提供了标准的数据分析报表，可对人员工作量、团队需求迭代吞吐量、需求状态分布、缺陷分布以及燃尽图等进行分析。每个团队的需求分析看板各不相同，可根据实际情况定制。

我们常用的需求状态分布如图 8-13 所示。

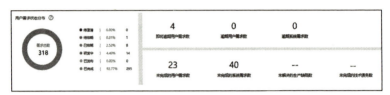

图 8-13　需求状态分布

我们常用的迭代吞吐情况分析，如图 8-14 所示。

图 8-14　迭代吞吐情况分析

4. 双周敏捷迭代模式的不足

双周敏捷迭代模式可以很好地控制两周的发布计划，但也有一定的不足，具体如下。

- 复杂的需求跨越一个迭代周期。B端产品的需求很多都是比较复杂的,一个迭代周期可能无法完成迭代,这样就要求我们在实际工作中灵活变通。这类需求往往可能会跨越几个迭代周期才上线,但发布时间是固定不变的。
- 跨系统协同依赖。有些需求依赖于外围系统的开发节奏和上线计划,此时,一个迭代周期可能无法完成开发和上线,就需要进行相应的调整。
- 需求工时评估不准。复杂的需求往往难以准确评估工时,这必然导致在冲刺周期中无法按时交付,就需要顺延需求到下个迭代周期。

双周敏捷迭代模式在实际的应用中会遇到各种问题,可能导致敏捷失灵的情况,这就要求每个团队根据自身情况灵活选择迭代周期,并能根据实际情况变通。你的迭代周期可以是2周、3周、4周,这些都不重要,重要的是能够交付产品价值,且团队高效率协同。比如,我们团队选择的迭代周期是2周,经评估,虽然部分需求的复杂度远远超过2周的开发时间,但也有部分需求在2周内是能够完成迭代并发布的,我们为了能够定期交付产品价值而做出2周的决定。当然,这个决定在我们面临复杂需求或长周期需求时,就要灵活调整了,这些需求可以跨越多个迭代周期,但发布时间保持不变。

8.3 本章小结

本章阐述了产品上线发布后的需求管理和迭代管理。除上述内容外,我们还需要注意以下内容。

- ❏ 需求的来源很多，要抓住其中核心渠道的需求。
- ❏ 需求评估不仅要考虑投入和产出，还要考虑战略价值。
- ❏ 做好需求池的分析，可以更好地管理需求。
- ❏ 敏捷模式如何用，依据团队自身情况而定。
- ❏ 由于B端产品需求具有复杂性，要能够对敏捷模式灵活变通。
- ❏ 在B端产品的敏捷迭代过程中，别忘了借助工具的力量。

在产品迭代过程中，B端产品经理要有足够的耐心让产品从1到N不断迭代成长，最终满足更多的业务场景，赋能更多客户。至此，B端产品经理实战篇基本结束。本篇是本书的核心部分，重点阐述了B端产品从0到1和从1到N的产品规划、产品设计、产品实现和产品迭代。下一篇进入进阶篇，进一步提升和巩固B端产品经理能力。

第三篇　进阶

　　产品规划、设计、实现和迭代是构建一款 B 端产品的必经阶段，其中涉及 B 端产品经理需要掌握的必备技能。要想保障一款产品从最初的满足客户诉求到最终的赋能客户，B 端产品经理还需要不断提升各方面能力，掌握更多高级技能，平衡各方面因素，规避各方面风险。

　　本篇主要介绍 B 端产品经理进阶的核心技能、风险提示以及商业化考量，包括项目管理、产品运营、数据运营、设计法宝、常见陷阱、标准化和商业化 6 个方面。全篇采用"案例 + 经验总结"的讲解方式，旨在帮助 B 端产品经理升级个人技能，打通"任督二脉"，彻底掌握 B 端产品设计进阶技能，规避风险。

| 第 9 章 | CHAPTER

项目管理：助攻者

B端产品设计涉及复杂的业务场景和多团队、跨部门的协作过程，这就要求项目负责人具有过硬的专业知识、经验、领导力和影响力来保证项目交付并促使团队进步，从而保障B端产品顺利落地。项目负责人在很多公司中往往由B端产品经理担任，少数公司才有项目经理的专职岗位，这就要求B端产品经理具备项目管理的相关知识和实战经验。

本章讲解"4+X"模型中的可变事项X_1——项目管理，主要阐述项目、项目管理、项目经理等基础概念，讲解B端产品项目的管理过程，分析B端产品项目管理与"4+X"模型的关系。

9.1 认识项目管理

项目管理既是一种专业的方法和工具,也是一门重要的学科,是每个人都需要掌握的能力。项目经理是项目的操盘手,也是负责项目管理的角色。

本节主要从项目管理的定义和知识体系两个方面进行具体阐述。

9.1.1 定义

理解项目管理,需要先理解项目、项目集和项目组合的概念及它们之间的关系。

1. 基础概念

PMI 认为,项目是为创造独特的产品、服务或成果而进行的临时性工作,具有独特性、临时性和渐进性 3 个特征。

- ❏ 独特性指每个项目都会创造独特的产品或服务,项目的产出可能是有形的,也可能是无形的。
- ❏ 临时性指项目有明确的起点和终点,当项目目标达成,或项目终止,或项目需求不存在时,项目就结束了。
- ❏ 渐进性指项目是逐步发展、持续提高的。立项之初只是确定了项目整体范围,具体内容并没有细化,随着项目进展,内容越来越细化和清晰。

项目管理是运用知识、技能、工具和技术来完成项目要求的管理活动和过程,通常包括识别项目需求、处理干系人期望、项目有效沟通、平衡项目制约因素等关键事项。

项目集是一组相互关联、被协调管理的项目、子项目集和项目集活动。项目集管理就是应用知识、技能、工具和技术来满足项目集的要求，以便获得分别管理各项目时无法实现的利益和控制。项目集管理重点关注项目间的依赖关系，通过改进对项目集目标有影响的项目决策，协调项目之间的资源冲突，达到最佳的平衡状态。

项目组合是为了实现战略目标而组合在一起管理的项目、项目集和子项目。项目组合管理是为了实现组织战略目标，而对一个或多个项目组合进行的集中管理。

2. 项目、项目集和项目组合之间的关系

一个项目集既可以包含若干相互关联的项目，也可以和其他与该项目集没有关联的项目混合在一起，组成一个新的项目集。项目、项目集可以组合成一个项目组合，项目组合也可以和其他项目或项目集再次组合成一个新的项目组合。它们之间的关系如图 9-1 所示。

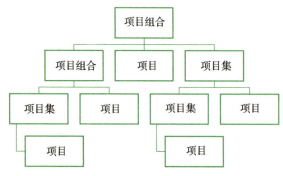

图 9-1　项目、项目集和项目组合之间的关系

9.1.2 项目管理知识体系

理论是实践的基础，要想实践好项目管理，相关的理论知识不可缺少。项目管理已经发展出一套相对成熟的学科体系，PMBOK 指南将项目管理划分为五大过程和十大知识领域。五大过程包括启动、规划、执行、监控和收尾过程；十大知识领域包括 47 个项目管理过程，这些过程被归组到项目整合管理、项目范围管理、项目时间管理、项目成本管理、项目质量管理、项目人力资源管理、项目沟通管理、项目风险管理、项目采购管理和项目干系人管理中。PMBOK 指南的五大过程和十大知识领域如图 9-2 所示。

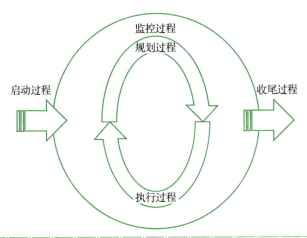

图 9-2 五大过程和十大知识领域

❏ 启动过程：定义一个新项目或一个项目的新阶段。

- 规划过程：明确项目范围、目标以及实现目标的方案等。
- 执行过程：具体的项目执行过程，需要协调各方面资源。
- 监控过程：包括跟踪、审查项目的风险和进度。
- 收尾过程：包含项目管理过程的所有活动，结束项目。

B端产品经理在掌握项目管理相关知识后，不要拘泥于固定的模式和套路，而应因势利导，基于项目管理知识体系和思想理念，结合实际场景，采用不同的项目管理模式，形成适合组织或个人的项目管理方法和实践。

目前，比较流行和常用的两种项目管理模式是传统瀑布项目管理模式和敏捷项目管理模式。它们各有优缺点和适用场景，具体选择哪种模式与团队的组织文化、组织架构和项目交付也有一定的关系，选择适合团队和交付目标的模式即可。

9.2 认识项目经理

为了保障项目的顺利进行，项目管理的过程需要一个全程跟踪、管控项目落地并输出可交付成果的负责人，这就是项目经理。优秀的项目经理可以做好一个项目，劣质的项目经理可以毁掉一个项目。

本节主要从项目经理的角色职责以及项目经理与产品经理的区别这两个方面来明确项目经理的定位。

9.2.1 角色和职责

项目经理是由执行组织委派的，需要掌握项目管理的方法论、技能和工具，能够领导团队在诸多因素的制约下实现项目目标。项目经理是确保项目成功的重要角色之一，通过项目管理活动中的权利、领导力和影响力，进行跨部门、跨领域的管理。项目经理是否优秀，不在于把项目管理的知识理论记得多熟，而在于是否经过实践磨炼。但不是所有的公司都会设置项目经理的岗位，很多中小型企业甚至大型企业都没有专门的项目经理职位，这些公司的项目经理通常由产品经理或技术经理来兼任。

各个公司中项目经理所要负责的事项都差不多，需要统筹规划、全局管控，解决项目中遇到的各种问题、冲突和风险，带领团队实现项目目标。其主要职责包括但不限于以下内容。

- ❑ 项目立项、项目计划制定、团队组建和管理。
- ❑ 指导和引导项目团队按照标准流程，高效进行项目设计、开发和实现。
- ❑ 协调公司内外部资源，高效推动项目落地。
- ❑ 及时发现项目中的风险，并提前预警和制定应对措施、应急方案。
- ❑ 项目干系人的识别和管理。
- ❑ 项目目标的实现。

9.2.2　与产品经理的 3 点区别

在 B 端产品项目的研发和管理过程中，常涉及 2 个 PM 的角色，分别是产品经理（Product Manager）和项目经理（Project Manager）。它们两者是否等同呢？其实两者并不相同。下面从目标、职责和驱动力三方面来说明它们之间的区别。

1. 目标

项目经理主要负责正确做事,目标是保证项目在范围、时间、成本、风险可控的情况下,高质量地完成项目目标,继而完成产品目标。

产品经理主要是做正确的事,目标是保证产品的定位符合客户和市场需求,能够给客户带来价值,同时实现产品自身的商业价值。

2. 职责

项目经理在接到任务后,按照项目管理方法论,决定怎么做,谁来做,什么时候开始,什么时候结束,确保项目按时、保质交付。

产品经理在挖掘客户诉求后,需要进行市场分析、竞品分析,决定产品方向、实现路径,规划产品具体实现方案,跟踪并推动产品落地等,而产品上线并不是产品经理工作的结束,而是刚刚开始,产品经理还要负责后续的产品迭代和运营管理等。

3. 驱动力

项目经理的工作是由外部因素驱动的。项目经理被动接受任务,需要拥有较强的执行力和控制力才能确保项目按照目标交付。

产品经理的工作是由自身内部因素驱动的。产品经理主动挖掘用户未满足的需求,需要拥有较强的创新力和判断力,需要具备主人翁精神,能持续打磨产品并帮助客户创造价值。

9.3 管理 B 端产品项目

项目管理的知识理论能够指导项目实践,好的项目运作机制可以有效推动项目管理过程持续改进,而项目经理活学活用,根据实际业务情况调整,才能发挥理论的最大价值。

本节主要从 B 端产品项目管理的 5 个阶段、5 项核心内容和变更机制这三方面来阐述如何管理 B 端产品项目。

9.3.1　5 个阶段

前文提到,PMBOK 将项目管理划分为五大过程和十大知识领域,但在实际的项目管理中,往往只借鉴其思想和规范,具体的项目形式会根据实际情况进行灵活调整。每个过程的输入和输出都是按需调整的。我们根据实际情况,将项目管理分为项目立项、业务调研、方案设计、系统实现和系统上线 5 个里程碑阶段,如图 9-3 所示。

图 9-3　B 端产品项目管理的 5 个阶段

其中,在方案设计和系统实现阶段,推荐采用敏捷思想对需求进行细化和开发,确保产品功能按期交付。每个阶段的工作事项如下所述。

- ❑ 项目立项：起草项目章程，选型，编写项目的计划（包括项目成员、时间计划、成本预算、相关干系人、沟通机制和风险管理机制等）。
- ❑ 业务调研：制定调研计划，开展业务调研，梳理和分析业务现状，收集业务问题、现状文档、表单以及用户期望等。
- ❑ 方案设计：梳理和规划业务流程，将隐形流程显性化、显性流程标准化，基于业务流程、业务调研报告和需求清单来分析和整理用户需求，形成整体产品设计方案和详细产品设计方案，包括数据模型、信息架构、原型图、产品需求文档和 UI 切片等。
- ❑ 系统实现：团队制定产品的技术方案，明确软件架构，进行软件编程开发和组织软件测试等，最终完成可交付的产品功能。
- ❑ 系统上线：完成产品上线前的准备工作，制定上线策略和计划，跟进产品正式发布上线，上线后支持产品迭代等。

项目经理在项目管理的每个阶段，都要做好对应的计划、资源、沟通、协同、风险管控和重要干系人管理，以确保项目的按期交付和上线。

9.3.2　5 项核心内容

明确了 B 端产品项目管理的 5 个阶段，接下来对项目管理的核心内容进行说明，包括干系人管理、制定项目计划、项目团队管理、确定项目沟通机制以及识别和管理项目风险。这 5 项核心内容可以简化为建机制、抓计划、重协同和控风险，如图 9-4 所示。

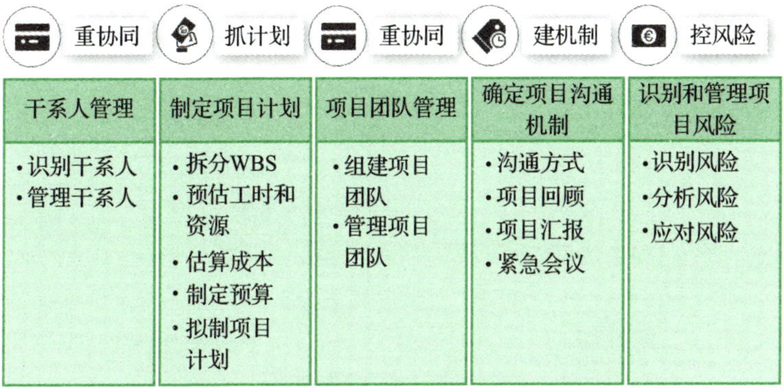
重协同
抓计划
重协同
建机制
控风险
干系人管理
制定项目计划
项目团队管理
确定项目沟通机制
识别和管理项目风险
•识别干系人
•管理干系人
•拆分WBS
•预估工时和资源
•估算成本
•制定预算
•拟制项目计划
•组建项目团队
•管理项目团队
•沟通方式
•项目回顾
•项目汇报
•紧急会议
•识别风险
•分析风险
•应对风险

图 9-4　B 端产品项目管理的 5 项核心内容

1. 干系人管理

干系人是项目中涉及的利益相关人，项目成功与否在很大程度上与是否重视干系人的利益诉求有关。任何项目的第一步不是启动或制定计划，而是全面识别干系人，并管理好干系人利益诉求。

干系人的识别可以从内部和外部两个角度出发。常见的项目干系人如图 9-5 所示。

对干系人的识别是反复进行的，最终识别干系人对项目的真实诉求和期望，并识别他们对项目可能做出的贡献和对项目成败的影响。识别干系人一般可以采用干系人分析、专家判断或会议讨论的形式，将识别出来的干系人登记在册，登记信息包括但不限于基本信息、主要诉求、期望、对项目的影响环节及影响度等。

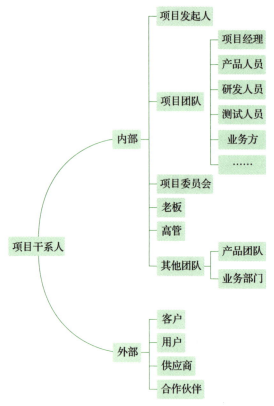

图 9-5 项目干系人

对识别出来的干系人,项目经理需要进行分类和管理,以平衡不同干系人的利益诉求。

PMBOK 建议,干系人分类从权力与受益程度、权力与影响力以及影响与作用 3 个角度展开。我们一般根据权力大小和受益程度进行分类,如图 9-6 所示。

❑ 权力大受益程度高:这类干系人关注项目,并且对项目的影响大,我们需要对其重点管理,努力超越其预期。

这类干系人处于第一优先级。

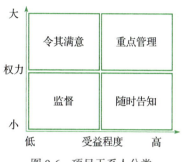

图 9-6 项目干系人分类

- 权力大受益程度低：这类干系人对项目影响大，但受益少，我们需要令其满意，努力满足他们的期望。这类干系人处于第二优先级。
- 权力小受益程度高：这类干系人对项目影响小，但是受益大，我们也不能忽略，应当主动与其沟通，满足其诉求。这类干系人处于第三优先级。
- 权力小受益程度低：这类干系人对项目影响小，受益也小，我们需要对其进行监督管控，满足其核心诉求。这类干系人处于第四优先级。

还可以进一步将干系人划分为支持者、中立者和反对者。项目经理可以采取一些策略来团结可以团结的力量，使之共同完成项目。

- 充分调动积极因素，借助支持者的威望和影响力，寻求中立者的支持，努力说服不支持的干系人。
- 定期向干系人交付成果，并且与干系人及时沟通，确保干系人始终有参与感，塑造他们的主人翁精神。

- ❑ 有利益的地方就有冲突，项目干系人之间也会有各种各样的冲突，要学会在他们的冲突中寻求共同利益诉求，以柔克刚，借力打力，找到平衡点。
- ❑ 学会化解干系人冲突，可以采用合作共赢、妥协、缓和和撤退等方法。

2. 制定项目计划

识别了干系人之后，就可以制定项目计划。一般制定项目计划包括拆分 WBS、预估工时和资源、估算成本、制定预算和拟定项目计划等。

产品规划阶段后，根据产品路线图和产品架构，基本就可以确定当前项目的项目范围。依据项目范围，我们可以拆分 WBS。比如，A 集团的 SRM 系统的项目范围包括需求管理、招投标管理、合同管理、订单管理、结算管理和供应商管理等。为了更好地预估资源和制定预算，我们将项目范围拆分为颗粒度更细的 WBS 项，如图 9-7 所示。

项目范围WBS

序号	系统	功能模块	功能单元	功能描述	优先级	版本	状态	需求人天(D)	开发人天(D)	测试人天(D)	备注
1	SRM	供应商管理	注册&登录	门户注册&代理注册	高	V1.0	待讨论	5	10	4	
2	SRM	供应商管理	准入申请	准入申请创建、修改、提交、审批；准入申请配置和规则	高	V1.0	待讨论	7	13	5	
3	SRM	供应商管理	供应商考察	供应商考察单创建、修改、审核；供应商考察单配置和规则	高	V1.0	待讨论	4	8	4	
4	SRM	供应商管理	样品确认	样品单创建、修改、审批；样品单配置和规则	高	V1.0	待讨论	4	8	4	
5	SRM	供应商管理	供应商评估	评估单创建、修改、审批；	高	V1.0	待讨论	5	12	3	
6	SRM	供应商管理	供应商认证	认证单创建、修改、审批；	高	V1.0	待讨论	6	14	5	
7	SRM	需求管理	需求申请单	接收需求部门的需求，包括增删改查以及合并、转单等；	高	V1.0	待讨论	7	25	4	
8	SRM	需求管理	采购申请单	采购申请单的修改、关闭、转采购订单；	高	V1.0	待讨论	4	8	3	
9	SRM	需求管理	招标需求	招标需求的修改、关闭、查询、转招投标	高	V1.0	待讨论	5	23	5	
10	SRM	招投标管理	招标立项	立项单包括报价单、采购标书、已邀供应商和招标小组；	高	V1.0	待讨论	8	28	5	
11	SRM	招投标管理	发标	立项单发标信息预览、立项单分拆和发送邀请函	高	V1.0	待讨论	3	12	3	
12	SRM	招投标管理	投标	采购标书下载、批量报价、供应商标书批量上传	高	V1.0	待讨论	3	8	3	
13	SRM	招投标管理	开技术标	开技术标、评标任务生成和评分、评估方案和规则	高	V1.0	待讨论	9	20	6	
14	SRM	招投标管理	开商务标	开商务标、排名	高	V1.0	待讨论	4	9	3	
15	SRM	招投标管理	议标	在线议标或线下议标导入	高	V1.0	待讨论	6	15	4	
16	SRM	招投标管理	定标	定标规则、定标结果	高	V1.0	待讨论	5	17	5	
17	SRM	合同管理	合同拟制	合同的创建、确认、审批、电子签章、系统归档、合同查询等；	高	V1.0	待讨论	7	19	4	
18	SRM	合同管理	合同变更	合同变更单创建、修改、查询、审批、电子签章、系统归档等；	高	V1.0	待讨论	4	7	5	
19	SRM	合同管理	合同终止	合同终止单创建、修改、查询、审批、电子签章、系统归档等；	高	V1.0	待讨论	5	10	6	
20	SRM	订单管理	订单管理	采购订单创建、修改、审批、查询；	高	V1.0	待讨论	6	14	3	
21	SRM	订单管理	预约单管理	预约单创建、修改、查询；	高	V1.0	待讨论	6	16	4	
22	SRM	订单管理	验收单管理	预约单创建、修改、查询；	高	V1.0	待讨论	4	9	5	
23	SRM	结算管理	预付款管理	预付款创建、修改、复核、审批等；	高	V1.0	待讨论	2	5	3	
24	SRM	结算管理	质保金管理	质保金单创建、修改、复核、审批等；	高	V1.0	待讨论	5	12	4	
25	SRM	结算管理	对账单管理	对账单创建、修改、复核、审批；	高	V1.0	待讨论	3	8	5	
26	SRM	结算管理	付款申请管理	付款单创建、修改、审批；	高	V1.0	待讨论	4	12	4	
27								131	342	109	

图 9-7 项目范围的 WBS

拆分完 WBS 后，就可以对工时和资源进行预估了，包括 WBS 的人天工时、人力资源和软硬件资源等。

人天工时预估是对每项 WBS 需要的工作量进行预估，主要包括产品经理人天、开发工程师人天和测试工程师人天。除了这些岗位的人天工时以外，还有 UI 设计师、架构师、运维工程师、数据库工程师等的人天工时，这里不再说明。人天工时预估一般可以采取如下方法。

- 专家预估：预估的专家在不受到任何干扰的情况下，依据历史经验估算投入到功能需求分析、开发和测试所需要的天数，代表完成一个 WBS 需要多少人天，这种估算结果依据预估的专家的经验不同会存在差异。
- 故事点：这是用户故事的一种度量单位，故事点数代表完成某件事情的工作量，故事点估算是对完成用户故事所需工作量进行估算，它是以团队中公认的某一个故事的完成天数作为基准天数，来估算将要完成的 WBS 的工作量。

需要注意的是，考虑到项目过程中不可预估的变化，预估的人天工时会再增加 20%～30% 的缓冲时间。

比如，A 集团的 SRM 系统各岗位成员的净人天工时分别是产品人员 131 人天、开发人员 342 人天、测试人员 109 人天，再算上缓冲比例 25% 后，产品人员为 163.75 人天、开发人员为 427.5 人天、测试人员为 136.25 人天。

另外，项目的项目立项、业务调研、系统上线阶段也会涉及人天工时的投入，这几个阶段相对容易预估，按照常规的项目工时估算即可。

规划项目里程碑节点,一般从前往后推算,或者从后往前推算,大部分情况下都是从后往前推算。这种推算方法是基于产品上线日期倒推项目里程碑节点。B端产品项目的5个阶段所需时间已经知晓,只要将产品上线日期确定,从上线日期往后倒推每个阶段的时间节点,即可完成项目里程碑的节点规划。

比如,对于A集团的SRM系统,假设系统上线时间为2022年6月30日,项目当前时间为2022年2月10日,项目里程碑的时间节点如下:

- ❑ 系统上线日期为2022年6月30日;
- ❑ 系统上线阶段的上线准备、产品发布等事项预估需15个工作日,那么,系统实现阶段的完成时间节点应该在2022年6月15日;
- ❑ 项目中的项目立项阶段一般需15个工作日,项目立项的时间节点应该是2022年2月25日;
- ❑ 项目中的业务调研时间一般估算为25个工作日,业务调研的时间节点应该是2022年3月31日;
- ❑ 方案设计和系统实现阶段共约10周,这两个阶段主要是交替进行,按照双周迭代模式,方案设计阶段可在系统实现阶段结束前2周完成,那么方案设计阶段完成时间节点应该是2022年5月30日,系统实现阶段完成的时间节点是2022年6月15日。

最终我们将项目里程碑节点规划展示出来,如图9-8所示。

推算完里程碑节点,接下来就可以基于每个岗位的人天工时估算人力资源的投入,这里主要以方案设计和系统实现阶段的人力资源估算为主,来预估整个项目的人力投入,下面分别预估产品、开发和测试 3 个岗位的人数。

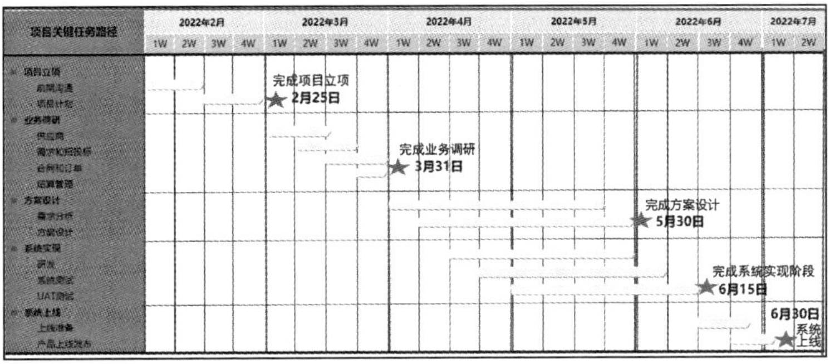

图 9-8　项目里程碑节点

产品经理人数 = 方案设计阶段的人天 ÷ 该阶段的里程碑周期天数
开发工程师人数 = 系统实现阶段的人天 ÷ 该阶段的里程碑周期天数
测试工程师人数 = 系统实现阶段的人天 ÷ 该阶段的里程碑周期天数

比如，A 集团的 SRM 系统的人力资源投入，按照上述公式可以分别预估为产品经理人数 =163.75÷40=4.09 人≈4 人；同理，开发工程师人数为 15 人，测试工程师人数为 5 人。

上述结果并不代表在项目立项、业务调研、系统实现和上线阶段就不再投入产品人员，相反，产品人员在整个项目过程中均会投入，开发人员和测试人员在方案设计、系统实现和系统上线阶段也会一直投入到项目中。另外，项目团队中还有一组重要的成员，也就是业务部门的业务代表人员，他们的人数同产品经理的人数一致或者是产品经理人数的 1.5 倍。除此之外，项目人力资源还包括项目委员会、PMO、架构师、UI 设计师、数据库工程师、运维工程师、项目经理以及其他兼职业务人员等。最终将项目所需要的人力资源汇总形成项目组成员清单，如

图 9-9 所示。

XX公司XX项目委员会							
序号	成员名称	公司/部门	联系电话	邮箱地址	项目组角色	职能	项目参与度（100%代表全职）
1		董事长			项目委员会	负责资源协调和决策	15%
2		CEO/CFO/CPO/CMO/CHO/CTO/高管			项目委员会	负责资源协调和决策	30%
3		科技公司			项目总监	负责项目组人员总体安排、项目周期规划和成果验收工作	50%
4		业务公司			项目业务总监	负责审核确认的项目需求和成果验收工作	50%

XX公司XX项目组成员								
序号	成员姓名	公司/部门	联系电话	邮箱地址	项目组角色	职能	项目参与度（100%代表全职）	备注
1						负责项目的总体规划、进度把控、资源调配、项目沟通和汇报等工作		
2						负责项目进度推进、资源协调、沟通协调、汇报和执行等工作		
3						负责项目需求规划、进度确认、资源协调、沟通协调和汇报等工作		
4						负责项目具体事务的执行工作		
5						负责项目监管、审核和协助项目测试工作		
6						负责协助配合需求确认、进度确认和业务支持工作		
7						负责审核项目的质量和进度，并为未来项目交接作准备		
8						负责本项目之外其他关联资源的协调和沟通工作		
9						负责项目技术支持工作		
10						负责项目业务需求评估及成果测试		
11								

图 9-9　项目组成员清单

软件项目往往会遇到需要购置新的软件资源或硬件资源的情况，下面分别进行说明。

- 软件资源：一般是指云服务、中间件、虚拟服务器、数据存储资源等。
- 硬件资源：一般是指硬件服务器设备、交换机以及相关配套的硬件等。

软硬件资源在立项阶段就要进行识别，根据每个公司的实际情况进行申请并付费购买，这些资源在立项之初就要开始着手准备，在搭建开发环境、测试环境和生产环境时使用。我们将估算的软硬件资源收集形成软硬件资源清单，如图 9-10 所示。

预估了人天工时和软硬件资源，接下来就可以估算项目的成本，主要包括人员成本和软硬件成本。

软件配置清单

序号	应用场景	软件名称	软件信息	数量	备注
1					
2					

服务器配置清单

序号	应用场景	服务器用处（用途）	应用组件类型	CPU数量	内存容量	硬盘容量	[illegible]	网卡数量	VLAN	操作系统	安装的基础软件信息	备注
1	正式环境	XX应用服务器	物理机	4核	8G	80G	V7	1	Internal	Linux Red Hat	1、Linux服务器上安装Genesys服务器，必须安装编译器libstdc++.so.5和libstdc++.so.6 2、安装oracle11g client64 Client	
2												
3												

图 9-10 软硬件资源清单

人员成本主要是预估项目成员的投入成本。这里主要对产品、开发和测试人员的成本进行估算，其他人员的成本估算方法类似。人员成本公式如下。

人员成本 = 人天工时 × 人天单价

其中，“人天单价”指完成对应工作量所需的单位费用，根据市场行情及与客户商务谈判的结果确定。

仍以 A 集团 SRM 系统的人员成本为例进行说明。假设所有的岗位不区分职级，按岗位的平均人天单价来计算，如产品人员人天单价 = 3000 元 /（人・天）、开发人员人天单价 = 2500 元 /（人・天）、测试人员人天单价 = 2000 元 /（人・天），则产品人员成本 = 163.75 × 3000 = 49.12 万元，开发人员成本 = 427.5 × 2500 = 106.87 万元、测试人员成本 = 136.25 × 2000 = 27.25 万元。

上述仅仅表示方案设计和系统实现阶段的产品、开发和测试人员的成本，在项目立项、业务调研和系统上线阶段的成本，则需要分别计算出产品经理、开发工程师、测试工程师、数据库工程师、架构师、运维工程师、UI 设计师以及项目经理的人员成本，最后汇总的所有的人员成本才是项目预估的整体人员成本。

软硬件成本主要按照软硬件清单的各个明细项来计算，最后要汇总所有的软硬件成本，每项软硬件的单价以市场和各个公司的实际情况为准。

项目预算主要是项目的预计投入，包括项目人员成本、软硬件成本、项目奖金激励和其他费用等。

- ❑ 项目人员成本：主要是估算出的项目人员投入成本。
- ❑ 软硬件成本：主要是估算出的项目软硬件投入成本。
- ❑ 项目奖金激励：奖金池一般是为了激励项目成员而设置的，一般是项目预算的 10%～15%，具体根据项目的绩效评分结果确定。
- ❑ 其他费用：比如项目组中日常开销、办公、聚餐、差旅费等。

项目计划指所有项目工作的计划、执行、监督和控制的具体文件，它确定了整个项目的节奏和步骤安排。如果需要变更，就得先提出变更请求并获得批准后才能变更。它汇总了前期所有的结果，包括里程碑计划、WBS 和人力资源的规划等。这里给出一个项目计划模板，如图 9-11 所示。

3. 项目团队管理

项目团队管理主要是对项目中的成员进行组建和管理。

为开展项目活动而组建团队的过程主要分两步执行，第一步是制定团队成员选择标准，第二步是团队成员的组建。

	XXX项目主体计划										
序号	工作事项	状态	科技负责人	客户负责人	计划开始时间	计划结束时间	实际开始时间	实际结束时间	前置事项	重要工作成果（含项目交付物和关键里程碑）	备注
1	**项目立项**	未开始									
1-1	制定项目章程	未开始								《项目章程》	
1-2	确定项目成员及分工	未开始								《项目成员名单》	
1-3	确定项目主体计划	未开始								《项目计划》	
1-4	项目启动	未开始								《项目启动报告》	
2	**业务调研**	未开始									
2-1	业务调研	未开始								《业务调研报告》初稿	
2-2	差异分析	未开始									
2-3	业务调研总结	未开始								《业务调研报告》定稿	
3	**方案设计**	未开始									
3-1	业务流程梳理和优化	未开始								《流程地图》	
3-2	系统总体方案	未开始									
3-3	系统详细方案设计	未开始								《用例图》、《信息架构》、《原型图》、《需求说明书》	
3-4	UI设计	未开始								《UI设计图》初稿	
3-5	UI确认	未开始								《UI设计图》定稿	
4	**系统实现**	未开始									
5	**系统测试**	未开始									
6	**用户验收测试(UAT)**	未开始									
7	**上线准备**	未开始									
8	**系统上线及支持**	未开始									
8-1	发布上线运行通知	未开始								《上线运行通知》	
8-2	执行上线支持	未开始								《上线支持问题清单》	

图 9-11　项目计划模板

基于项目背景、目标和要建设的系统，思考团队成员选择标准，并依此对候选人员进行定级和打分。选择时可参考如下标准。

- 经验：候选人员是否具备项目所需的相关经验。
- 能力：候选人员是否具备项目所需的能力。
- 成本：候选人员相关的各项成本是否在规定的预算内。
- 可用性：候选人员在项目阶段是否能全程投入。
- 态度：候选人员对参与项目的积极性如何，是否愿意与他人协同。

明确了候选人员的选择标准后，就可以选拔团队成员了，这个工作可以从如下 3 个方面入手。

- 团队内部：从团队内部挑选合适的项目成员。
- 团队外部：与其他组织或团队进行谈判，挑选合适的项目成员，可能涉及稀缺或特殊的人力资源，需要注意与团队外部保持合作共赢。
- 招聘或外包：在组织内部不具备相应技能的人员或者人

员短缺的情况下，可以从外部获得支持，包括招聘人员或者雇佣外包人员等。

管理项目团队需要综合运用沟通、情商、影响力、领导力、团队建设、冲突解决等各种能力和技巧，来促进团队互动和产生信任，适时激励团队成员，解决团队冲突，以便提高整体项目绩效。一些常见的管理手段如下。

1）组织培训。通过组织培训提高团队成员的知识和技能，以提高他们的工作能力，保证按时完成项目交付，并且降低成本、提高质量。培训的方式可以是线上课程、线下课程、邀请外部的培训讲师等，培训后需要进行复盘和总结。

2）团队活动。定期的团队活动建设有助于团队成员之间增强互动和建立信任，能够让团队成员适当放松，并更加高效地协同工作。团队活动不一定是团队聚餐的形式，也可以是一次集体爬山或者体验活动等，这种活动主要是为了促进大家的沟通交流。

3）有效地处理冲突。项目中的冲突不可避免。团队成员之间的冲突可以先由团队成员自己解决；如果冲突升级，项目经理应当介入提供协助，促成满意的解决方案。常用的冲突解决方法包括合作、强迫、妥协、撤退和缓和，每种方法都有各自的用途，关键是灵活使用。

4）认可和奖励。认可和奖励是激励团队成员的有效手段，如果团队成员在项目中感受到自己的价值，并获得了相应的奖励，他们就会更加努力工作。在项目过程中应该尽可能多地给予团队成员表彰和奖励。奖励既可以是资金，也可以是荣誉。

5）跟踪团队成员的表现和关系。通过观察和交谈，随时了解项目成员的工作进展和态度，了解团队成员引以为傲的成就，了解团队成员之间各种人际关系问题等。

4. 确定项目沟通机制

项目过程中,沟通极其重要。有效的沟通能够凝聚项目干系人和团队成员,使之共同完成项目目标。建立有效的沟通机制,能够一定程度上促进项目沟通。沟通机制主要包括沟通方式、项目回顾、项目汇报和紧急会议 4 个方面,如图 9-12 所示。

图 9-12 项目沟通机制

- ❑ 沟通方式:主要包括电话、邮件、例会和会议等。电话和邮件是主要的信息同步和沟通的方式;例会定期开展,一般是周会;会议可以根据实际需要在项目过程中展开。
- ❑ 项目回顾:主要是大小周回顾和月度回顾,需要准备的材料包括双周计划、项目周报、月度报告等。
- ❑ 项目汇报:在项目重要里程碑节点进行项目汇报,阶段性主要汇报本阶段的工作内容和成果,以及需要获得什么支持。

❑ 紧急会议：随时按需召开临时性的多方紧急会议，主要是为了多方共同解决难以协调或处理的重大问题。

5. 识别和管理项目风险

项目风险管理是在项目过程中进行风险识别、风险分析和风险应对的过程，它主要的目的是提高项目中积极事件的影响，降低项目中消极事件的影响，促进项目的成功交付。

判断哪些因素可能会影响项目交付，将其记录为风险。它在整个项目过程中是持续进行的，参与者可以是项目经理、项目成员以及外部干系人等。有效识别风险可以从风险来源和识别方法两个方面入手。

项目风险来源包括项目进度、项目范围、项目成本、干系人、业务变化、项目团队成员、外部环境等各方面因素。在项目进行的过程中需要时刻回顾项目状态，通过双周计划、周例会以及团队沟通及时识别风险。

风险的识别方法很多，通常包括定期例会反馈、头脑风暴、德尔菲技术、与团队成员及干系人沟通等。识别出的风险要及时记录在风险管控表上，如图9-13所示。

序号	识别日期	风险描述	发生概率	影响描述	影响程度	应对措施	责任人	风险状态	计划关闭日期	实际关闭日期
1			高		大			监控中		
2			中		大			升级		
3			低		中			关闭		
4			高		小			升级		

XX公司XX项目风险管控表

图9-13 风险管控表

分析风险指的是根据风险清单中风险发生的概率、风险发生后对项目的影响，来评估风险的严重程度，其目的是降低项目的不确定性，优先关注高风险点。分析风险的方法包括风险概率和影响评估、定量风险分析等。

- 风险概率和影响评估：相关专家通过会议或访谈的方式来评估每个风险的发生概率和影响，并对风险进行优先级排序。
- 定量风险分析：主要是依托数据，建立模型，进行量化分析。常见的模型有概率分布和决策树分析等。

应对风险是针对项目风险采用提高机会、降低威胁的方案及应对措施，包括消极风险应对策略和积极风险应对策略。

PMBOK 提供的消极风险应对策略具体包括规避、转移、减轻和接受 4 种。

- 规避：指项目团队采取行动来消除威胁，或保护项目免受风险影响。
- 转移：指项目团队将风险带来的影响和应对责任转移给第三方。
- 减轻：指项目团队采取行动降低风险发生的概率。
- 接受：指项目团队不采取行动，而是接受风险的存在。

PMBOK 也提供了积极风险应对策略，具体包括开拓、分享、提高和接受 4 种。

- 开拓：指项目团队采取行动，确保机会得以实现。
- 分享：指项目团队将机会的部分或全部分给最能抓住该机会并且为项目利益着想的第三方。
- 提高：指项目团队采取行动，提高机会发生的概率或扩大影响。

- ❑ 接受：指项目团队不采取行动，而是接受机会的存在。

9.3.3 变更机制

B端产品的建设周期长，涉及跨部门甚至跨系统的情况，再加上中间业务可能发生变化或者前期立项阶段可能考虑不周，这些都可能导致项目发生变更。此时，必须有相应的变更机制或决策来确保项目正常推进。项目变更机制主要分为3步，包括发起变更、评估变更和执行变更。

项目变更可以由项目成员或项目干系人发起。项目变更申请单的模板如图9-14所示。

XX公司XX项目变更申请			
申请人		申请日期	
项目名称			
项目编号			
变更原因			
变更概述			
变更详情			
变更预计的影响			
范围影响			
成本影响			
进度影响			
资源影响			
其他影响			
变更确认			
同意/不同意			
签字		签字人员	

图9-14 项目变更申请单

评估变更对项目目标、范围、成本、进度、资源等方面产生的影响，以及不变更会有什么影响，并将变更的相关影响同项目成员、重要干系人、项目委员会同步，进行决策。涉及重大调整，还需要跟踪整个变更的实现过程。

变更通过后，重新调整相关计划、资源、方案，再进入相应阶段来执行审批后的项目变更。执行项目变更过程中，需要监控变更对整个项目的影响，识别相关的风险，确保项目按照调整后的计划继续往前推进。

9.4 项目管理阶段与"4+X"模型的关系

本节主要介绍 B 端产品项目管理 5 个阶段与"4+X"模型 4 个阶段之间的区别和关系。

它们之间的区别有 3 个。

1）使用目的不同。B 端产品项目管理 5 个阶段是项目管理的过程，涉及项目的计划、组织、执行、收尾等事项。"4+X"模型的 4 个阶段是产品从 0 到 1 发展的过程，涉及 B 端产品的规划、设计、实现和迭代等事项。

2）使用对象不同。B 端产品项目管理 5 个阶段方法的使用对象主要是项目经理，他负责整个项目的过程管理，确保项目超目标交付。

"4+X"模型的使用对象主要是产品经理，他负责从 0 到 1 规划、设计，并推动 B 端产品的落地和迭代，实现产品不断成长。

3）使用周期不同。B 端产品项目管理 5 个阶段本质上是项目管理，项目是临时性的，项目目标达成时该项目也就结束了。

它符合项目的特征，对应 PMI 的项目管理五大过程、十大领域的知识体系。"4+X"模型的 4 个阶段本质上是产品管理，产品是有生命周期的，遵循萌芽、发展、成熟和衰退的发展规律，"4+X"模型的前 3 个阶段属于 B 端产品的萌芽过程，从第 4 个阶段开始就是 B 端产品不断发展、成熟，直至衰退的过程。

虽然两者存在不同的地方，但两者关系紧密。"4+X"模型的 4 个阶段是对 B 端产品的整个生命周期进行管理，而项目只是产品生命周期中阶段性的过程。"4+X"模型的 4 个阶段中可以有多个项目，每个项目都遵循 B 端产品项目管理的 5 个阶段。它们之间的关系如图 9-15 所示。

图 9-15 "4+X"模型的 4 个阶段和项目管理 5 个阶段的关系

理解"4+X"模型的 4 个阶段和项目管理 5 个阶段的区别与关系，有助于 B 端产品经理更好地理解项目管理的本质、产品和项目的区别。B 端产品的设计和迭代的周期长、业务复杂、干系人复杂、团队协同难度大，往往采用项目的方式进行过程管控和交付，B 端产品经理会兼任项目经理，所以理解上述关系非常有必要。

9.5 本章小结

本章主要阐述了 B 端产品设计的助攻者：项目管理。除了本章详细讲解的内容外，我们还需要注意如下方面。

- ❏ PMBOK 的项目管理知识体系是项目管理的理论知识，B 端产品经理可借鉴和参考，完全照搬意义不大。
- ❏ 产品经理兼任项目经理时，要掌控好产品和项目的边界。
- ❏ 每个项目都可能存在项目变更，需要提前制定好变更机制。
- ❏ 项目干系人的管理和沟通机制非常重要，很多项目的问题最终都落在这个方面。
- ❏ 项目的实现阶段通常会采用敏捷模式。
- ❏ B 端产品的逻辑复杂、建设周期长，往往跨团队、跨系统。
- ❏ 区分项目管理过程和产品设计"4+X"模型。

项目管理是 B 端产品落地的重要保障，B 端产品经理担任项目经理是常态，做好两个角色的定位非常有必要。总之，优秀的项目管理经验是实践出来的。

接下来进入产品运营阶段，也就是 B 端产品经理"养孩子"的过程。

| 第10章 | CHAPTER

产品运营：养"孩子"

产品正式上线后，就进入到运营阶段。过去，市面上更多是谈论 C 端产品的运营，对 B 端产品的运营谈论得相对较少。随着数字化转型、"互联网＋"和产业互联网等概念的提出，B 端产品运营也进入了公众的视野。B 端产品运营究竟如何做？不同行业属性的客户运营的侧重点是什么？外部客户运营和内部客户运营有什么区别呢？

本章讲解"4+X"模型的可变事项 X_2——产品运营，主要从 B 端产品运营的定义、内容，以及对内部客户进行 B 端产品运营等方面展开讲解，帮助 B 端产品经理建立产品运营的知识体系，让他们更好地参与运营过程。

10.1 B 端产品运营的定义

做 C 端产品的公司一般会设置产品经理和运营岗位，而做 B 端产品的公司以前很少有专职的运营岗位，最近这两年，部分做 B 端产品的公司也开始重视并设置了运营岗位。

本节主要阐述什么是运营、什么是 B 端产品运营和 B 端产品运营的难点。

10.1.1 认识运营

运营是什么？相信很多 B 端产品经理对运营并没有清晰的概念。一方面是因为 B 端产品经理接触运营人员的机会少，另一方面是因为运营人员的工作广而杂，想全面了解并不是那么容易。《从零开始做运营》一书中提到，一切能够进行产品推广、促进用户使用和提高用户认知的手段都是运营；《运营之光：我的互联网运营方法论与自白》一书中提到，运营是帮助产品和用户建立关系，以及更好地维系这种关系，所需要使用的一切干预手段。

从这些书中的定义来看，运营的概念范畴并不统一。这与运营人员所要做的工作极其烦琐有一定关系，运营涵盖内容制作、活动策划、用户维系、品牌宣传和数据分析等工作内容。另外，对不同类型的产品，运营的侧重点也会不同。比如，运营工具类产品侧重用户增长，运营内容类产品侧重持续进行高质量的内容输出和引导用户消费等。尽管如此，产品运营的核心都是促进用户与产品的关系。

10.1.2 认识 B 端产品运营

那么，B 端产品运营是什么？我们从两个方面来认识它。

首先，B 端产品面向企业客户或组织。企业客户或组织购买 B 端产品的目的是降本、提效、增收、做风控、制定战略和提升用户的满意度。围绕这些目的，企业客户或组织不再满足于传统的信息化建设，而是期望通过数字化产品进行转型，谋求更多的发展空间。尽管在 B 端产品运营的概念出现之前，传统的软件厂商都有其固有的客户群体，并且有市场团队或销售团队维系客户关系，但是进入产业互联网时代，软件产品已经不再稀缺，新兴的 SaaS 模式以及客户对信息化技术和产品的认知达到了前所未有的高度，市场早已由卖方市场转向了买方市场，客户有了更多的选择。因此，B 端产品需要更多的曝光和提供更好的服务。谁能助力客户成功，谁能更好地服务客户，谁将更受客户青睐。

其次，企业客户在购买 B 端产品时，不仅考虑价格，还考虑品牌、功能匹配度以及后续的服务等。并且，B 端产品具有购买流程长、决策层级多、成交慢和客户趋于理性化等特点，让 B 端产品的运营工作在整个成交链路上更加复杂。

基于上述内容，B 端产品运营的定义应该是：围绕企业客户，协同其他团队，采取一系列手段促使产品触达客户，建立产品和客户的联系及经营客户关系，最终助力客户成功。

10.1.3 B 端产品运营的难点

B 端产品不同于 C 端产品，B 端产品运营也不同于 C 端产品运营。B 端产品运营常见的难点包括但不限于：企业对 B 端产品运营不重视，B端产品购买的决策因素复杂，B端产品运营的方法论根据行业不同存在很大差异性，且相关资料少。

一些传统企业目前仍然未设立产品运营的岗位，或者设立的运营岗位仅仅用于支持销售或市场团队，并没有起到真正的作用。这些企业往往认为现在的推广方式已经能够触达这些客户，不需要专门进行产品运营。这种对B端产品运营的误解造成了运营人员的尴尬处境，B端产品经理涉及运营工作的机会就少之又少了。可能只有在新的市场格局中面临残酷的竞争，发现客户都选择了自己的竞争对手时，这些企业才会真正地重视产品运营。

从客户遇到问题、查找解决方案，到最终成交，这个链条相当长。过程中可能出现前期各种运营工作都进展顺利，但是客户偏偏受到其他因素的影响购买了竞争对手的产品的情况，这些因素包括品牌、价格、案例、需求满意度、客户关系、售后服务、技术实力等。B端产品运营涉及的工作内容广而杂，最终客户是否购买受到诸多因素的影响，因此B端产品运营也就面临着很多不确定性。比如，某集团准备购买一款SRM产品，入选的几家软件厂商中A和B两家厂商的机会最大，B厂商在价格、案例、功能匹配度、服务等各方面均占有优势，但该集团最终选择了A厂商，究其原因是A厂商的某领导打动了该集团具有决策权的高层管理者。

照搬C端产品的运营模式和套路，在B端产品的运营中是行不通的。B端产品的交易过程不同于C端产品的"一锤子买卖"，即只要用户成交了、数据提升了，就完成任务了。B端产品的运营人员往往需要长期跟进和服务其客户，而后续服务是影响续费的关键因素。不同的B端产品所处的阶段不同、行业不同、企业自身资源情况不同，加上缺少成熟的B端产品运营方法论，导致 B 端产品运营效果不明显。比如，A 集团的物流事业部服务 C 端用户、大 B 客户、小 B 客户，针对不同的用户群体，依托自身的资源对 C 端客户采取发放折扣券的运营策略，对大 B 客户采取授信和月结的策略，对小 B 客户则只采取月结的策略。而某软件厂商面向中小型客户，主要采取活动折扣的运营策略。

10.2 B 端产品运营的内容

认识了 B 端产品运营，接下来了解 B 端产品运营的工作内容。对此，本节主要讲解如何构建 B 端产品运营的体系，以及 B 端产品的 4 项运营内容。

10.2.1 构建 B 端产品运营的体系

B 端产品运营的工作内容涵盖了从客户获取到客户流失的整个生命周期的运营和管理事项。我们主要从以下 3 个方面来构建 B 端产品运营的体系。

1. 建立客户旅程

《硅谷蓝图》一书中将一般客户的购买行为描绘为客户旅程。通过梳理客户都会经过哪些旅程，明确企业能够采取哪些对应的行动。客户旅程描绘的是一般企业客户会经历的旅程，但不是所有的客户都会经历这些旅程。客户旅程分为客户发现问题、上网研究问题、学到知识、与软件厂商交流、了解如何运行、选择合作伙伴、在预算内准时部署、问题得到解决、对公司有好影响这 9 个旅程步骤，如图 10-1 所示。

第10章 产品运营：养"孩子"

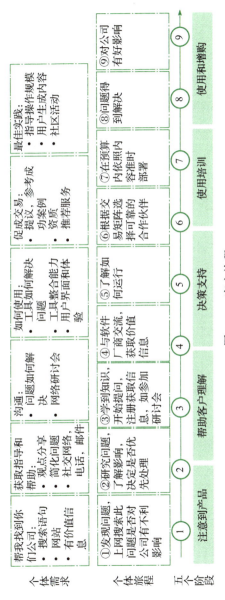

图 10-1 客户旅程

围绕客户旅程，我们可以先让遇到问题的潜在客户注意到产品，然后帮助客户理解产品、做出决策，再对其进行使用培训，最后服务客户让其完成复购。

2. 基于客户旅程划分客户生命周期

我们可以基于客户旅程划分客户生命周期的几个阶段，一般常见的客户生命周期包括获客期、成交期、使用期、复购期和流失期5个周期，如图10-2所示。

- 获客期：主要是客户发现问题、研究问题，然后留下线索成为潜在客户的过程。
- 成交期：主要是基于客户留下的线索与其交流，演示系统，促使客户成交的过程。
- 使用期：主要是依据客户需求开发和部署系统，解决客户问题，并持续提供服务的过程。
- 复购期：主要是在客户使用产品的过程中，持续对其服务，维护客户关系，促使客户增购或复购的过程。
- 流失期：主要是客户战略变化、服务质量下降、客户关系恶化，导致客户流失的过程。

3. 明确客户旅程中的各项运营内容

B端产品运营就是围绕客户旅程在客户生命周期各个阶段，思考采取何种方式让产品触达客户，促进产品和客户的关系，以及助力客户成功，并使其持续增购或复购。这一系列事项参照C端产品的运营划分方法，可以划分为品牌运营、内容运营、活动运营、客户运营和数据运营。每一项运营内容都有着共同的目标，即更好地服务客户，完成B端产品的客户拉新、留存、促活、转化和自传播工作，如图10-3所示。

第10章 产品运营：养"孩子"

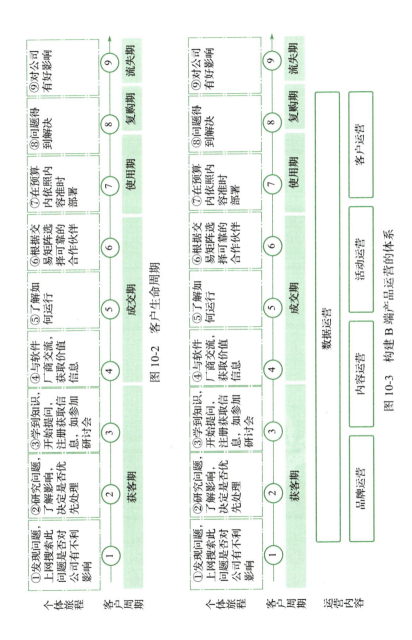

图 10-2 客户生命周期

图 10-3 构建 B 端产品运营的体系

10.2.2　4项运营内容

完成了B端产品运营体系的构建，接下来分析内容运营、活动运营、品牌运营和客户运营的主要工作内容和流程。对数据运营，将在第11章中详细解读。

1. 内容运营

内容运营通过持续地生产内容、扩散内容来服务客户，在产品生命周期的各个阶段强化客户对产品的体验，促进客户活跃、留存和消费等。内容运营的信息包括但不限于电商网站信息、新闻媒体信息、贴吧信息、政府门户信息、教育信息、娱乐信息、体育赛事信息等。不同产品类型的内容信息是不同的，比如，知乎内容平台侧重内容的生产和消费；某B端产品软件厂商的网站侧重呈现产品亮点和价值，以及客户案例等；音频或视频平台侧重音频和视频内容的生产和消费等。

虽然B端产品和C端产品都会有内容运营，但它们之间还是有以下两点区别。

- ❏ 用户群体：C端产品的用户群体主要是个人，侧重娱乐性和解决个人问题；B端产品的用户群体主要是企业客户或组织，侧重实用性和解决企业客户的实际问题。
- ❏ 内容质量：C端产品的内容广而杂，内容生产者的背景各不相同，内容质量也就千差万别；B端产品的内容精而深，每项内容都是企业的对外展示，内容往往是经过深度思考发布出来的，一般经得起推敲。

现在越来越多的B端产品厂商设立了运营岗位，并越来越重视运营工作,其中包括内容运营。好的内容甚至可以引爆产品。

1)内容链接产品和客户。内容让产品触达不同阶段的客户,将产品与客户进行链接。现在不是"酒香不怕巷子深"的时代,产品发布后,如果没有合适的内容推广,众多客户不一定知道你的产品。内容运营可以链接产品和客户,提升客户的拉新、留存、促活、转化和自传播。

2)内容促进客户转化。客户的决策链条相对较长,通过内容可以突出产品的亮点和价值,触达客户痛点,在客户消费内容留下联系方式后,运营人员就可以获得客户的线索,从而进一步跟进客户诉求、提供解决方案,最终完成客户的转化过程。

3)内容服务客户。内容本身可以作为有价值的输出,供客户消费。比如,客户直接消费产品相关的内容,如产品论坛内容、操作手册等,从而获得相关的知识和解决方案,解决自身的疑惑,辅助购买决策。

内容运营的流程一般包括内容创造、内容扩散和内容消费3个阶段,如图10-4所示。

图10-4 B端产品内容运营的流程

内容创造是指明确目标客户群体,确定内容的定位,选择具体的内容形式(图片、文字、视频等),生产不同内容。内容包括介绍类、新闻类和知识类。

- 介绍类：主要是公司介绍、产品介绍、解决方案介绍、案例介绍。
- 新闻类：主要是公司新闻、行业资讯和产品新闻。
- 知识类：课程、书籍、行业报告等。

不同类别的内容可对 B 端产品进行各方位的报道和传播，为产品提供了向外展示的渠道。

需要注意的是，不同客户群体对内容的关注点和痛点可能是不同的，聚焦目标客户群体，就是为了让内容和客户有更多的链接，从而转化客户。

内容扩散主要是将产品相关的优质内容，通过文章、视频、案例、FAQ、课程、书籍等各种方式，在网络、媒体、线下广告牌、内部渠道进行扩散和传播，让更多的客户有机会触达产品内容，提供更多的客户线索。这样做更好地利用了内容来获取客户流量和提升客户对产品的关注度，从而有效促进客户转化等。比如，积加 ERP 这款产品通过在 36 氪上发布产品介绍的文章，很好地实现了内容扩散。有 ERP 痛点的客户通过搜索 ERP 相关关键词立即就能找到这篇文章并链接到产品，如图 10-5 所示。

图 10-5　网站文章扩散

内容消费指目标客户群体消费内容并对内容进行二次传播，以及被转化为潜在客户。比如，知乎平台用户可以对内容进行点赞、评论、分享和收藏等，这些用户在消费完内容后又可能进行内容的二次传播，从而带来更大的流量；微信公众号的内容通过用户阅读、分享和社群传播等方式，可以被更多的人消费；软件厂商通过产品社区、资料下载、课程学习等方式让目标客户群体消费内容，留下客户线索等。金蝶云社区如图10-6所示。

图10-6　内容消费示例：金蝶云社区

2. 活动运营

活动运营指通过一系列的活动来促使潜在客户向付费客户转化，包括活动前、活动中和活动后3个阶段。活动运营能够让B端客户更好地了解产品或将其转化为付费客户。比如，一场产品发布会，让更多的客户了解产品；一场行业研讨会，将更多的潜在客户转化为付费客户；一场沙龙让更多的客户相互传播产品；一次打折促销，让客户购买更多的产品或续费等。

根据不同的活动方式，活动运营可以分为线上活动和线下活动两大类别，每个类别下又可以细分出各种活动手段，如图10-7所示。

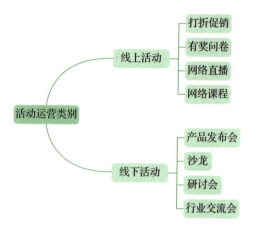

图 10-7　活动运营类别

线上活动运营主要是通过网络渠道进行的,包括但不限于打折促销、有奖问卷、网络直播、网络课程等,下面分别进行说明。

- ❏ 打折促销:厂商通过打折促销的方式推动产品的销售,如图 10-8 所示。
- ❏ 有奖问卷:让客户回答有奖问卷,收集客户的诉求和信息。
- ❏ 网络直播:将产品内容和活动融合在一起,通过视频直播的方式介绍和体现产品的价值。
- ❏ 网络课程:将产品方案制作成课程体现产品价值,扩大传播范围。

线上活动的方式相对灵活。近年来短视频火爆,通过运营企业短视频的方式来获取客户线索也是一条值得探索的渠道,比如金蝶、甄云科技、用友等均有抖音的企业账号。

图 10-8　打折促销

线下活动运营包括但不限于举办产品发布会、沙龙、研讨会、行业交流会等。

- ❑ 产品发布会：通过新产品或升级产品的发布会，邀请各类客户和媒体进行产品曝光和传播，比如商越科技智能采购 3.0 产品发布会。
- ❑ 沙龙：举办现场沙龙，进行相互传播和分享。
- ❑ 研讨会：通过研讨会的形式，进行交流、分享。
- ❑ 行业交流会：通过行业交流会的形式，邀请合作伙伴、客户进行交流和分享，从而达成生态圈合作共赢。

活动运营的流程一般分为活动前、活动中和活动后 3 个阶段，每个阶段需要处理的事项各不相同，如图 10-9 所示。

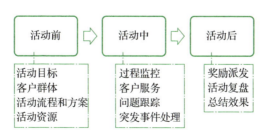

图 10-9　活动运营的流程

活动开始之前，我们需要明确活动目标、客户群体、活动流程和方案、活动资源等，以便保障活动正常开展，也可能提前演练活动流程。

- ❑ 活动目标：一般包括客户数据和业务数据，比如，产品打折促销活动有效提升了客户总数量和本月销售额。
- ❑ 客户群体：根据产品的目标客户群体的特征，使活动信息触达目标客户，或者邀请客户参加线下活动等。
- ❑ 活动流程和方案：制定活动具体实施方案和流程，对活动涉及的人、事、物制定详细的计划等，比如，在产品的打折促销活动中对促销规则、打折比例等制定详细的方案。
- ❑ 活动资源：明确活动所需资源，包括人、物、系统等，需要提前准备好线上或线下需要的资源。

活动进行时需要做好活动过程监控、客户服务、问题跟踪、突发事件处理等事项，确保活动的顺利开展。

- ❑ 过程监控：主要监控活动流程是否顺利开展，上下游活动是否顺利衔接。
- ❑ 客户服务：在活动过程中，我们需要时刻服务客户，替客户着想，排除其顾虑和解答其疑问等。
- ❑ 问题跟踪：对活动中出现的问题及时跟踪，防止问题扩大，采取措施解决问题。
- ❑ 突发事件处理：预判可能出现的突发事件，做好应急预案，对活动中的突发事件及时跟进和处理。

活动结束后，及时对获奖客户进行奖励派发，如果是线上活动，可以将奖励发送到客户账户；如果是线下活动，可以邮寄给客户或现场直接发放给客户等。进行活动复盘，总结好的地方，同时记录不好的地方及客户问题，为下次活动积累宝贵的经验。最后总结效果，分析和评估活动目标达成率，包括客户新增率、客户转化率、活动参与率等。

3. 品牌运营

品牌运营指通过品牌的建设及宣传建立客户心智，使客户在看到品牌时能够有所认知和产生信任。比如，看到 Oracle 公司的商标会联想到它的数据库很强大；看到苹果公司的商标就想到它的手机做得很棒；看到微信的 App 图标，会认为它是一个社交平台。

品牌运营通常会通过广告、事件营销、社交媒体营销等方式进行。

- 广告：在线上媒体、电视、线下交通场所和其他指定场地投放广告，用 Slogan（标语）对产品和品牌进行宣传，将其植入客户心智。比如，钉钉的 Slogan 是"钉钉，一个数字化工作方式"。
- 事件营销：借助热点事件进行品牌的传播。
- 社交媒体营销：在微博、抖音、微信等平台的内容中植入产品的品牌，各类客户在消费内容的同时接收到品牌的传播。

品牌运营的流程一般包括品牌建设、品牌传播和品牌评估 3 个阶段，具体说明如下。

品牌建设主要是结合企业战略，找准品牌定位，建设符合自身需求的品牌，包括品牌要素和品牌内容。

品牌要素包括品牌名称和Logo（标识）、视觉风格和Slogan等。品牌名称和Logo是客户认识品牌的主要切入点，很多公司都是将品牌名称和Logo直接融入到产品的营销中，如图10-10所示。比如，小鹅通在推广知识服务平台时就融合了品牌信息。除了品牌名称和Logo外，Slogan和视觉风格分别从文案和视觉层面让品牌的形象更加生动、更加令人印象深刻。一句好的Slogan能够起到振奋人心和建立客户信心的作用，比如"小鹅通，一分钟搭建你的专属知识服务平台"。视觉风格不光能体现颜色等设计，更重要的是能快速传播品牌，帮助企业定位，将品牌植入客户心智。比如，不管是钉钉、Zoom，还是小鹅通，都是蓝色系商务风格，更符合企业的商务文化和产品的定位。

图 10-10　品牌 Logo

品牌常常从人或物的角度来输出内容。

首先，人的角度，通过对关键人物或虚拟形象的塑造，形成对品牌的宣传。比如，有的电器企业会通过塑造企业的领导人形象来宣传品牌和提升影响力。还可以用虚拟形象塑造品牌，比如采用动物的形象宣传品牌，天猫商城的"猫"、小鹅通的"鹅"、京东的"狗"等。

其次，物的角度，可以用客户案例、亮点事迹、书籍和行业报告等方式来提升品牌影响力。比如，商越科技联合中国软件行业协会和海比研究院共同发布的《2022中国数字化采购领域十大趋势》等。客户在获取行业研究报告时，进一步增加了对目标企业品牌的信任度，品牌的影响力也得到了提升。

品牌传播可以通过软文、品牌故事、视频、音频等载体，采用网络、媒体、活动等各种方式进行传播，以提升品牌的知名度和影响力。品牌的传播结合了内容生产、内容消费和活动运营，在内容运营和活动运营的过程中无形中完成了品牌的传播。品牌好记、好听、好看，就更有利于品牌的传播和记忆。

在每一次品牌运营活动中，我们都要对品牌传播效果进行统计和评估，总结相关经验教训，以便下次更好地传播品牌和提升品牌影响力。

4. 客户运营

客户运营指在客户生命周期内通过一切运营的手段，进行获取客户、促进成交、赋能客户、维护客户关系、重塑客户价值等一系列对客户持续服务和转化的过程。在客户的持续服务过程中，我们需要对不同层级的客户采取不同的策略，知道谁是产品购买的决策者，谁对项目有影响，谁是产品使用者，谁关注产品等，做到以客户为中心，响应客户需求，实现客户价值最大化的目标，促进自身的快速成长。

基于客户运营的目的，我们选取合适的运营策略，常见的两种运营策略包括客户分级和活动策划。

- ❏ 客户分级：将客户划分为不同等级，如战略客户、大 B 客户、小 B 客户等，针对不同级别的客户采取不同的方式进行客户服务、关系维护。比如，通过 RFM 模型衡量客户价值，区分不同价值客户并对其分别采取不同的运营方法；将客户划分为 SKA（高级关键客户）、KA（关键客户）类客户，不同类别客户的运营方法和方式均可能不同。

- 活动策划：通过活动策划，使更多的优质内容、增值服务触达客户，帮助客户澄清疑问和解决问题，比如，策划产品发布会、年度大会等活动。

客户运营一般会围绕客户生命周期，在获客、成交、使用、复购和流失 5 个阶段分别采取不同的方法进行运营，如图 10-11 所示。

图 10-11　客户运营的 5 个阶段

获客阶段是客户与产品产生链接的最早时期，客户遇到问题，通过上网搜索或其他渠道寻找解决方案，发现产品，留下线索。销售人员根据客户线索，联系潜在客户，了解客户的主要诉求和痛点，与客户建立关系。

明确客户痛点后，收集客户相关信息，绘制客户画像，明确企业的关键决策者、影响者和关注者等；协助销售人员持续攻坚关键的决策者、影响者等，为他们提供产品的解决方案，助力销售成交。

客户成交后，对于新客户，需要注意他们使用产品的磨合期，帮助他们更快熟悉产品功能；对于老客户，让他们持续看到产品的价值。我们需要对服务的客户群体进行客户分级，制定新老客户策略，策划活动等，持续服务客户，让客户看到产品价值，促进客户的复购达到降本、提效、增收的目的。

与客户的合作模式有很多，包括但不限于买断、租赁、外包服务等，我们需要做好持续的客户关系经营，不断挖掘产品价值，为客户提供增值服务、产品版本升级服务、人力外包服务、数据服务等更多功能与服务，通过老带新、价值挖掘、关系经营的方式引导客户复购。

客户流失是必然会发生的，外部竞争程度加剧、产品价值递减、客户关系恶化等原因都会引发客户流失。我们需要收集客户问题，及时响应客户，通过重塑产品价值、让利和挽回等方式减少客户流失。

10.3 面向内部客户的 B 端产品运营

B 端产品运营既可以是对外部客户进行的，又可以是对内部客户进行的。它们遵循总体的运营策略，只是对内部客户的侧重点有所不同。

本节主要从内部客户特征、运营团队、内部客户运营重点 3 个方面阐述如何面向内部客户进行 B 端产品运营。

10.3.1 内部客户的特征

内部客户主要是集团下各子集团、事业部、控股公司、分公司等客户群体，它们与软件厂商同属一个控股集团，但又分属于不同的公司主体。它们有 4 个明显的特征，下面分别进行说明。

1. 个性化需求多

由于集团业务快速发展，各个子集团、事业部、控股公司、分公司相继成立，人员、组织架构和相关制度流程均处于待完善阶段，各个内部客户均有自身的个性化管理方式，导致内部客户的需求迥异。同时为了达到降本、提效、控风险、增收等目的，企业客户对系统的要求就更多样化和差异化。B端产品经理在面对各个内部客户的个性化需求时，要平衡标准化产品和个性化需求，找到既能满足内部客户需求，又能市场化的平衡点。

2. 大多数比较强势

业务部门可能是营收部门或者职能服务部门，它们会认为科技公司是服务组织，在日常需求沟通或者新业务接入时往往比较强势，要求需求必须什么时候上线、产品应该怎么做，并提出各种个性化需求。B端产品经理在面对这类客户时，不一定能通过讲道理有效说服业务人员，这就要求B端产品经理要以专业、合作共赢的态度，把产品做好，真正给客户带来价值，这些客户才会认可你。

3. 提需求总带方案

很多服务内部客户的B端产品经理都会遇到业务人员提需求时给出解决方案的情况，这说明业务人员有在思考如何解决问题，但不建议业务人员这样做。这可能在某种程度上误导B端产品经理，导致他抓不住问题的本质。对应的解决方案往往只是短期有效，想真正长久地解决问题，需要B端产品经理通过业务调研、需求分析来挖掘问题的本质，再提出对应的解决方案，这样会更适合具体的业务场景。

4. 总认为需求很简单

B端产品经理常听到一句话，"这个需求这么简单，也要做一个星期啊！"会说这样的话，是因为业务用户不了解软件产品的开发实现过程。在程序的世界里只有0和1，但实际的业务很多时候是复杂的。如果想让线下业务操作变成线上功能，就一定要梳理清楚线下的业务规则，让业务操作标准化，然后通过需求分析将需求转化为待开发的功能，最后开发和测试，才能变成线上功能。这一过程涉及业务用户、产品经理、开发工程师、测试工程师、UI设计师等一系列岗位的协同。所以就算是一个需求，也对应一个复杂、完整的上线过程。

10.3.2 运营团队组成

面向内部客户的B端产品运营团队一般由B端产品经理、B端产品运营和业务人员组成，下面分别进行说明。

B端产品经理的主要职责是规划和设计产品，但产品运营也是必备的技能之一，特别是在产品线中没有单独设立产品运营的岗位时，B端产品经理就承担了运营的工作。B端产品运营的工作内容包括不限于编写产品说明书、案例宣讲、问题处理、产品迭代、数据分析、产品推广和维护客户关系等事项，主要的目的在于客户转化、降本提效等。

B端产品运营人员主要是制定运营的策略，帮助内部客户的业务人员，服务外部客户，提升客户新增、留存和转化，实现营收增长等。单独设立 B 端产品运营岗位的团队，更多是因为内部组织需要服务外部客户，需要通过运营助力营收增长、客户留存和转化等。

业务对接人主要是业务部门内支撑一线业务运营的相关岗位人员，包括职能部门的业务人员和营收部门的业务人员等。职能部门的业务人员一般不从事具体的业务工作，只负责为业务提供支持、制定流程、运营系统、解答问题和分析经营数据等；营收部门的业务人员主要负责促进客户活跃、客户转化、营收增长等运营工作。

10.3.3 运营重点

内部客户的特殊性决定了 B 端产品对内运营的工作内容与对外不同。从广义上来说，对内部客户运营遵循客户旅程，包括客户运营、数据运营、内容运营和活动内容等，它们涵盖的重点工作内容有以下 5 个方面。

1. 产品推广和迭代

集团型公司涉及众多的内部客户，由于人力、资源和其他各方面因素的限制，产品一开始不可能推广到所有的内部客户，一旦产品上线后，就要着手进行其他内部客户的获取和推广，以便更多的组织和用户使用产品，完成相关业务领域的一盘棋管理。

产品上线后，基于用户需求制定迭代版本计划进行产品迭代，为客户组织的业务持续赋能。迭代过程中，B 端产品经理主要面临着需求和问题两个方面的工作内容。

B端产品经理可以通过各种渠道收集需求,既可以直接从用户处获取一手需求,近距离接触和了解用户的实际业务场景,也可以从竞品或老板处获取需求。

已服务的内部客户,在使用系统过程中肯定会遇到各种各样的问题,B端产品经理或者业务对接人需要对问题进行解答,帮助用户完成业务操作,一般可以遵循"用户提问题→业务对接人解答→B端产品经理解决"的运营流程。终端用户反馈问题后,业务对接人第一时间响应和跟进,判定问题的类别。如果是操作问题,则业务对接人直接回复终端用户;如果是系统Bug等问题,则提交B端产品经理再次核实后,由开发人员进行修复。

2. 资料共享

产品在早期上线之前,以及产品的迭代过程中,相关的产品资料需要创作并共享给用户进行消费,资料包括但不限于产品说明书、产品案例手册、操作手册和FAQ等。共享的目标用户或客户,包括但不限于内部客户、外部合作伙伴、外部客户、供应商等。这些资料主要由产品经理、业务人员、运营人员共同协商完成,并发布在指定位置进行共享。

3. 活动推广

B端产品运营人员协助业务运营人员通过科技的手段,在产品上设计运营活动的落地页,对外部大B、小B客户或者C端客户进行活动推广,促进外部客户的留存、活跃和下单,助力营收的增长。比如，A 集团某业务线通过设计月结优惠券活动，分别促使大 B、小 B 客户积极复购，使得营收在一个周期内大增。

4. 客户经营

内部客户同科技公司虽然同属一个控股集团，但公司之间、部门之间天然存在部门壁垒和利益诉求不一致，B 端产品经理的团队和内部客户之间是合作共赢、求同存异的关系，因此必须经营与内部客户的关系。在内部客户的获取产品信息、使用产品、继续复购的过程中，B 端产品经理需找到客户的痛点，提供产品解决方案，经营双方之间的关系，做到具体项目的顺利落地和产品推广。

5. 数据分析

数据分析工作必不可少。通过对数据的挖掘和分析，我们能够发现问题、分析问题和解决问题，掌控整个业务情况、预测未来，最终驱动产品迭代升级和业务优化。更多数据运营相关的知识可参考第 11 章。

10.4 本章小结

本章主要阐述了 B 端产品运营的定义和内容，同时介绍了对内部客户如何运营。除此之外，还需要注意以下方面。

- ❑ 运营的定义并未有统一的说法，仁者见仁，智者见智。
- ❑ 不管面向内部还是外部客户，运营人员都需遵循 B 端产品运营内容，并做到灵活处理。

- ❏ 对内部客户，是否值得花费大力气运营，取决于组织的实际情况。
- ❏ 注意找到产品人员、运营人员、业务对接人之间高效协同的方法。
- ❏ 内部客户运营的重点工作内容可根据实际情况调整。

产品运营就犹如"养孩子"。不管是对内部客户，还是对外部客户，产品运营的核心都是促进产品和客户的关系，最终赋能客户。下一章进入数据运营阶段，帮助 B 端产品经理建立数据习惯、掌握数据分析的方法和技巧。

第 11 章 CHAPTER

数据运营：灯塔

大数据时代，数据总量以惊人的速度增长。不管是个人还是企业，都会有大量的数据产生，而这些数据记录着个体或组织的一举一动。通过对它们的分析，我们可以了解个体行为或组织的经营状况。

本章讲解 "4+X" 模型的可变事项 X_3——数据运营，主要从数据运营的定义和目的、数据分析的理论和方法、数据可视化、数据运营的框架 4 个方面，阐述如何进行数据分析和运营，最后围绕 A 集团 SRM 系统的订单金额进行数据分析。

11.1 数据运营的定义和目的

数据已然成为重要的"宝矿",B端产品经理养成数据意识是非常有必要的。通过对数据的分析和挖掘,找出问题并解决,从而实现产品优化和业务增值。

本节主要从定义和目的两个方面阐述数据运营的相关知识。

11.1.1 定义

数据运营由数据和运营两部分组成,理解数据运营需要把两部分结合起来。下面先对数据进行说明,再阐述数据运营的概念。

B端产品服务于企业客户,大多数的数据都是以结构化形式存在的,我们对这些数据要有一些基本的认知。一般的结构化数据会分为字段、字段类型、数据记录和表格4项内容,如图11-1所示。

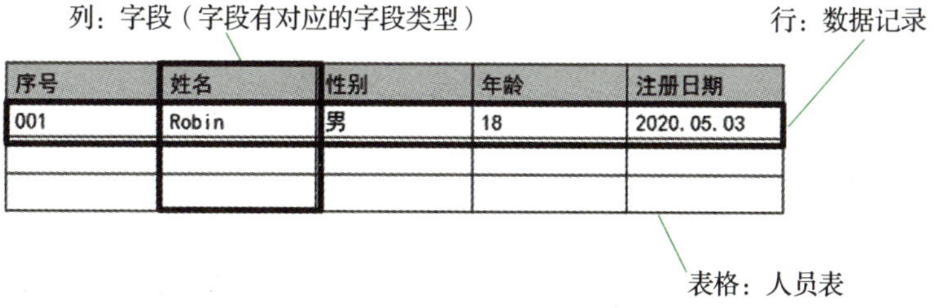

图 11-1 结构化数据示意图

- ❑ 列(字段):我们要弄清楚数据里的每一列(字段)的含义,如表格中的姓名、性别、年龄和注册日期。
- ❑ 字段类型:对列的字段所属的字段类型要能够区分出来,常见的字段类型有文本、数字和日期等。

- ❏ 行（数据记录），是事物某种特征的具体表现，如表格中"001、Robin、男、18、2020.05.03"代表的就是一条数据记录。
- ❏ 表格：是由字段、字段类型、数据记录构成的二维表格，二维表格中可以存储多条数据记录，从而形成大量的、不同的数据记录。

数据运营简单理解就是通过对大量的数据进行汇总、统计分析、理解和消化，然后以运营的手段最大化地发挥数据的价值，促进用户和产品的关系，驱动产品迭代升级和业务优化。比如，某电商网站通过建立用户流失预警模型，提前定义用户未回访周期超 X 天为临界点，后台定期抽取用户基本数据、行为数据和消费数据进行用户分类和价值判断，预警即将流失的用户，再对这些用户通过发送信息或优惠券等方式召回，促进用户和产品的关系，推动用户留存和活跃。

11.1.2 目的

数据运营的目的是把一堆相互独立的数据集中和提炼出来，总结研究对象的内在规律，辅助决策者进行判断和决策，包括现状统计、问题分析和数据应用。

- ❏ 现状统计：一般是描述性统计方法，采用可视化的形式统计业务现状，比如订单金额看板、合同看板等。
- ❏ 问题分析：一般利用逻辑思维、数据建模对具体问题具体分析，找出原因并提出解决方案，比如，分析电商平台成交量减少、分析客户的流失率变高等。
- ❏ 数据应用：利用高级数据分析技术、数据建模对一些相关性问题进行预警监控、未来预测，比如价格预测、价格预警、供应商诉讼风险预警等。

11.2 数据分析的理论模型和方法

理解了数据运营的概念之后，B端产品经理如果能掌握数据分析的理论模型和方法，将对数据的分析和应用大有裨益。

本节主要从理论模型和方法两个方面阐述如何进行数据分析。

11.2.1 数据分析理论模型

理论模型并不是高深复杂的算法，而是对现实世界分析问题思路的一种抽象。数据分析领域有很多理论模型，它们从分析的不同维度和角度给我们提供指导。常见的数据分析模型包括RFM模型、AARRR模型、漏斗模型、回归模型、5W2H模型、逻辑树模型和金字塔模型等，如图11-2所示。

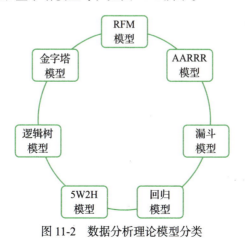

图11-2 数据分析理论模型分类

1. RFM 模型

RFM 模型是衡量客户价值的工具和手段。R 代表 Recency，最近一次消费时间间隔；F 代表 Frequency，消费频率；M 代表 Monetary，消费金额。这 3 个指标的特征如下。

- 最近一次消费时间间隔：指上一次消费到现在经过多长时间。时间越短，R 的值越小，用户价值就越高。
- 消费频率：在一段时间内，购买频率越高，F 的值越大，用户价值就越高。
- 消费金额：在一段时间内，消费金额越高，M 的值越大，用户价值就越高。

将上述 3 个指标进行组合，得到 8 个不同的客户价值类别，如表 11-1 所示。

表 11-1 根据 RFM 模型划分的 8 类客户价值

序号	客户分类	最近一次消费时间间隔	消费频率	消费金额
1	重要价值客户	高	高	高
2	重要发展客户	高	低	高
3	重要保持客户	低	高	高
4	重要挽留客户	低	低	高
5	一般价值客户	高	高	低
6	一般发展客户	高	低	低
7	一般保持客户	低	高	低
8	一般挽留客户	低	低	低

该模型可以将客户进行分类，以便对不同价值的客户使用不同的运营策略，把公司的资源价值发挥到最大，比如，根据模型对电商、物流、酒店等行业 VIP 会员的划分，对大 B、小 B 客户的战略分类等。

至于对这 3 个指标具体如何评估高低，各个企业可以根据实际业务灵活定义，一般可以采用评分法。比如，将最近一次消费时间间隔的值记为 R，将消费频率的值记为 F，将消费金额的值记为 M，对这 3 个指标的值按从小到大顺序依次打 1 分至 5 分。假设最近一次消费时间间隔大于 60 天打 1 分，30～60 天打 2 分，20～30 天打 3 分，10～20 天打 4 分，1～10 天打 5 分。对所有参与客户计算最近一次消费时间间隔 R 的平均值，然后对比每个客户的 R 值和参与客户的平均 R 值的大小，高于平均 R 值记为"高"，低于平均 R 值记为"低"，最终对每个客户的最近一次消费时间间隔进行比较。其他 F、M 的评估方法类似。

2. 漏斗模型

漏斗模型是指转化过程中访问用户或潜在用户变为最终购买用户的转化效率模型。比如，在某电商平台上一款商品的浏览量为 10 000、点击量为 6000、订单量为 3000、支付量为 2000，在用户浏览到最终购买支付的这一过程中，用户不断流失，呈现为漏斗模型，如图 11-3 所示。

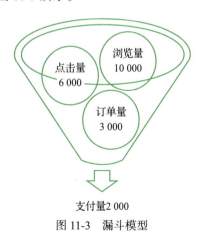

图 11-3　漏斗模型

环节的转化率可以衡量两个环节之间的转化情况，每个环节的转化率=本环节的用户数÷上一个环节的用户数。通过环节的转化率，分析用户主要流失在哪个环节，找到原因并进行解决。比如，订单支付环节的转化率=支付量÷订单量=2000÷3000≈66.7%。

通过整体的转换率，我们可以分析自身与竞争对手的差距，进行整体上的提升和优化。整体转化率=支付环节用户数÷浏览环节用户数。比如，用户浏览到购买的整体转化率=支付量÷浏览量=2000÷10 000=20%。

3. 回归模型

回归模型是一种建模技术，它对统计关系进行定量描述。通过研究因变量和自变量之间的关系，从而拟合线性回归模型。常见的回归模型有一元线性回归、二元线性回归以及多元线性回归模型，这里主要介绍一元线性回归模型。比如，对销量和用户量的预测模型，我们可以定义其一元线性函数 $y=ax+b$，其中 a 和 b 表示参数，x 是自变量，y 是因变量，如图 11-4 所示。

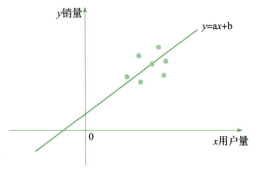

图 11-4　销量和用户量的线性回归

线性回归就是对 x、y 轴上不同用户量对应的销量所表现出来的散点进行拟合，找出最佳的 a、b 参数，拟合成一个一元线性函数，再依据一元线性函数的自变量 x 的变化，预测出因变量 y 的变化。对于预测的准确性和拟合后的一元线性函数相关性，通常依靠相关系数 r 来判定。相关系数的大小可以反映两种数据的相关程度，数值的正负可以反映两种数据之间的相关方向。

- 相关系数 $r>0$，表示正相关，一种数据的值越大，另一种数据的值会越大。
- 相关系数 $r<0$，表示负相关，一种数据的值越大，另一种数据的值会越小。

一般认为 r 在 0～0.3 时两变量是低度相关，r 在 0.3～0.6 时是中度相关，r 在 0.6～1 时是高度相关。具体 a、b 和 r 参数的计算，可参考相应的统计学公式或利用相关工具，这里就不再进行说明。

4. 逻辑树模型

逻辑树又称问题树或演绎树，从最高层开始进行问题拆解，逐步向下扩散，分层罗列，最终将复杂的问题拆解为子问题分别进行解决，如图 11-5 所示。

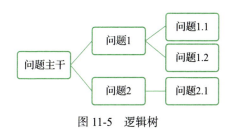

图 11-5　逻辑树

逻辑树模型通常在分析具体问题时使用，对解决问题起到重要作用。当然，我们也要看到，逻辑树虽然能够将复杂问题拆解为子问题，但有些问题之间的因果关系很难明确，这体现了事物之间系统性的一面。

11.2.2 数据分析方法

数据分析模型用于指导数据分析，是数据分析实践的抽象，数据分析方法包括对具体问题采取的分析维度、指标和方法。常见的数据分析方法有对比分析、综合分析、多维度分析、假设分析和分组分析等。

1. 对比分析

对比分析是我们将几个对象进行比较，使用对比分析时，需要明确跟谁比、比的维度、比的指标。

- 跟谁比：明确比较对象，比如跟自己比、跟行业比、跟基准值比。
- 比的维度：明确比较维度，比如按小组、人员、团队等。
- 比的指标：数量（总数、平均数、中位数）、金额、趋势（同比、环比）等。

比如，A团队的销售金额去年和今年的同比，A团队和B团队的销售金额今年每个月的对比，公司今年的销售金额同行业竞争对手的销售金额对比等。

2. 综合分析

综合分析是将多个指标整合成一个综合指标来进行评价。每个指标按重要性加权，我们依次对每个指标进行打分并乘以权重，最终汇总多个指标的权重得分作为综合评分。综合分析一般在需要多个指标共同评估一项事物时使用，比如支付宝的芝麻信用分。

3. 多维度分析

多维度分析是从多个维度观察数据，并相互验证，得出可靠的结论。实质是细分分析，主要有两个分析方向，一个是维度，比如品类维度、供应商维度、采购组维度等；另一个是指标，指标会进行细分，比如，将销售额拆解为新用户销售额与老用户销售额。细分的目的是发现问题，通常总值会掩盖局部的问题，而数据分析就要拆解指标来具体分析。比如，某公司今年营收 1200 亿元，去年只营收了 1000 亿元，只看营收额确实是增加了，具体是哪块业务的营收增长了呢？拆分指标后才发现，A 业务营收在去年和今年均是 500 亿元，基本没有增长，而 B 业务去年营收是 500 亿元，今年营收增至 700 亿元，增幅达 40%。这样看营收数据就有价值得多。

4. 假设分析

假设分析是假设问题的发生是由某一种情况触发的，继而对这种情况进行数据分析来判定是否成立。一般可以采用"提出问题→收集证据→得出结论"的步骤对每个假设进行验证。

- ❏ 提出问题：根据要解决的问题，提出假设。
- ❏ 收集证据：通过收集证据来证明该假设是否成立。
- ❏ 得出结论：这个结论不是主观猜测，而是根据找到的证据得出的。

比如，某电商网站 12 月的销售额减少，而销售额 = 客单价 × 用户下单数 = 客单价 ×（老用户下单数 + 新用户下单数）。根据销售额公式，我们可以先假设是新用户数减少导致销售额减少，然后围绕新用户减少的猜测收集新用户的漏斗转化率并进行分析，看新用户转化率是否降低，最后发现不是新用户减少导致销售额减少，就可以得出结论：并非新用户减少导致销售额减少。同理，我们再对其他可能的因素进行假设分析。

5. 分组分析

分组分析是按某个特征将数据分为不同的组，然后比较各组的数据。比如 A 学校与 B 学校，A 团队与 B 团队。通过不同组的对比分析，发现哪些组的效果好、哪些组的效果差，针对效果好的组或效果差的组进行原因分析，找出原因后，进行相应的优化和调整。比如，分析用户留存率时，可以按 1 月份的留存率、2 月份的留存率和 3 月份的留存率分别进行对比分析，发现问题和解决问题。

11.3 数据可视化

数据可视化主要关于数据以什么类型呈现出来，最终的分析结果以什么方式展示出来，以便用户更好地理解和分析数据。

本节主要从数据图表类型和数据结果展示两个方面阐述数据的可视化。

11.3.1 数据图表类型

数据处理和分析完，需要以某种方式呈现出来，常见的呈现方式包括图形和表格等。

1. 图形

不同的图形表达不同的内容,图形展示让数据表达更加形象,同时对颜色、字体、排版进行设计可以使内容重点更加突出。常见的图形包括柱形图、折线图、饼图、散点图、雷达图和组合图等,如图 11-6 所示。

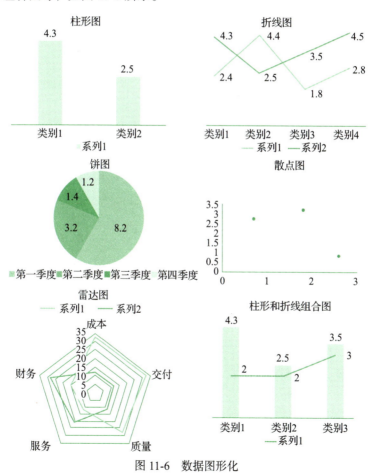

图 11-6 数据图形化

不同的图形在数据分析的过程中应用的场景也不相同，常见场景如下。

- 成分分析：用于表示整体的一部分，一般情况用饼图；多组数据对比，可以用柱形图等图形。
- 对比分析：用于数据之间比较，单个数据排序对比时可用柱形图。
- 趋势分析：展示数据之间的趋势，可用折线图；既要对比数据，又要看数据趋势，可用组合图。
- 分布分析：查看两组数据之间的分布关系时，可用散点图；4个以上的多重数据对比，可用雷达图。

2. 表格

表格主要是二维表格的形式，这种形式承载的数据量大、数据内容多，易于个性化、多维度地自定义分析方式。部分常用的Excel表格的功能如下。

- 突出显示单元格：利用大于、小于、等于、介于等规则，突出单元格的样式。
- 数据条：通过数据条显示单元格的值，直观展示不同行的数据值大小。
- 迷你图：选择同行中的一组数据，插入迷你图，展示这组数据的趋势。
- 新建规则：根据实际需要新建规则，如设定单元格的格式等。

11.3.2 数据结果展示

数据结果展示即将最终的数据结果展示给用户，包括数据展示平台和数据分析报告等形式。

1. 数据展示平台

数据展示平台主要是在系统的层面，根据用户诉求或常规数据指标对数据进行展示和应用，一般包括数据看板、自助数据分析平台、专题分析、日报/周报/月报等。

- 数据看板：前端以产品的形式呈现业务部门所需的看板，业务人员登录 Web 端即可查看一定周期内或实时的运营数据，这些数据基本以图形化展示，直观、可视化。但前端展示的图表形式基本是固定的，如果调整了维度或指标，则需重新定义图表。
- 自助数据分析平台：业务人员登录后能够对已生成的数据进行拖、拉、拽，生成自己所需的图表，这种方式的灵活性在于能够满足不同用户个性化的图表展示需求。
- 专题分析：将某一个项目或者某一类用户群体所关注的数据打包成一个专题，供这类用户群体使用，比如财务应收款主题分析、采购支出主题分析等。
- 日报/周报/月报：统计企业固定周期内运营产生的相关数据，比如每日、每周或每月，业务人员自行下载提取数据。

2. 数据分析报告

数据分析报告是运用数据分析的原理和方法，分析某个事物的现状、问题、原因、本质和规律，得出分析结论和提出解决方案的报告。它的主要作用如下。

- 展示分析结果：将数据分析结果、结论和建议展示给使用者，让他们能快速地理解数据背后的真相。

❏ 提供参考决策：数据分析报告具有时效性，所得出的结论与建议可作为决策者的参考依据。

数据分析报告包括标题、背景和目的、分析思路、数据分析、结论和建议等，其中，分析思路描述报告所采取的数据分析理论模型和数据分析方法，数据分析部分会得出结果，并以图形、表格的形式展示。其报告的目录样式如图 11-7 所示。

图 11-7 数据分析报告目录

11.4 数据运营的框架

通过数据驱动业务和产品，只理解数据运营的概念、掌握了数据分析方法还不够，B 端产品经理还必须掌握整套数据运营框架，养成看数据的习惯等。

本节主要从数据运营架构和数据分析 5 步法两个方面阐述数据运营的框架。

11.4.1 数据运营架构

企业中的数据在分析和应用之前，需要经过一系列操作和处理。数据从产生到应用，依次要经过数据源层、数据平台层和数据应用层，经过层层加工和处理，原始的海量数据转化为供业务部门使用的数据。比如，A集团的数据运营架构如图11-8所示。

数据源主要是各类业务系统的业务数据、日志数据、埋点数据和第三方数据源数据等，通过接口、ETL（抽取–转换–加载）、导入等各种方式抽取到数据仓库中。

数据平台主要包括数据仓库和数据建模。数据仓库一般分为ODS层、DW层和DM层数据。

- ODS层（原始数据层）：数据一般来源于业务系统。
- DW层（数据仓库层）：存储对ODS层的数据进行加工处理后的数据，一般用于搭建数据底表，方便后续数据分析使用。
- DM层（数据集市层）：数据来自DW层，为业务指标建立的数据集市，输出相关主题表，供数据分析查询和使用。

数据建模主要是通过对数据仓库的数据加工、建模、深度挖掘数据价值，搭建不同领域的数据分析主题，满足数据分析的目的。比如，搭建线性回归模型用于建立销量和用户量两个变量之间的相关性。

数据应用层是数据价值的出口。在对数据进行加工处理和建模后，用户可以在该层获得经营看板、自助分析平台、可视化看板、报表和预警监控等应用。大多数的业务部门用户都是在这个层面对数据进行查看和分析，辅助业务决策。

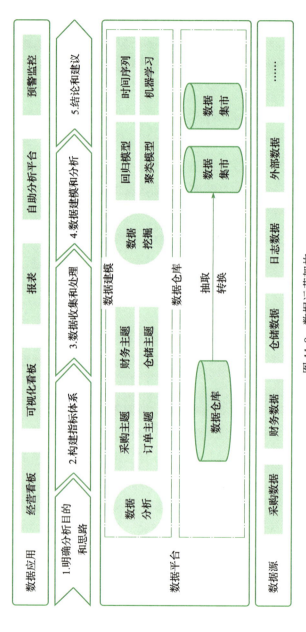

图 11-8 数据运营架构

11.4.2 数据分析 5 步法

数据分析的步骤不是杂乱无章的,而是井然有序的。掌握数据分析 5 步法,我们可以更好地理清数据分析思路。数据分析 5 步法由 5 个相互独立又互相联系的阶段组成,包括明确分析目的和思路、构建指标体系、数据收集和处理、数据建模和分析、结论和建议,如图 11-9 所示。

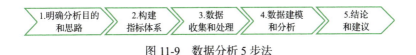

图 11-9 数据分析 5 步法

1. 明确分析目的和思路

明确数据分析的目的是首要的,也是重要的。基于目的寻找对应的解决方案,往往能够达到事半功倍的效果。数据分析的目的主要包括现状统计、问题分析、数据预测和预警应用等。比如,汇总统计不同维度的招投标数量和金额,并进行同比和环比;基于成本模型的明细项成本的变动情况,预估当前商品的价格等。

明确了目的,接下来就要思考如何对散乱的信息进行有条理的整理和分析,明确分析维度、指标、逻辑先后顺序,最终得出相应的分析结果。数据分析理论模型作为数据分析实践的抽象,可以很好地指导数据分析的过程,具体选择什么模型要依据数据分析的目的来定。比如,漏斗模型可以用来分析用户购买的转化率;RFM 模型可以按照价值进行客户分类。

2. 构建指标体系

数据指标体系是从不同维度、不同指标来描述和评估一项业务，下面进行具体说明。

指标是用某个统一标准去衡量业务，比如，某月订单总金额、订单数量。常见的指标主要来源于业务数据、行为数据和客户/用户数据等。

- ❏ 业务数据：记录了用户的业务执行情况，包括订单数量、订单总金额、合同金额、合同数量等。
- ❏ 行为数据：记录了用户做过什么，例如用户注册、登录、新增、修改、删除、查看、导出、导入等。
- ❏ 客户/用户数据：分别记录了客户和用户的新增、留存、活跃、转化等数据。

维度是从不同视角去衡量业务。比如，对于某跨境电商公司不同平台的订单量，平台就是一个维度；对于童装类和女装类的订单金额，童装和女装就是一个维度。

基于数据分析的目的和实际业务，将不同维度和不同指标组合起来描述和评估某一项业务，形成指标体系。比如，对A集团招投标数量和金额的分析，我们梳理了维度和指标，形成了相应的指标体系，如表11-2所示。

表11-2 A集团招投标指标体系

模块	指标名称	指标定义	数据源	维度	指标	指标计算公式	周期
招投标	招投标统计	统计数量、金额的同比和环比	SRM	招标方式、状态、小组、品类	数量、金额、占比、同比、环比	数量：汇总最近4个月项目数 金额：汇总最近4个月项目金额 占比：当前维度金额÷总金额	月

3. 数据收集和处理

可以基于数据分析的目的、指标体系，从不同渠道获得数据，可能是一手数据或二手数据。一般企业数据来源包括企业内部的业务系统数据、日志数据、埋点数据和外部第三方的数据（包括互联网上的数据、市场调查数据等）。

- 企业内部的业务系统数据、日志数据、埋点数据一般通过系统之间抽数，实现数据源表的搭建，比如业务系统数据同步到 ODS 数据仓库。
- 对于外部第三方的数据，比如互联网上的数据可以用爬虫的方法爬取，市场调查的数据可以选择线下导入的方式等。

各个渠道来源的数据可能是杂乱无章的，这个时候需要具备足够的耐心和细心，对数据进行清理和加工。

数据清理就是将多余的源数据筛选、清除，将缺失的数据补充完整，将错误的数据纠正或清除，一般可采用 Excel、SQL、Python、Hive 等工具或语言。这个环节需要对源数据进行多轮数据检查，数据分析人员需要具备数据检查技巧和相应的业务知识，业务、产品等相关人员均会参与数据检查。

数据加工是指对已完成清洗的源数据，按业务主题进行多表合并和简单的加工计算，形成数据分析的底表，将来基于底表再搭建各项指标分析表、报表和主题分析表等。数据加工的过程需要将底表的数据同多张源表的数据进行对比和测试，这里可以抽样对比两边数据的一致性，或全量对比两边数据的一致性。一般考虑数据准确性的要求，我们都会全量对比两边数据，判断搭建后的数据底表是否准确。

4. 数据建模和分析

基于数据分析的目的,指标体系有时候会涉及复杂的数据计算和模型,这就要求做好数据建模和数据分析工作。

数据建模是通过搭建数据模型的方式来描述数据之间的逻辑关系。通常数据建模会涉及复杂的统计学知识、数学公式、机器学习理论等,这就需要我们根据实际的分析目的选取相应的数据模型。比如,分析销量和用户量的相关性,就需要依据一元线性回归函数的理论知识进行数据建模。

数据分析是指将具体的业务或问题依据指标体系梳理出不同维度和指标,选择相应的数据分析方法进行对比分析。常见的数据分析目的和方法的选择策略如表 11-3 所示。

表 11-3 数据分析目的和方法的选择策略

数据分析目的	基本思路	数据分析方法
现状统计	对比	对比分析 综合分析
问题分析	细分问题	多维度分析 假设分析 分组分析
数据预测和应用	预测和应用	回归分析 时间序列 决策树

比如,针对 A 集团的招投标指标体系,我们选择对比分析法,将不同维度的招投标数量、金额按月进行同比和环比分析。其中,所有招标方式的招投标数量的同比、环比数据现状统计如

图 11-10 所示。

图 11-10　招投标数量同比和环比现状

5. 结论和建议

经过了数据建模和分析,我们已经能够得出具体的业务现象或问题的相关结论。基于相关结论,我们给出进一步的建议和措施,以便更好地应用结果。

比如,通过对 A 集团的所有招标方式的招投标数量现状进行统计分析,我们发现 2 月份招投标数量的同比增长率达到 40%,这个比例是否有问题?我们可以基于历史同比数据进一步分析。如果前几年较稳定,2021 年才发生较大波动,那么就可分析集团战略是否发生了变化。经过对几方面原因的分析,最终找出原因:集团的招投标策略变化,2021 年开始提前招标,才导致数据的差异性。我们通过这种数据分析了解业务现状。只有发现了问题才会进一步分析和给出具体建议,我们以问题分析和数据预测为目的进行数据分析,就需要针对具体问题或预测的结果给出相应的结论和建议。

11.5 案例：对 A 集团 SRM 系统的订单金额进行数据分析

接下来围绕 A 集团的订单金额采取数据分析 5 步法进行现状统计。

1. 明确分析目的和思路

通过统计不同维度订单金额的同比、环比和趋势等，从中发现问题、机会、风险，再采取相应的策略措施。

2. 构建指标体系

通过调研和分析，我们知道要统计不同维度的订单金额及其占比、同比和环比，包括集团级、小组、供应商、品类、集采、分采等维度，同时还需要针对行业中排名前 12 位的供应商分析其同比和环比的订单金额，最终形成订单金额指标体系，如表 11-4 所示。

表 11-4 A 集团订单金额指标体系

模块	指标名称	指标定义	数据源	维度	指标	指标计算公式	周期
订单管理	订单金额统计	统计订单金额、同比、环比、占比	SRM	小组、集团、供应商、品类、集采、分采、前12位供应商	金额、占比、同比、环比	金额：汇总最近 5 年项目金额；占比：集采金额 ÷ 当前维度总金额；分采金额 ÷ 当前维度总金额	月、年

3. 数据收集和处理

基于订单金额的指标体系，可梳理出订单金额的数据来源于 SRM 系统，可通过 ETL 抽数的方式将大量订单金额数据抽取到 ODS 数据仓库，同时对订单数据排除重复项、填补缺失数据等，最终完成订单金额数据的底表搭建。

4. 数据建模和分析

计算订单金额的指标数据，得出相应维度的指标数据结果。这里统计了最近 12 个月的所有订单金额同比、环比，以及集采/分采订单金额分别占总金额的比例，如图 11-11 所示。

按照前 12 位供应商的订单金额，我们汇总其本年度和上年度的订单金额同比、每个供应商订单金额占前 12 位供应商订单金额的比例、前 12 位供应商订单金额占总订单金额比例，以及新入围供应商的数量，如图 11-12 所示。

5. 结论和建议

通过数据分析，我们可以找出占比金额较大的供应商，并明确供应商金额同比情况，以帮助 A 集团对供应商合作关系进行定位，有助于分析供应商金额异常等情况，以便在与供应商的后续合作中防范风险。

| B端产品方法论 |

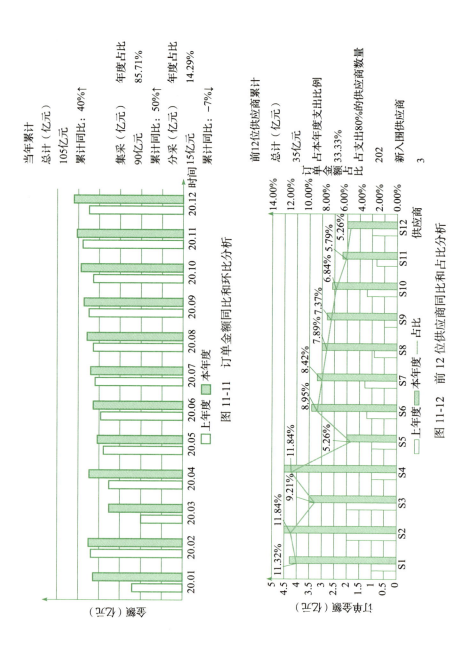

图 11-11 订单金额同比和环比分析

图 11-12 前 12 位供应商同比和占比分析

11.6 本章小结

本章主要阐述数据运营相关知识、数据分析理论模型和方法、数据可视化以及数据分析 5 步法。除了上述内容外，我们还需要注意以下方面。

- ❑ 数据分析过程中重要的是思维，方法和工具只是手段。
- ❑ 明确数据分析的目的，围绕目的搭建指标体系，再分析数据。
- ❑ 数据分析理论模型是战略指导，数据分析方法是战术落地。
- ❑ B 端产品经理要具备业务思维、流程思维和指标思维。
- ❑ 要注意从业务出发，找出真实有效的数据驱动业务优化。
- ❑ 根据实际分析目的和情况，可相应调整数据分析 5 步法。

数据的重要性不言而喻，B 端产品经理要养成数据思维，通过数据分析发现问题，从而驱动业务增长和产品迭代。接下来介绍 B 端产品设计的法宝，帮助 B 端产品经理更好地理解业务、分析需求和设计产品。

第 12 章 CHAPTER

B 端产品设计的 3 个法宝

B 端产品设计不同于 C 端产品设计,它有自身的特性:强逻辑、重业务、多角色、多场景。这就要求 B 端产品经理是一个复合型人才,掌握各种技能,能够快速融入业务、理解需求和分析需求,最终设计出符合业务场景的功能。

本章阐述 B 端产品设计的 3 个法宝,帮助 B 端产品经理更好地设计产品,当然,实际产品设计的法宝不限于此。

12.1 法宝一:快速上手企业业务

B 端产品的一大特点就是跟业务强相关。不懂业务的产品经理在面对业务部门时,常常会觉得不够自信,担心给出的解决方案不是业务部门想要的,甚至会在某些场合被业务人员质疑,最终沦为业务部门和开发部门之间的传话筒,无法获得成就感和价值感。

本节主要针对上述问题,阐述 B 端产品经理如何快速上手企业业务。

12.1.1 企业业务的定义

熟悉企业业务的前提是理解业务。下面分别介绍业务和企业业务的定义。

业务是指个人或组织为完成某项具体工作所经历的一系列事项的总和。这个定义比较抽象,简单说业务就是为了达到目标所做的一系列事项的总和。比如,个人经营公司涉及人员招聘、产品销售、客户开拓等一系列业务。

企业业务是企业为维持经营和发展所从事的一系列事项的总和。我们可以将企业业务经营的工作事项按照迈克尔·波特价值链模型,分为营销管理、采购与库存管理、生产与质量管理、人力资源管理、财务管理、物流配送等,如图 12-1 所示。

图 12-1 企业业务通用分类

不管具体行业、具体企业是怎样的，以及企业的运营模式如何创新、变革、颠覆，企业业务经营的底层逻辑都是：利润 = 收益 – 成本。抓住核心内容，保持思维开放，对各个行业及业务场景，都可以按照企业业务通用分类进行划分，以此来快速理解企业业务。比如，跨境电商行业主要是将商品提前采购入库，并进行仓库管理，同时利用线上平台店铺运营或自营商城平台运营的方式进行营销推广、商品销售，最终商品由第三方物流或自建物流配送到用户手中。

12.1.2 如何快速了解企业业务

不同行业、不同企业的业务运营模式都会存在差异，当我们新接触一个行业或公司时，如何快速地了解这个行业或公司的业务运营模式呢？这里有一套快速了解业务的框架，主要从宏观和微观两个层面以及行业、公司、业务部门和业务领域4个方面展开，它们之间的关系如图 12-2 所示。

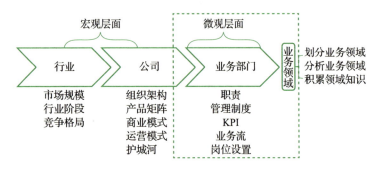

图 12-2　快速了解企业业务的框架

1. 宏观层面

宏观层面是以较粗的粒度去了解一家企业的经营情况和面临的市场环境，包括行业和公司两个方面。

（1）行业

当进入一个行业，或者定位目标行业时，我们可以分两步走，第一步是行业划分，第二步是行业分析。

行业划分的标准很多，可以参考国家划分标准。列举一些常见的行业如下。

- 传统工业品：建筑材料、机械设备、电子、交通运输等。
- 传统消费品：汽车、家电、消费电子、零售等。
- 服务行业：旅游、餐饮、教育、互联网、软件等。
- 金融行业：银行、保险等。
- 房地产：住宅、商业、旅游地产等。

面对目标行业时，我们可以从行业的市场规模、行业所处的阶段，以及行业的竞争格局3个方面进行分析。

- 市场规模：简单来说，市场规模=单价×数量，当然不同行业的商业模式、供给结构不同，单价和数量的确定规则也不同。比如，汽车行业已经发展得比较成熟了，它的市场规模取决于有多少愿意买车的人和他们的支付能力，而不是制造商制造了多少台车。
- 行业阶段：行业发展阶段分为萌芽期、成长期、成熟期和衰退期，阶段不同，企业的经营策略和增长点也会不同，我们要知道行业所处的阶段，知道未来还有多远的路要走，当前核心关注点在哪里。

- 竞争格局：结合市场规模和行业阶段，搞清楚这个行业的竞争格局，知道市场的蛋糕是怎么分的，谁是头部企业、谁在中间、谁落后了，我们能为客户提供什么样的服务。

（2）公司

了解完行业后，就可以从公司方面进行分析。具体可以从这个公司的组织架构、产品矩阵、商业模式、运营模式和护城河5个方面入手。

- 组织架构：了解企业的组织架构和职责分工有助于了解企业整体的运作模式，常用的获取组织架构信息的方法包括企业内部通信工具或HR系统。
- 产品矩阵：找出公司拥有的产品矩阵，常用的方法主要是波士顿产品矩阵模型，分为明星型产品、问题型产品、瘦狗型产品、金牛型产品。
- 商业模式：了解公司提供的主要产品和服务；其收入增长点和主要成本支出在哪里；在产品同质化竞争的环境下，公司的商业模式具备何种优势。
- 运营模式：为了达到商业目标，公司是如何运作的，采取的是直营还是加盟的方式？公司对运营工作的控制力度怎么样？
- 护城河：护城河指一家公司的核心竞争力，它包括无形资产（比如专利）、规模效用、用户的忠诚度、低成本及高利润率等。

2. 微观层面

微观层面是深入企业内的业务部门和业务领域，了解其组织架构以及业务运营工作。

（1）业务部门

深入到业务部门后，我们可以采取业务调研、轮岗等各种方法了解业务部门的具体业务运营工作。我们可以重点关注职责、管理制度、KPI、业务流和岗位设置等，通过这些了解业务部门考核标准、工作流程和岗位职责等。

- ❑ 职责：了解公司的整体组织架构、各业务组织部门的职责、各业务组织部门在公司的定位、各业务组织部门在公司业务运营中所处环节等。
- ❑ 管理制度：了解公司的管理制度体系、管理制度执行落地效果，以及管理制度的完善性等。
- ❑ KPI：KPI决定了业务组织部门要完成的目标，是业务组织部门的考核标准，比如，销售部门的KPI是营收增长，采购部门的KPI是保供、降本等。
- ❑ 业务流：了解和熟悉业务组织部门的整个工作业务流是如何运转的，从哪里开始、到哪里结束，中间是怎么流转的，输入什么，输出什么，清晰地梳理出主线业务流程和支线业务流程，通过Visio等工具可视化呈现。
- ❑ 岗位设置：了解业务组织部门的岗位设置和岗位职责，这些岗位设置和岗位职责都服务于业务组织部门共同的目标。在业务组织部门的工作业务流中，这些岗位相互协同完成工作。

（2）业务领域

熟悉了业务组织部门的工作事项和岗位职责，接下来对公司或部门所属的业务领域进行划分、分析，并且积累领域知识。

划分业务领域通常可以采用价值链法。前文提到，价值链上各个环节的纵向活动集合就是对应的业务领域，而执行活动的组织就是对应的部门。

划分完业务领域，我们可以从如下 3 个方面对其进行分析。

- ❑ 明确业务部门：明确业务领域的企业层级、角色和价值，以及涉及的业务部门。比如，电商公司的采购领域在企业的定位、角色和价值是什么，其对应的业务部门主要是采购部门。
- ❑ 洞察岗位和职责：洞察业务领域所涉及的业务部门岗位和职责，比如，采购领域涉及采购部门中的采购员岗位，该岗位的职责是需求和招投标管理等。
- ❑ 分析业务流程：对业务领域内涉及的业务流程进行识别、收集，评估业务运营的效率、问题和协同性等，以便提出更好的解决方案。

B 端产品经理在熟悉一家公司的业务时，通过这套快速了解业务的框架能够在一定程度上了解业务，而每个公司的业务又会有差异，因此，也需要从多个方面来积累业务领域的知识，具体可以通过参与业务部门实习或轮岗，参与业务部门的 IT 项目，调研其他行业该业务领域情况等方式来积累相关的知识。

12.2　法宝二：4 步破解一句话需求

B 端产品服务的客户群体不同，用户群体的水平也就不相同，他们表达和沟通业务的能力也就千差万别，这让 B 端产品经理不得不常常面对"一句话需求"。

本节主要从一句话需求产生的 3 个缘由和 4 步破解一句话需求两个方面阐述如何应对一句话需求。

12.2.1 一句话需求产生的 3 个缘由

日常的需求收集和沟通中经常会碰到一句话需求,这种情况产生一般有 3 个缘由,分别是自上而下提出的需求、新业务或变革业务产生的需求、用户表述习惯导致,如图 12-3 所示。

图 12-3　一句话需求产生的 3 个缘由

自上而下提出的需求主要是老板、高层、部分的管理者的需求,他们站在更高的角度提出需求,这些需求往往是战略性的,需要下面的人逐步拆解和细化才能具体落地。B 端产品经理面对这样的需求,有时候不能直接对话高层领导,只能从所服务业务领域相关人员入手,这有可能造成需求理解偏差。

当公司开拓新的业务或现有业务发生剧烈的变革时,业务部门及业务人员对未来业务方向不确定,再加上现有组织缺乏相关经验的人才,其需求存在模棱两可的情况。在这种情况下,输出明确的业务规则和需求基本上很困难,只能在一定合理条件下进行尝试,这就很考验 B 端产品经理对业务的理解和把控能力。

企业客户的用户群体一般有本职工作要做,不同岗位的用户有其固有的工作模式和技能,比如,财务、采购、销售、仓储岗位人员的工作技能和思维模式就存在差异。他们在表述需求时往往从自身的角度出发,B 端产品经理在听完他们的表述后觉得该需求是"一句话需求",这就要求产品经理在需求沟通过程中懂得和掌握引导的技巧,获取自己想要的信息。

12.2.2 破解一句话需求的步骤

了解了"一句话需求"产生的原因,接下来就要思考如何应对这种情况。破解一句话需求主要有 4 步,如图 12-4 所示。

图 12-4 4 步破解一句话需求

接到一句话需求时,先明确需求所属的业务领域,涉及哪些业务方。这有助于我们从整体上了解涉及需求的部门、团队,预判需求沟通的复杂度、资源协调的难易度等。比如,A 集团的采购方提出一个预付款申请的需求,具体付款申请规则、审核流程和逻辑跟原来一样,这个时候产品经理如果直接同采购员沟通细节,非但不能搞清楚需求,还有可能把很多细节遗漏,造成最后的付款风险。此时,应当先同采购方明确预付款申请涉及的需求相关方,预付款申请的需求明显跟财务密切相关,相关的预付申请规则、逻辑和审批应当是财务方比较明确,我们需要同采购方了解付款诉求,同财务方人员了解具体的付款规则等。

明确了需求相关方,就可以引导业务方描述现状是什么,主要包括需求现状、业务流程、相关单据、文件等。

通过提问引导业务方描述业务现状,采用业务语言描述并记录用户真实的表述,多问开放性问题,尽量让用户说。对于一些高层领导的需求,可以从高层领导下属的多个业务部分去了解需求的真实情况。若有访谈高层领导的需要,最好提前做好准备,预约时间,一次性了解所需的信息。

收集和绘制现状业务的流程,明确相关的核心角色、活动、流程分支、输入、输出,同时将主要的管控点、业务规则、异常的情况记录下来,完成这个工作基本就了解了整个业务流程以及主要的管控点和异常点。

收集业务流程各个环节的流转表单、文件等,以便明确流程中流转的数据实体是什么格式,便于将来进行表单单据设计。这些文件也能进一步帮助B端产品经理熟悉整个业务的流转过程和数据信息。

了解和收集在整个业务流程中业务方各个角色在所负责的工作中遇到了哪些困难或挑战,现在他们是如何解决这些问题的,这些问题是否有共性,解决的方法是否可以复用,这时B端产品经理就可以基于用户的问题,去构思产品能够帮助他们做什么以及如何做会更好。

了解完业务现状,以及业务过程中遇到的困难或挑战,接下来就可以收集和了解用户的期望及目标，分析用户期望和现状之间的差距，从而构思产品解决方案。产品解决方案是满足用户期望需求，还是超越用户魅力需求？这需要 B 端产品经理平衡产品方案成本和客户价值。

12.3　法宝三：UML 可视化需求

B 端产品往往涉及复杂的业务流程和需求，单靠简单的人脑分析已经无法应对了，需求建模就可以帮助 B 端产品经理按照实际情况对需求进行可视化建模，简化和厘清思路。

本节主要从认识 UML、UML 常用图两个方面阐述 UML 可视化需求的方法。最后，对 A 集团的合同管理模块采用 UML 进行需求可视化。

12.3.1　认识 UML

UML 是什么？我们可以从 UML 定义和 UML 体系两个方面来认识 UML。

UML 是 Grady Booch、James Rumbaugh 和 Ivar Jacobson 三人一起完成的"统一建模语言"，它是一种面向对象的建模语言，是需求分析的建模工具，可以描述软件从需求分析到实现和测试的全过程。经过多年的发展，UML 逐渐形成了一套体系。

UML 体系主要包括视图、图、模型元素和通用机制 4 个部分。视图一般包括用例视图、逻辑视图、并发视图、组件视图和配置视图；图一般包括用例图、类图、对象图、协作图、时序图、状态图、活动图、组件图和配置图等；模型元素主要是事物与事物之间的关系，事物一般是指类、接口、对象、消息等，关系一般包括关联关系、依赖关系、泛化关系、实现关系和聚合关系等；通用机制主要是一些额外的注释和修饰等。上述 UML 体系如图 12-5 所示。

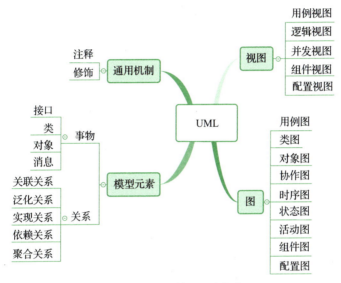

图 12-5　UML 体系组成部分

12.3.2　UML 中的图

UML 常用到的部分主要是事物、关系和图。在设计 B 端产品的过程中，B 端产品经理常用的 UML 中的图主要包括用例图、类图、时序图、状态图、活动图等，这些图能够帮助产品经理在需求分析阶段，从用户的视角将需求可视化，找到其中的对象、活动、状态、顺序关系，从而将其转化为产品功能需求。其中用例图、类图在第 6 章中已介绍过，下面主要介绍其他图。

1. 时序图

时序图描述了多个对象之间的动态协作，显示对象之间发送消息的时间顺序，包括对象、生命线、激活和消息 4 个元素。

对象表示时序图中的对象在交互中所扮演的角色，对象的符号是使用矩形将对象名称包含起来，并且对象名称下有下划线，如图 12-6 所示。

生命线是一条垂直的虚线，表示时序图中对象的存在，它从对象底部一直延伸到时序图的底部，将对象和生命线结合一起形成对象生命线，如图 12-7 所示。

图 12-6　对象　　　　图 12-7　对象生命线

对象已激活代表对象处于执行操作的状态。相反，未激活表示对象空闲状态。对象激活可以将生命线拓宽为矩形，如图 12-8 所示。

消息是交互中交换信息的类，用于在实体间传递信息，包括同步消息、异步消息等，消息的表示一般使用箭头，如图 12-9 所示。

将 4 个元素灵活组合形成时序图，比如 A 集团 SRM 系统的需求管理时序图，如图 12-10 所示。

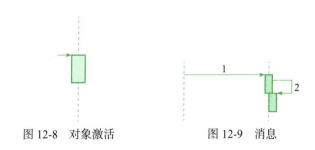

图 12-8 对象激活　　图 12-9 消息

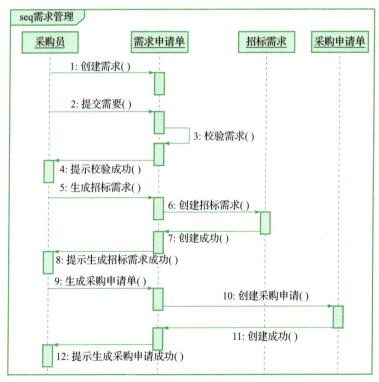

图 12-10 时序图

2. 状态图

状态图是描述一个特定对象基于事件反应的动态行为，显示了所有可能状态以及状态间的转移,并给出了状态变化的起点和终点。它包括状态、转换、事件、活动和动作 5 个部分,下面分别简要说明。

- 状态:表示对象在生命周期中的状况。
- 转换:表示两个状态之间的联系,事件可以触发状态的转换。
- 事件:表述触发状态转换的动作或事件。
- 活动:表示状态图中的活动。
- 动作:表示一个可执行的原子计算,导致状态变更。

UML 中,状态图是由一个初始状态(实心圆)开始,到终止状态(半实心圆)结束,中间其他的状态用圆角矩形表示,转换用箭头表示,事件用写在箭头上的文字表示。A 集团的需求申请单的状态图如 12-11 所示。

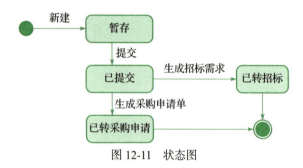

图 12-11 状态图

3. 活动图

活动图是描述系统中从一个活动到另一个活动的工作流程和并发行为,展示了参与类的各种活动的顺序。如图 12-12 所示,UML 中活动图包括活动状态、转移、分支和合并、分叉和汇总、开始和结束以及泳道等部分。

图 12-12 活动图

- 活动状态：表示工作流过程中命令的执行或活动的进行状态，当活动完成后，执行流程转入下一个活动，活动状态一般是用圆角矩形表示。
- 转移：主要表示活动之间的转移，转移不断重复执行，直到碰到分支或终止状态，转移一般用箭头表示。
- 分支和合并：描述对象在不同判断结果下执行不同的动作，分支是一个输入和多个输出的转换，合并是多个输入和一个输出的转换，分支和合并一般用空心菱形表示。
- 分叉和汇总：描述并发的控制流，分叉是把一个控制流分解成两个或多个并发的控制流，汇总是把两个或多个控制流合在一起，分叉和汇总一般用水平粗线表示。
- 开始和结束：开始和结束是活动图的起点和终点，一般用实心圆和半实心圆表示。
- 泳道：将活动图的活动状态分组，每个分组对应一个业务部门或组织，即泳道。

12.3.3　案例：合同拟制功能 UML 可视化

掌握了 UML，接下来围绕 A 集团系统中的，的合同拟制功能，采用 UML 建模进行需求可视化。其中，合同拟制的用例图、类图在第 6 章已给出，下面主要是时序图、状态图和活动图的可视化。

将合同拟制单中业务对象的时间交互描绘为时序图，如图 12-13 所示。

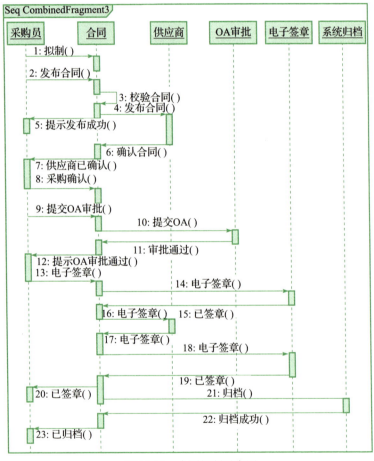

图 12-13　合同拟制时序图

将合同拟制单对象的状态梳理成状态图，如图 12-14 所示。

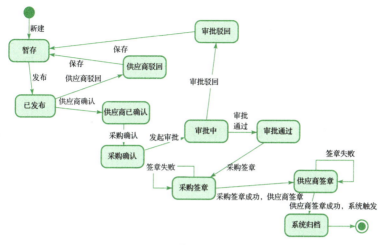

图 12-14 合同拟制状态图

将合同拟制单对象的活动状态梳理成活动图,如图 12-15 所示。

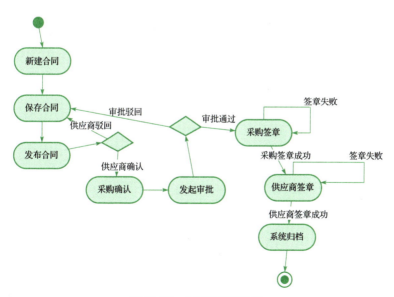

图 12-15 合同拟制活动图

12.4 本章小结

本章主要阐述 B 端产品设计的 3 个法宝,除了本章提供的法宝外,B 端产品设计还有其他法宝,这里不再阐述。但我们还是有一些需要注意的事项如下。

- ❑ B 端产品经理懂业务是很有必要的,比业务方还理解业务的产品经理大有人在。
- ❑ 所谓的设计法宝,除了工具之外,更重要的是解决问题的思路,比如从上到下的金字塔形结构化思维、现状→问题→原因→方案的步骤思路等。
- ❑ UML 建模技术可以让更多文字描述呈现为图的形式,更直观、更易于理解。

B 端产品设计法宝数不胜数,需要各位 B 端产品经理日常总结和归纳,养成好的思维习惯,逐渐掌握这些方法和技能,从而复用和迁移这些方法、技能。接下来讲解 B 端产品设计的常见陷阱。

第 13 章 CHAPTER

B 端产品设计的陷阱

周期长、业务逻辑复杂、用户群体特殊、客户差异性、多部门、多岗位等特点,注定让 B 端产品的设计过程充满曲折,稍有不慎就有可能偏离原来的目标。

本章分别从 B 端产品设计和产品经理思维两个方面来阐述 B 端产品设计过程中的陷阱,帮助我们更好地规避这些陷阱。

13.1 产品设计上的陷阱

B 端产品设计不同于 C 端产品设计,B 端产品的特点决定了 B 端产品设计过程存在很多陷阱。

本节主要从功能、信息架构、技术、用户体验、领域模型和权限6个方面阐述B端产品设计容易掉的陷阱。

1. 功能过度设计，用户不用

产品明明功能很强大、支持各种场景的自定义配置，为什么用户就是不用？这是典型的功能过度设计，用户理解起来很费劲，用不明白。B端产品经理在接收到需求后，为了适应尽可能多的业务场景，在设计B端产品时可能会想要功能要尽可能多，尽量满足各种可能的场景，为此不断地进行产品配置化和灵活化的调整，掉进了陷阱里。

比如，设计一个用于供应商注册的调查问卷功能，了解供应商的一些基本信息、供货情况、客户情况、产品情况等，本来让供应商填写一份问卷，供应商只需录入结构化信息即可。B端产品经理为了适应不同供应商、不同品类的差异，将整份问卷的题目设计成了配置清单，通过配置生成调研问卷。这种配置化的功能设计方式让整个调研问卷的制作成本和工作量均增大了，而实际带来的价值微乎其微。从整个方案来看，整套功能确实相对完美，能够满足供应商问卷调研的多样化需求，而且很多都是通过功能配置来实现的，但实际上用户基本不会用。通过与采购员的调研和沟通，我们发现这个看似更完美的功能太复杂和麻烦，实际用途不大。

要想规避这种功能过度设计的陷阱，B端产品经理就要从真实的用户中来，到真实的用户中去，深入一线业务掌握真实的用户需求，同时提升自身的业务相关知识，积累实践经验。

2. 忽略信息架构，功能堆砌

分析完需求，马上就开始画原型图，没有梳理清楚信息的脉络、用户的特征以及用户对信息的诉求，导致系统的导航分类混乱，页面信息流缺乏优先级，以及从功能视角而非业务视角出发堆砌功能。比如某公司的 SRM 系统导航分类，如图 13-1 所示。

图 13-1　系统导航分类混乱

信息架构的核心是给用户提供必要的资源，帮助他们找到想要的信息，完成他们的目标。合理规划信息空间，让信息从混乱到有序，提高信息的利用率，不仅可以帮助信息使用者，还能让信息提供者更好地管理信息。B 端产品经理不要忽略信息架构，而应当坚持以用户为中心，从用户、信息的角度分析产品的导航设计以及页面的信息流。

3. 追求未成熟的技术

B 端产品设计过程中，为了体现产品的智能化和功能强大，突出产品的核心亮点和差异化定位，积极地引入新技术，但未充分考虑和评估新技术可能存在的风险，直接将新技术应用到功能里，导致功能出现异常或者无法使用。比如，某公司的电子合同系统为了能够实现合同在线编辑、批注、变量替换和留痕等，引入了一个第三方插件，结果打开电子合同编辑时，页面加载非常缓慢，常常出现卡顿的现象，而且还要在指定版本的 IE 浏览器上使用，并且要求电脑的软硬件配置不低于特定的标准。总之，电子合同系统并未因该插件的引入而提升效率。

B端产品经理在产品中引入新技术时,要充分做好评估和技术预演。前期可以做一个简单的Demo,通过Demo的效果评估真实的环境下功能可能呈现的效果和出现的问题,提前将未成熟的技术排除在方案之外,而不是过度追求新技术的应用。

4. 过分追求用户体验,忽略功能设计

B端产品设计过程中,过分追求字体、图标、图片、页面排版以及像素等细节,而忽略了功能的闭环设计。这样做虽然提升了用户的体验,但B端产品同C端产品不同,对于B端产品来说,在用户体验与产品功能闭环之间,显然通过产品功能实现闭环来满足业务目标会更重要一些。B端产品不是不需要用户体验,但不一定要像C端产品一样追求极致的用户体验,而应更关注产品是否满足业务诉求。B端产品经理要在用户体验和产品功能之间取得平衡。

5. 领域模型设计不足

领域模型的设计关乎整个产品功能的设计和数据库表的设计,一开始就要考虑好各个数据实体之间的关系,一旦上线使用后再调整,成本就比较高了,还会影响现有的用户使用情况。比如,某公司设计供应商绩效单考核时,设计成一个绩效单只能考核一个供应商和一个品类的逻辑,当真正交付给用户使用时,才发现真实的业务场景是采购方需要在一个绩效单里同时考核多个供应商和多个品类。按照原来的设计方式,客户考核供应商时需要创建多张绩效考核单,造成工作量翻倍。此时,功能已上线,再考虑调整模型就要付出较大的改动成本。供应商绩效单的模型

关系如图 13-2 所示。

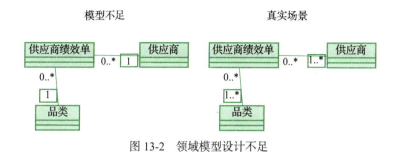

图 13-2　领域模型设计不足

B 端产品经理在思考各个数据实体对象之间的关系时，可以采用 UML 的类图来可视化它们之间的关系，将核心的数据实体之间的关系表述出来，并在团队内部进行评审，避免遗漏或设计错误。

6. 忽略权限要求

B 端产品设计过程中，产品经理往往将注意力集中在产品功能的实现上，可能忽略了产品功能的权限要求，包括功能权限和数据权限，导致在最后的阶段才匆忙补上权限管理模块，这样势必会影响功能的迭代进度。其中，数据权限最容易忽略。控制行数据权限时，除了从组织架构层面进行控制，还可能通过其他客户自定义的字段进行控制。B 端产品经理在设计功能时，不能忽略自定义字段，否则，就可能导致该单据无法按自定义字段控制数据权限。比如，A 集团除了从组织架构上控制行数据权限外，还自定义了采购组字段来过滤同一个组织中不同采购组，实现行数据权限隔离，B 端产品经理在新增单据时，往往很容易忽略了采购组字段，造成数据的隔离失效。

B端产品经理在设计产品功能时，不仅要考虑功能需求、非功能需求及数据需求等，还要考虑功能的约束条件、权限要求、审批流程等各方面诉求。B端产品经理最好能够搭建一套需求交付标准，参照产品需求文档的内容把每项诉求都考虑清楚。

13.2 产品经理思维上的陷阱

B端产品经理在B端产品设计过程中，由于各方面因素，也会有未考虑全面或考虑得不够清楚的情况，造成不必要的损失。

本节主要阐述B端产品经理在思维上容易掉的陷阱，帮助我们提前规避。

1. 被业务人员带偏

B端产品经理经常与业务人员进行调研和沟通需求，很多业务人员不仅提问题或需求，还会给出解决方案。如果这个时候B端产品经理顺着业务人员的思路思考产品如何设计，无疑会给后面的设计带来巨大的隐患。一方面，业务人员提问题的同时提供解决方案，视野具有一定的局限性，他只是从"我有问题，我想怎么解决"出发，看不到其他同行业、同业务领域中类似问题的解决方案。另一方面，B端产品经理如果直接跟着业务人员的思路进行产品设计，无疑是抛弃了需求调研、需求分析和找到问题本质的独立思考过程。按照这种方式设计出来的产品个性化太强，完全依赖业务人员的业务素养，势必会带来产品在后续的不断调整。这种情况更多发生在服务企业内部客户的B端产品上，有时B端候产品经理为了省力，就会直接按业务人员的要求做。

要想规避这种情况，B 端产品经理就要掌握需求调研、需求分析和方案设计等全套方法论，同时不断提升业务素养，积累项目实践经验，增强产品设计能力，保持独立思考，突出产品经理的价值，而不是做一个需求搬运工。

2. 缺乏系统思维

B 端产品是为了解决企业客户某一个业务领域的问题而设计的，而企业业务是相互协同和关联的，这就要求 B 端产品经理在设计 B 端产品时，必须考虑上下游产品或模块的需求，而不能只顾自己的"一亩三分地"。比如，某跨境电商公司收到用户的订单后，立即计算 SKU 的可用库存并占用库存数量，倘若下游仓库系统不给前端订单系统提供实时库存数据并锁定库存，可能会造成用户订单到仓库后无法发货的情况，造成不必要的损失。另外，在 A 集团的 SRM 系统中，供应商进入其黑名单库后，招投标、合同和订单等业务环节就要实时获取该黑名单信息，避免下游业务与该供应商发生合作。

B 端产品经理在产品设计时要避免限于局部思维，需具备全局思维和系统思维，在设计自身产品的时候，要考虑上游产品的要求和下游产品的需求等。

3. 只看到现象，没抓住本质

有时业务人员说什么，B 端产品经理就照做什么，结果产品明明是按照用户要求做的，用户却始终不满意。比如，用户要在合同功能里加个字段以维护合同和公司的关系，B 端产品经理马上就给开发人员提了这个需求。等到实际开发的时候，一连串问题就来了：字段由谁来加，在什么节点及什么状态下加，如果合同变更怎么办？这个时候，B端产品经理发现，确实还有很多问题需要澄清。再思考下，是否一定要在合同主流程里添加字段？这跟合同本身是否有关系？B端产品经理经过思考和分析，最终得出的结论可能并非在合同里加个字段，而是单独创建和维护一个合同和公司的关系表。加字段这个需求看起来很简单，实际却并非如此。出现这样的问题，其核心原因就是需求分析不到位，没有挖掘需求背后的深层次诉求。B端产品经理要避免产生思维的惰性，透过现象看本质，提出的解决方案要触达问题的本质。

4. 过度追求用户体验

做产品的人总是想把产品做得完美，对功能、交互、UI设计各个方面都追求极致，想要让人眼前一亮。等到把功能做出来的时候，用户已经等不及了，业务也发生了重大变化，团队内部被折腾得够呛。比如，设计一个内部商城系统的用户下单功能，如果产品经理一直纠结于每个页面的排版、布局、按钮的颜色、图片的像素、文案的描述等细节，而不去重点关注整个业务流程的闭环设计，就本末倒置了。产品经理需要关注用户在下单、供应商确认、交货、退货和结算整个业务流程中的闭环体验，只有每个环节都可以连贯起来发挥作用，才能真正满足用户的需求，而不是让用户赞叹每个页面的设计精妙。在这种情况下，B端产品经理就需要平衡业务价值和产品功能之间的关系，大多数产品不是从一开始就是完美的，而是不断优化和迭代，逐渐趋于完美的。

5. 考虑不周到

B端产品不仅仅只有正向流程，还有逆向流程和异常的情况，B 端产品经理容易只考虑正向流程和逆向流程，而忽略了异常的情况。比如，在电商公司的 WMS 系统中，订单配货出库时在干线运输中丢了一个 SKU 怎么办？网络异常导致订单配货数据未更新怎么办？订单缺货怎么办？这些异常的情况是正向流程不涉及的，需要 B 端产品经理基于经验和对每个环节的分析，识别可能存在的异常并采取相应的措施应对。

B 端产品经理需要建立严密的逻辑思维和可视化思维，识别可能存在业务风险或系统风险，然后采取对应的防范措施。

6. 忽略文档的重要性

B 端产品的逻辑往往比较复杂，又涉及具体的业务规则，单凭人脑去记忆是相当不可靠的，产品需求文档是很好的记录需求逻辑的文件。在实际的产品迭代过程中，可能追求快速沟通、快速验证，结果导致文档不全或者根本就没有文档。这带来的直接影响就是产品出现问题时，相关人员发生扯皮，更会导致后来者无法快速理解产品当初的设计逻辑、需求背景等情况，团队的知识也未得到及时沉淀。

撰写产品需求文档是产品经理的基本工作之一，不能为了快而忽略这项工作，产品需求文档的编写过程也是梳理逻辑的过程，让产品经理更加全面、清晰地理解需求。

13.3 本章小结

本章主要阐述 B 端产品设计过程中的常见陷阱，陷阱远不止上述 6 个方面，需要 B 端产品经理在平时多加注意。除此之外，还需要注意如下方面。

- ❏ 产品设计是企业客户需求、技术能力和产品价值三者的平衡,过分满足客户需求(不管是否合理)、追求新技术、追求产品利润都势必影响其他方面的均衡,导致最终产品设计的失衡。
- ❏ 并非产品经理经验丰富就不会掉进陷阱,业务需求和人都是在变化的。
- ❏ 扩大认知视窗需要不断寻找盲区、缩小隐秘区和扩大开放区,这个理论同样适用于 B 端产品经理在职业道路上的"打怪升级"。

至此,B 端产品建设过程中的常见陷阱介绍完毕,接下来分析 B 端产品的标准化和商业化。

第14章 | CHAPTER

B 端产品标准化和商业化

如果 B 端产品是基于某一个或几个具体客户的需求而构建的，就不得不面临客户的多样化需求和产品的通用化设计之间的矛盾。产品商业化的前提是产品标准化。如何做好产品标准化，这对于产品的商业价值至关重要。

本章主要讲解 B 端产品的标准化思路和商业化 ROI 分析过程，帮助 B 端产品经理建立对产品商业价值的基本认识。

14.1 B 端产品标准化思路

B 端产品服务于不同企业客户，企业客户基于管理诉求和用户操作诉求会提出各种各样的个性化需求，产品的功能完全适用于每个企业客户基本上是不可能的，但产品的通用化能有效降低成本，这就要求 B 端产品经理平衡好标准化产品设计。

本节主要从业务标准化和产品标准化两个方面阐述 B 端产品的标准化思路。

14.1.1 业务标准化

业务标准化是产品标准化的前提。如果各个企业客户能够遵循统一的管理标准，这将极大简化产品设计，而实际情况是每个企业客户自身都有一套标准。虽然如此，我们还是要从管理理念和流程标准化两个方面入手，建立标准化业务体系。

1. 遵循统一的管理理念和本地化经验

B 端产品聚焦于企业的某一业务领域，遵循该业务领域的相关管理理念和本地化经验是非常有用的。比如，财务的软件产品可以遵循国家的会计准则；人力资源的软件产品可以遵循人力资源管理的理念；采购管理和库存管理可以遵循供应链管理的理念。国外的一些企业管理软件产品就很好地融入了企业管理理念，这些软件产品本身就是企业管理理念的映射，比如 SAP ERP、Oracle ERP、Salesforce CRM 等软件产品是企业管理理念映射到软件设计上的优秀代表，这也是众多世界 500 强公司追捧这些产品的原因之一。当然，国内一些软件厂商也很好地将企业管理理念和本土化经验融入软件产品中，设计出更符合国情的软件产品，深受国内企业客户的喜爱，比如用友 ERP、金蝶 ERP

和浪潮财务软件等。

2. 流程标准化

不同行业、不同企业客户在同一业务领域的流程也不一样，如果只是少许的差异，流程的标准化还有可能，如果行业差异太大，流程标准化的难度就很高了。比如，房地产行业的工程招投标流程和制造业或电商行业的商品或原材料招投标流程就不一样。这个时候就要基于 B 端产品定位，确定产品面向哪些行业和客户群体，再去建立标准化的业务流程。我们没有足够的资源和成本做一款类似 SAP ERP 的通用产品，去满足 20 多个行业的客户群体，但我们可以提供多套软件产品去服务不同的行业客户。聚焦于目标客户群体，采用流程优化技术，建立标准化业务流程，这样 B 端产品经理就基本明确了主线业务流程，利于后续产品流程的设计。

14.1.2 产品标准化

建立了标准的业务流程、遵循统一的管理理念，接下来就要进行产品标准化设计。对此，我们可以采取 3 个策略，包括"标准化 + 个性化"、提供产品能力、体验标准化。

1. 标准化 + 个性化

"标准化 + 个性化"的策略提供了客户需要的产品功能模块，明确了产品主流程，针对不同客户再进行适当的个性化调整。它重点关注功能模块化及字段、规则和布局的配置化等，适用于客户业务流程差异不大的场景，或者客户能够调整业务流程来适配产品功能流程的场景，一般常见于中小型客户。

功能模块化是将产品中高内聚、低耦合的产品功能组合成一个模块，用于满足某一特定业务领域需求。比如，对 A 集团的 SRM 系统，我们可以将供应商管理、需求管理、招投标管理、合同管理、订单管理和结算管理作为一个单独的功能模块来部署和应用，这样做的好处是客户能够基于自身的需求选择不同的功能模块。行业内很多软件厂商都是采用这种模式，比如，飞书将各个模块划分为单独的应用，如图 14-1 所示。

图 14-1 模块划分为单独应用

每个单据页面都会固化若干个字段作为通用的界面字段，此外，可以对单据配置预留的字段满足不同客户的需求。这种方式很好地实现了标准产品和个性化需求的平衡。比如，销售易这款产品支持客户在系统设置页面通过预留字段进行个性化配置，从而新增自定义字段，满足自身的个性化诉求，如图14-2所示。

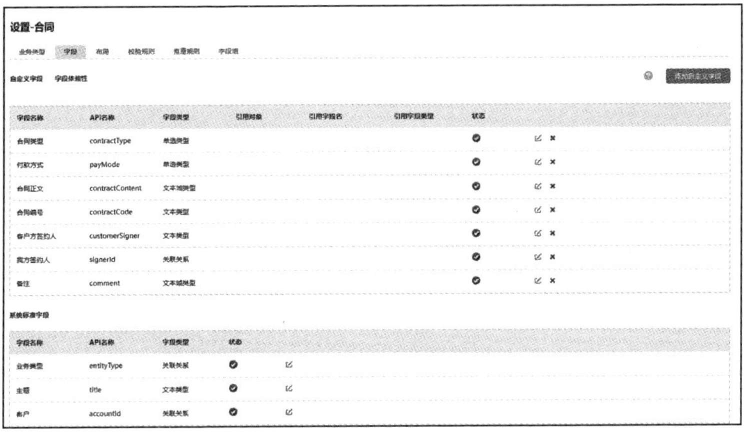

图14-2 字段配置

规则配置是将业务单据涉及的一些简单常用的规则进行可视化配置，而不是将所有规则都通过代码来实现。这样做的好处是能够让不同客户分别配置其常用的规则。比如，对数据校验规则，通过配置实现当金额大于某个固定值时对用户提示相应信息的功能。对简单的数据计算规则，像单价 × 数量 = 未税金额等，也可以通过配置来实现。我们以销售易这款产品的校验规则配置为例，其配置页面如图14-3所示。

布局配置是将业务单据的页面信息重新进行可视化布局，这样做能够让不同客户灵活调整页面信息布局。当然，这样的产品设计在一定程度上能够适配很多企业客户，带来的开发成本也不容小觑。比如，销售易这款产品支持用户在系统设置页面上对界面布局进行个性化调整，如图 14-4 所示。

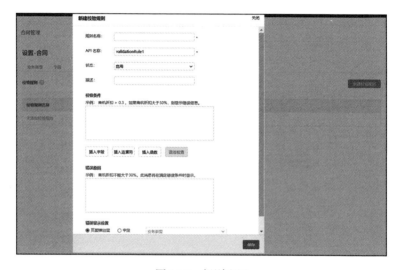

图 14-3　规则配置

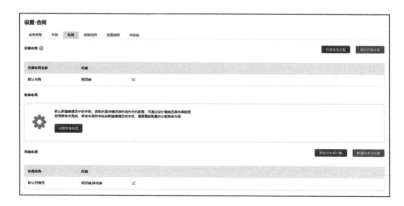

图 14-4　界面布局调整

2. 提供产品能力

客户的需求多样化，"标准化＋个性化"的产品不一定能够满足所有客户的诉求，而且有时候行业差异较大，标准化产品基本无法满足客户诉求。业界也一直在探索如何解决行业差异性问题，有的厂商会做多个版本软件。比如，国内某厂商有一款普通版 ERP 系统，针对房地产行业又提供一款行业版 ERP 系统。

随着近些年低代码概念的兴起，不少厂商开始涉足低代码平台，对外提供产品能力，而不是提供具体的产品功能。比如，国内金蝶的星瀚平台、用友的 iuap 平台等。我们可以看下提供的典型产品能力，包括工作流配置、权限配置、界面拖拉拽配置、打印模板配置、数据分析模板等。

工作流配置将系统中的审批流基于流程引擎设计成可视化的界面，供用户按照条件和规则进行审批流配置。这种方式比较灵活，满足了不同客户的审批诉求。比如，国内某些厂商就将工作流引擎设计为可视化的工作流配置页面，如图 14-5 所示。

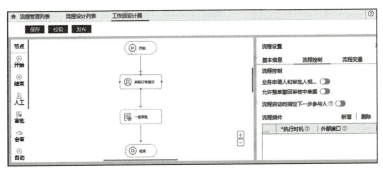

图 14-5　流程可视化配置

界面拖拉拽配置将前端的页面做成可视化的界面，提供常用的控件或封装组件供用户直接拖拉拽生成具体的单据页面。这种方式可以很好地满足不同企业客户对页面的需求，产品只提供能力或工具，具体的页面由客户根据具体的业务场景实现。国内不少厂商采用这种方式，如图 14-6 所示。

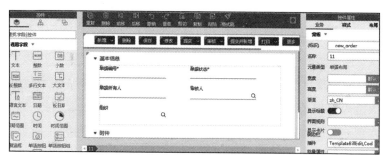

图 14-6　界面拖拉拽配置

每个企业客户对具体单据的打印信息都不相同，在产品设计时无法提前设计好打印模板样式，就算有模板样式，也不一定符合企业客户的需求。因此，国内很多软件厂商为打印模板设计了可视化配置工具，用户通过拖拉拽生成具体的打印模板，如图 14-7 所示。

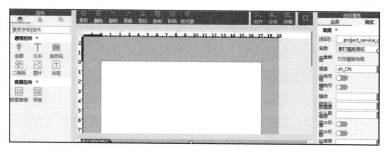

图 14-7　打印模板可视化配置

每个企业客户都会有具体的查看报表分析的诉求，它们查看的维度往往不同，在产品设计时无法提前预制报表。针对这种情况，国内很多软件厂商为设计了数据分析配置工具，用户选择一个或多个业务单据进行关联，生成数据集，再对数据集选择不同的数据展示样式，包括饼图、柱状图、线型图、表格等，对筛选的数据进行可视化展示，如图14-8所示（其中A～T代表公司名称）。

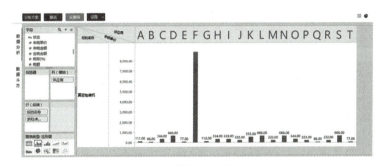

图14-8　数据可视化配置

3. 体验标准化

同一款产品的交互、颜色、字体、布局、图标、提示信息、表格等元素应当有统一的规范和样式，避免给用户造成不一致的感觉，影响用户对产品的评价。一致的用户体验可以加强用户对产品的认知，我们在设计的时候需要注意这些用户能够直接感知的内容。

综上所述，产品标准化可以从提供标准产品及提供能力和工具入手。标准产品需要基于标准业务流程来实现，不一定能满足大部分客户。众多的中小型客户对业务流程调整的机动性比较强,能够尽量去适配产品的流程和功能,而大型客户和部分中型客户很难去适配标准产品,此时,产品提供能力和工具就可以很好地满足众多不同客户的诉求。这也是国内不少软件厂商做平台、做工具的思路。

14.2 B端产品商业化分析

B端产品从内部使用到商业化,实现了真正的市场化,符合产品增收的目标。这对B端产品和团队来说,既是挑战,也是机会。

本节主要从团队分析和ROI分析两个方面阐述B端产品商业化的评估工作。

14.2.1 团队分析

B端产品一旦商业化,就不得不面临产品的营销、推广和售后服务等工作,团队分析主要是对团队人员进行盘点和组建。

盘点现有人员构成,包括工作年限、能力、经验、绩效等维度,同时评估产品商业化后需要的团队力量和人员规模。通常情况下,为了更好地服务外部客户,会单独组建团队。在这种情况下,我们就要盘点现有人员,预估将来所需人员以及人员的职级、能力、经验,找出人员短缺的岗位。做完这些之后,再拟定汇报材料,说明原因,申请编制和预算,获得领导支持。申请人员编制的理由一定要充分,并判断好将来获得的结果能够支撑人员的编制。

明确短缺的人员和岗位后,接下来就是通过各种渠道从内部或外部补充相关人员，要让合适的人做合适的事，同时要储备核心的技术、产品、销售、客服等方向的相关人员。团队一旦组建，就要做好团队的建设和管理，有凝聚力的团队才能更好地实现产品商业化的目标。

14.2.2 ROI 分析

ROI 即投资回报率，ROI 分析是产品迈入商业化必经的环节，也是申请预算、筹备资源的有力依据，包括盈利模式分析、收入预估、成本估算和计算 ROI 等。

1. 盈利模式分析

盈利模式指产品采取什么方式进行盈利，B 端产品常见的盈利模式包括但不限于以下几种。

- ❑ 按模块付费：按客户购买的功能模块收取费用，客户使用的功能模块越多，需要支付的费用就越多。
- ❑ 按用户数付费：按使用产品的用户数量收取费用，比如 SAP ERP 系统的每个用户都需要收取费用，企业可以同 SAP 公司商务谈判来获取折扣或打包价。
- ❑ 按产品版本付费：将产品划分为基础版、加强版、豪华版等，每个版本对应的功能丰富度不一样，对应的费用也不同。
- ❑ 按订阅付费：按客户订阅的功能模块收取费用，这种一般是 SaaS 化产品常用的策略。
- ❑ 增值服务费：比如产品版本升级服务费、数据分析服务费和产品特殊问题处理服务费等。

❑ 实施费用：为客户部署产品的二次开发而收取人天工时费用。

❑ 运维费用：为客户提供日常的产品运行维护而收取的费用。

这些盈利模式不仅可以分别使用，还可以组合使用，具体组合方式根据产品的市场策略来定。

2. 收入预估

明确了盈利模式，就可以根据盈利组合来预估收入的规模，不同产品的收入计算方式不同，比如，电商商品收入 = 访问数 × 转化率 × 客单价。

B 端产品的收入一般包括产品费用、用户数费用、实施费用、运维费用等，它们组成的收入公式为：B 端产品收入 =（平均产品费用 + 平均实施费用 + 平均运维费用）× 签约客户数 + 用户数 × 平均用户数费用。

其中，每个客户付出产品费用、实施费用、用户数费用、运维费用的具体情况不同，所以对每项费用仅取均值。

比如，某集团的单个客户的预估收入 = 平均产品费用 + 平均实施费用 + 平均运维费用 + 平均用户数费用 =80 万元 / 年 +100 万元 / 年 +10 万元 / 年 +5 万元 / 年 =195 万元 / 年，这 195 万元收入是第一年的，从第二年开始就只有运维费用和用户数费用，也就是 15 万元 / 年。

3. 成本估算

成本估算主要是估算可能支出的成本，主要包括人力成本、网络硬件成本和运营成本 3 部分，下面分别进行说明。

- 人力成本可以根据预计投入产品的人数，折算成人天工时，再通过平均人天成本估算，公式为：人力成本 = 人天 × 人天单价。
- 网络硬件成本可以根据网络带宽资源、硬件资源的预计投入量分别乘以单价来计算。
- 运营成本：主要是推广费用、销售费用、运维支持费用等，这些可以参照行业的常用的估值算法进行预估。

4. 计算 ROI

预估收入和成本后，就可以计算 ROI 了，公式：ROI=（预估收入 – 预估成本）÷ 预估成本 ×100%。

投资收益率是获得资源和支持的重要依据，所以一般情况下要寻求更多数据支撑这个结果，以便决策更加严谨和科学。ROI 分析是产品的评判依据之一，即使你的产品服务内部客户，也会存在 ROI 分析，只是此时的收入不准确，是企业内部预估的。

14.3 本章小结

本章主要阐述 B 端产品的标准化思路和商业化 ROI 分析过程。除此之外，我们还需要注意如下方面。

- B 端产品的标准化过程是一个逐步完善的过程，需要平衡客户需求和成本。
- 如何对本土业务进行标准化，智者见智，考验的还是 B 端产品经理对业务的把控能力。

- ❏ 产品标准化正在逐步向工具化方向发展，厂商提供能力或工具，以不变应万变。
- ❏ B端产品的定价方式只是商务谈判的基准，最终定价以商务谈判的结果为准。
- ❏ 收入和成本的估算方法很多，重要的是有据可依、严谨、可参考。
- ❏ B端产品要实现商业化，团队分析和ROI分析只是开始，后续的路很长。

B端产品经理在一开始就要考虑产品的标准化和商业化，比如产品标准化到什么程度？怎么实现变现和盈利？B端产品经理是一个复合角色、多面手，其设计产品的思维和方法也可以应用到工作之外的方方面面。

推荐阅读

推荐阅读